Innovator's Dilemma in Japan

日本のイノベーションのジレンマ【第2版】

破壊的イノベーターになるための7つのステップ

関西学院大学 経営戦略研究科 教授
玉田俊平太 著

SE
SHOEISHA

本書内容に関するお問い合わせについて

このたびは翔泳社の書籍をお買い上げいただき、誠にありがとうございます。弊社では、読者の皆様からのお問い合わせに適切に対応させていただくため、以下のガイドラインへのご協力をお願い致しております。下記項目をお読みいただき、手順に従ってお問い合わせください。

●ご質問される前に

弊社Webサイトの「正誤表」をご参照ください。これまでに判明した正誤や追加情報を掲載しています。

正誤表　https://www.shoeisha.co.jp/book/errata/

●ご質問方法

弊社Webサイトの「刊行物Q&A」をご利用ください。

刊行物Q&A　https://www.shoeisha.co.jp/book/qa/

インターネットをご利用でない場合は、FAXまたは郵便にて、下記"翔泳社 愛読者サービスセンター"までお問い合わせください。
電話でのご質問は、お受けしておりません。

●回答について

回答は、ご質問いただいた手段によってご返事申し上げます。ご質問の内容によっては、回答に数日ないしはそれ以上の期間を要する場合があります。

●ご質問に際してのご注意

本書の対象を越えるもの、記述個所を特定されないもの、また読者固有の環境に起因するご質問等にはお答えできませんので、予めご了承ください。

●郵便物送付先およびFAX番号

送付先住所　〒160-0006　東京都新宿区舟町5
FAX番号　03-5362-3818
宛先　（株）翔泳社 愛読者サービスセンター

はじめに――なぜ、日本の製造業は破壊されたのか

戦後、多くの日本企業は、欧米企業に追い付き追い越すために懸命な努力を重ねた結果、それぞれの業界で、一時は世界トップクラスの競争力を誇った。

1950年代には繊維、60年代には鉄鋼、70年代にはテレビや自動車、80年代には半導体の分野で、日本は圧倒的な競争力により輸出を伸ばした。

結果、日本からの輸出はアメリカの貿易赤字の原因として問題視され、深刻な貿易摩擦へと発展した。自動車の主要な生産地であるデトロイトでは、日本車の「集中豪雨的輸出」に怒った地元選出の議員や労働者らが、大きなハンマーで日本車を打ち壊して溜飲を下げるという派手なデモンストレーションを行った。アメリカ政府は日本の「不公正な」貿易慣行をやり玉に挙げ、日本は農業を始め、自動車以外の様々な分野で輸入促進や規制緩和などの対応を迫られた。

まさに、江戸の敵を長崎で討たれたのだ。

◉自動車の生産性を測ってみると「日本の奇跡」が

当時、ワシントンの政府関係者やデトロイトの自動車メーカーの幹部たちは、「日本車が安いのは、日本が不公正な貿易慣行を使って不当に安く自動車をアメリカに輸出しているからだ」

と心の底から固く信じていた。

しかし、一部の良識あるアメリカの経営学者たちは、「もしかしたら日本人は、自動車王国である我々よりももっとうまく自動車を作るやり方を考え出したのではないか?」と考えた。そして、アメリカ、ヨーロッパ、日本の自動車メーカーの工場の生産性を国際比較する壮大なベンチマーキング・プロジェクト「インターナショナル・モーター・ビークル・プログラム（IMVP）」を行ったのである。

IMVPでは、生産している車種が異なる各メーカーの工場の生産性を比較するため、まず特定のサイズとオプション装備の「標準自動車」を定義し、各工場で行われている作業とその生産性を計測した上で、その工場で「標準自動車」を1台作るのにどのくらいの人員・設備・時間が必要となるかを調査・比較した。

調査の結果は驚くべきものだった。トヨタの高岡工場はGMのフレミンハム工場と比べて、2倍も生産性が高かったのだ。アウディ、BMW、メルセデス・ベンツ、ボルボ、ローバー、サーブ、ジャガーといったヨーロッパのメーカーの平均値と比べても、日本企業の自動車工場は4倍も生産性が高かった。

つまり、アメリカ、ヨーロッパ、日本の同じ設備・人員の自動車工場で同じ時間生産すると、日本の工場では12台の自動車を生産できるが、アメリカでは6台、ヨーロッパの平均的な工場では3台しか作れないことになる。最も生産性の低いヨーロッパの工場では、同じ時間にわずか2台しか作れない計算になった。これでは、コスト競争で日本にかなうはずがない。

◉トヨタ生産方式というイノベーション

では、品質はどうだろう。

日本の工場は急いで車を作っているので、さぞや品質が悪いかと思いきや、実際は逆だった。日本の工場が生産した自動車の100台当たりの欠陥数は、ヨーロッパのある1軒の工場を除き、最も少なかった。しかも、その唯一の例外であるヨーロッパの工場の生産性は、日本の工場のわずか4分の1だったのだ。

そして、最も重要で興味深い点は、日本企業の工場あるいは日本企業の支援を受けた工場は、それが日本にあろうと、アメリカにあろうと、発展途上国にあろうと、多少のばらつきはあるものの一様に高い生産性と品質を達成していたことだ。日本国外の工場で働いている人はほとんどが現地採用なので、これは、労働者の国籍や民族にかかわらず、「トヨタ生産方式」と呼ばれる日本生まれの工場経営法が有効であることを示している。トヨタ生産方式は、製品競争力向上において、普遍的かつ強力なツールであり、それを生み出したのは、工場長だった大野耐一氏をはじめとする我々日本人の先輩なのだ。

ベンツやダイムラーによって自動車を生み出したヨーロッパや、T型フォードによって自動車の大衆化に貢献したアメリカがそうした実績にあぐらをかいているうちに、トヨタをはじめとする日本企業は、「カイゼン活動」と「全社的な品質管理」、そして極力在庫を持たないフレキシブルな生産方式である「リーン生産方式」の発明により、コスト・品質面で圧倒的な競争力を身に付けていたのだ。

◉半導体でシリコンバレーを打ち負かした日本

日本企業は半導体産業でも一時期その栄華を極めた。

アメリカのベル研究所で発明されたトランジスタを一つのチップの上に多数集積したのがLSIだが、生まれも育ちもアメリカであるこのイノベーションを、日本は官民一体となって追いかけ、DRAMの発明者インテルすらその市場から追い出してしまった。1985〜1990年頃には、世界の半導体売上ランキングトップテンの中に、日本企業が6社もランクインしていたほどだ。

あまりにも日本製半導体の競争力が強いので、またしてもアメリカとの間で深刻な貿易摩擦が生じ、「日本市場に占める外国系半導体のシェアを1992年末までに20%以上にする」という奇妙な「密約」が日米政府間で結ばれたほどだ。しかも、その達成は期限ぎりぎりまで危ぶまれた。今となっては想像もできないような話だが、当時、日本の半導体産業にはそのぐらい勢いがあったのだ。

しかし、1990年代以降、日本の半導体メーカーの多くは、韓国企業や欧米企業などの猛烈な追い上げを受けて競争力を失った。２０１９年には、とうとう世界半導体売上ランキングトップテンに入っているメーカーで日本に本社があるのは、９位のキオクシア１社だけになってしまっている。

1990年	順位	2019年
NEC	1	インテル
東芝	2	サムスン電子
日立	3	SK ハイニックス
インテル	4	マイクロン テクノロジー
モトローラ	5	ブロードコム
富士通	6	クアルコム
三菱電機	7	テキサス・ インスツルメンツ
テキサス・ インスツルメンツ	8	ST マイクロ エレクトロニクス
フィリップス	9	キオクシア (旧東芝メモリ)
松下	10	NXP セミコンダクターズ

世界の半導体メーカー売上高トップ10

◉クリステンセン教授の不吉な予言

実は、アメリカのハーバード・ビジネススクールのクリステンセン教授は20年も前に、日本企業がこうした事態に陥ることを見通していた。２０００年に発売された『イノベーションのジレンマ』の冒頭、「日本語版刊行に寄せて」において先生は、「優れた経営者は、市場の中でも高品質、高収益率の分野へ会社を導くことができる。しかし、会社を下位市場へ導くことはできない。日本の大企業は、世界中の大企業と同様、市場の最上層まで登りつめて行き場をなくしている」と分析し、「本書の理論から考えて、現在のシステムが続くなら、日本経済が勢いを取り戻すことは二度とないかもしれない」という恐ろしい予言をしているのだ。

私はこれまで、企業研修やビジネススクールでの講義などを通じて、「破壊的イノベーションとはどのようなものであるか」「なぜ優良企業であっても破壊的イノベーションを起こすことが極めて難しいのか」「破壊的イノベーションを起こすにはどのようなマネジメントが必要なのか」について折に触れて説いてきた。しかし、私の講義を直接受講できる人には限りがある。一方、破壊的イノベーションの本質を理解し、それに適切に対処することは、多くの日本企業に求められている喫緊の課題だ。市場がグローバル化し、欧米企業の経営者の多くがこの理論を理解し、実践している現在、破壊的イノベーションの理解に対する必要性はますます高まっている。

また、クリステンセン教授の『イノベーションのジレンマ』や『イノベーションへの解』などでは、事例が欧米企業中心で文章もやや難解であり、しかもメッセージが複数の書物にまたがっているため、破壊的イノベーションの理論とそのための戦略を多くの人にきちんと理解してもらうためのハードルが高かった。実際、私が接した人々の多くは、クリステンセン先生の一連の著作を読了しているにもかかわらず、破壊的イノベーションの理論を正しく理解できていなかった。このままでは、「日本経済が勢いを取り戻すことは二度とないかもしれない」という クリステンセン教授の不気味な予言が現実のものになってしまいかねない。

こうしたことから、『イノベーションのジレンマ』を見出して日本に紹介した編集者の勧めもあり、私がクリステンセン教授から実際に受けた講義、先生の一連の著作、スタンフォード大学などで教えられているイノベーションの手法などに基づいて本書を執筆することにした。

本書では、まず「破壊的イノベーション」と呼ばれる現象が起こるメカニズムをできるだけわかりやすく解説し、次に「テレビ」「携帯電話」「カメラ」において起きた「破壊」の歴史を分析し、最後に破壊的イノベーションを起こすにはどのようにすれば良いかを具体的にステップ・バイ・ステップで述べていきたいと思う。

急ぎの読者は、Ⅰ部の2章〜4章と、Ⅲ部の8章〜13章までをお読みいただければ、自社で破壊的ビジネスを実現するための必要最低限の知識は得られるだろう。

読者各位が、本書を読み、理解されることで、日本経済再活性化の先兵となられることを切に期待している。

目次

2章　イノベーションとはそもそも何か　41

3章　破壊的イノベーションとは何か　53

6章　発明とイノベーションの決定的な違い
――エコシステムづくりの巧拙がスマホ成功の鍵　125

13章　破壊的イノベーションを起こす組織とは　265

14章　破壊的買収　4つのハードル　277

おわりに――「日本のイノベーションのジレンマ」を超えて　295

PART

1

破壊的イノベーションとは何か

孫子曰く「彼（か）を知り、己れを知れば、百戦して殆（あや）うからず」。現代語に訳せば「軍事においては、相手の実情を知って、自己の実情も知っていれば、百たび戦っても危険な状態にはならない（注0）」で知られる孫子の兵法は、戦略論の古典中の古典である。

本書では、この孫子の言葉に倣い、「破壊的イノベーションとは何か＝彼」「なぜ既存企業は打ち負かされてしまうのか＝己」「破壊的イノベーションを起こすにはどうしたら良いのか＝戦略」を順に解説していくことにしよう。

初めに解説するのは「破壊的イノベーションとは何か」だ。

実は日本の企業は、過去にいくつもの破壊的イノベーションを起こしてきた実績がある。それらのケースを振り返りながら、まずは破壊的イノベーションとはどのようなものなのかを知り、そのパターンを認識する能力を養っていただこう。

1章 破壊的イノベーターだった日本企業

トランジスタラジオで真空管ラジオを破壊したソニー

若い読者の方は、「真空管」など見たことも聞いたこともないという人がほとんどだろう。その後継であるトランジスタですら、実物を見たことがある人はもうほとんどいないかもしれない。実は、皆さんがお持ちのスマートフォンには、数十億個のトランジスタが一つのＶＬＳＩ（超大規模集積回路）チップの中に入っているのだが……。

真空管もトランジスタも、電子工学の世界で「能動素子」と呼ばれるキー・デバイスだ。この能動素子がなければ、微弱な電気信号を大きく増幅することも、それを電波に乗せることも、計算のために信号をオン・オフすることも、データを記憶することもできない。ラジオやテレビはもちろん、長距離電話や無線通信、コンピュータなど、私たちの暮らしに不可欠なエレクトロニクス製品の多くは、真空管が発明されたことによって**初めて**実現可能となったのだ。

しかし真空管は、白熱電球の球の中にいくつかの電極（エレメント）が入った構造であるため、電球と同じ欠点を持っていた。すなわち、「消費電力が大きい」「熱を発する」「小型化が困難」「壊れやすい」「寿命が短い」などである。

こうした真空管の欠点は、信頼性の高い長距離電話ネットワークを構築・維持していく上で大きな障害だった。アメリカ全土をカバーする長距離電話網の構想を持っていたＡＴ＆Ｔ（アメリカ電話電信会社）は、自社のベル研究所に当時最高の科学者や技術者を集め、真空管の欠点を克服する素子として「常温で動作する固体（ソリッド・ステート）増幅装置」の開発プロジェクトを開始した。

このベル研究所のドリーム・チームは何年にもわたる試行錯誤の末、１９４７年に、ついにトランジスタの開発に成功する。そしてそのトランジスタから生まれたのが、１９６０年までの２年間で日本を含む全世界で50万台も売れた**ソニーのトランジスタラジオ**だ。これは、日本企業による代表的な破壊的イノベーションの一つである。

トランジスタ開発の発表に目を付けたのは……

1948年6月30日、アメリカAT&Tのベル研究所は、トランジスタの開発に成功したことを発表した。やがて世界を一変させることになるこの大発明も、新聞や雑誌での扱いは至って地味だった。ニューヨーク・タイムズ紙は46ページ目に短い記事を載せただけ、タイム誌は「今週の科学」欄に小さく掲載しただけだった。

電子工学が専門のエンジニアたちでさえ、このトランジスタが、当時主流だった真空管をほぼ完全に置き換えてしまうことになるとは夢にも思わなかったようで、「何だあれは？　まるで昔の鉱石ラジオじゃないか。真面目に電子工学をやりたかったら、真空管やトランスの使い方を学ばなきゃダメだよ！」と、トランジスタのことを笑い飛ばしたそうだ。

そんなとき、ベル研究所のあったアメリカ東海岸から見ると地球のほぼ反対側に当たる日本で、テープレコーダーや磁気テープを作っていた**東京通信工業**という小さな会社が、ベル研究所の特許を管理していたウェスタン・エレクトリックに、トランジスタ特許のライセンス契約を申し込んできた。彼らは、アメリカのエンジニアの多くですら真面目に取り上げなかったこのトランジスタというデバイスに、大きな商業的可能性を見出したのだ。この東京通信工業こそ、後の**ソニー**である。

東京通信工業がトランジスタをやろうと決意したとき、設立わずか6年目で、資本金も1億円に満たなかった。ようやくテープとテープレコーダーの開発に目処がつき、テープ開発のために雇った多彩なバックグラウンドを持つ技術者たちのために、新たなチャレンジを探しているところだった（注1）。

補聴器ではなく、ラジオをやろう！

東京通信工業が苦労の末にやっとトランジスタ特許のライセンス契約を締結したとき、ウェスタン・エレクトリックの技術者たちはこんな趣旨のことを言ったそうだ。

「トランジスタというものは、非常に面白いものだ。しかし、今の段階では耳に聞こえる周波数程度の信号にしか使えない。だから、補聴器を作ったらいい。日本に帰ったら、ぜひとも補聴器を作りたまえ！」

こんなライセンス元のアドバイスにもかかわらず、ライセンスを取得するや否や、当時の社長だった井深は「ラジオをやろう！」と主張した。

「トランジスタを作るからには、広く誰もが買える大衆製品を狙わなくては意味がない。それなら、ラジオだ。難しくても最初からラジオを狙おうじゃないか」と宣言したのだ。たしかに、耳の不自由な人しか使わない補聴器よりも、当時の娯楽の主役で誰もが欲しがっていたラジオの方がマーケットははるかに大きい。

当時売られていた真空管式ラジオは、大きくて重く、消費電力が大きいために電気コンセントにつなぐことがほぼ必須で、リビングでみんなが集まって一緒に聴く「一家に1台」のものだった。もしトランジスタでラジオを作れれば、乾電池で動作可能なので、好きなところに持ち歩きできるようになる。一家に1台ではなく**一人に1台**普及させることも夢ではない。市場規模は据え置き型ラジオの何倍にもなるだろう。

当時、「大丈夫だ、必ずラジオ用のものができるよ」と言い張る井深の言葉に、東京通信工業の社内でも「できるかどうかもわからないトランジスタラジオに社運をかける必要があるのか」と危ぶむ人もいた。井深は、「そうじゃない。たしかにトランジスタの製造の歩留まりというのは、今のところは、アメリカでもせいぜい5%あるかないかだ。だから、皆はトランジスタは商売にならないと言っている。僕は、**歩留まりが悪いから面白い**と思うんだ。歩留まりが悪いなら、良くすればいいんだ」と、理路整然と反論したという(注2)。

ビジョナリー井深と破壊的イノベーターのソニー

ビジョナリーという言葉は、まさに井深のような人のことを指すのだろう。
辞書を引くと、ビジョナリーには「予見力のある人」という意味の他、「空想家、非現実的な人、理想家、夢想家」といった意味もある。最も権威ある辞書の一つである『オックスフォード・ディクショナリー・オブ・イングリッシュ』は、ビジョナリーを「未来がどのようになるべきか、あるいはなり得るかについての独自の考えを持った人」と定義している。

井深には、将来トランジスタの性能がラジオに使えるまでに向上し、コストも皆が買えるぐらいまでに引き下げられることが「見えていた」のだ。

1946年5月7日の東京通信工業設立式での挨拶で、共同創業者の盛田はこう述べている。「大きな会社と同じことをやったのでは、我々はかなわない。しかし、技術の隙間はいくらでもある。我々は大会社ではできないことをやり、技術の力でもって祖国復興に役立てよう」

この挨拶には、「既存の大企業と既存マーケットで真正面から闘うのではなく、新しい技術を使って新しい顧客をターゲットにしよう」、すなわち「**破壊的イノベーター**になろう！」というソニーのビジョンが込められている。

ソニーはトランジスタという新しい技術を使って、「据え置き型ラジオ」という既存メーカーがひしめく市場ではなく、「外や自室で好きなラジオ番組を聴きたい」という潜在ニーズに向けた「持ち歩き可能なラジオ」という新市場へと向かい、破壊的イノベーションを起こしたのだ。

強いインセンティブが「破壊」を生み出す

ソニーがトランジスタラジオで成功を収めることができたのは、ソニーが真空管式の据え置き型ラジオを作っていない新規参入者であったことも大きな要因だ。

当時、真空管式のラジオは、すでに多くの日本メーカーが手がけていた。自社で真空管を作っていないソニーにとって、他社から調達した真空管でラジオを作ってもコスト面で太刀打ちできない。だが、トランジスタラジオはまだ誰も成功していない。もし、他社に先駆けて発売できれば、すでに真空管ラジオを持っている人も、外や自室でラジオ放送を聴くためにもう1台購入してくれるかもしれない。そのために、トランジスタの技術を是が非でもモノにする必要があったのだ。だからこそ、社長である井深自ら、社運をかけて経営資源を投入し、トランジスタ開発をリードした。

一方、すでに真空管ラジオを作っていた企業にとって、当時のトランジスタは**真空管より性能が低い、海のものとも山のものともつかない未知のデバイス**に過ぎない。自社ですでに真空管ラジオの技術や製造設備を持ち、顧客基盤も抱えている。さらに、真空管技術者の多くはトランジスタを「1世代前の鉱石ラジオに毛が生えたようなもの」と高を括り、その本質を理解していなかった。そのため、十分な経営資源がトランジスタ開発に振り向けられなかったのだ。

クリステンセン教授は、**破壊的イノベーションに取り組むインセンティブの違い**が、既存企業が新規参入企業に負ける大きな要因であると言っている。新規参入者のソニーには、真空管ラジオを製造していた既存メーカーと違って、トランジスタラジオに取り組むための強いインセンティブがあった。これによりソニーは、コンパクトで持ち運び可能なトランジスタラジオという破壊的な製品を創り出し、ポータブルラジオという新たな市場を創り出した。

トランジスタラジオの普及は、ラジオのプログラムを変え、音楽を変え、社会を変えた。ラジオが一家に1台から一人に1台になる中で、ラジオ番組には若者向けの音楽プログラムが増えた。ラジオで流れる音楽もポップスやロックが中心になった。

外出先や移動中にラジオを聴けるようになり、人々がいつでもどこでも国内外の出来事を知ることができるようになって、世界の民主化にも貢献した。トランジスタの発明者の一人であるウォルター・ブラッテンは、「昔、世界を良くする唯一の方法は、皆に文字の読み書きを教えることだと考えられていた。しかし、安い電池式のトランジスタラジオの普及により、文字の読めない人でも、世界のニュースを聴けるようになった」と晩年に感慨深そうに語っている。ちなみに、そんな彼の唯一の後悔は、「自分の発明がうるさいロックの流行に貢献したこと」だそうだが……(注3)。

業務用ゲームを家庭で遊べるようにしたファミコン

任天堂のファミリーコンピュータ（ファミコン）もまた、ビデオゲームで遊ぶことのできなかった家庭に、**業務用ゲームだったドンキーコングをプレイする体験**を持ち込んだ破壊的イノベーションである。

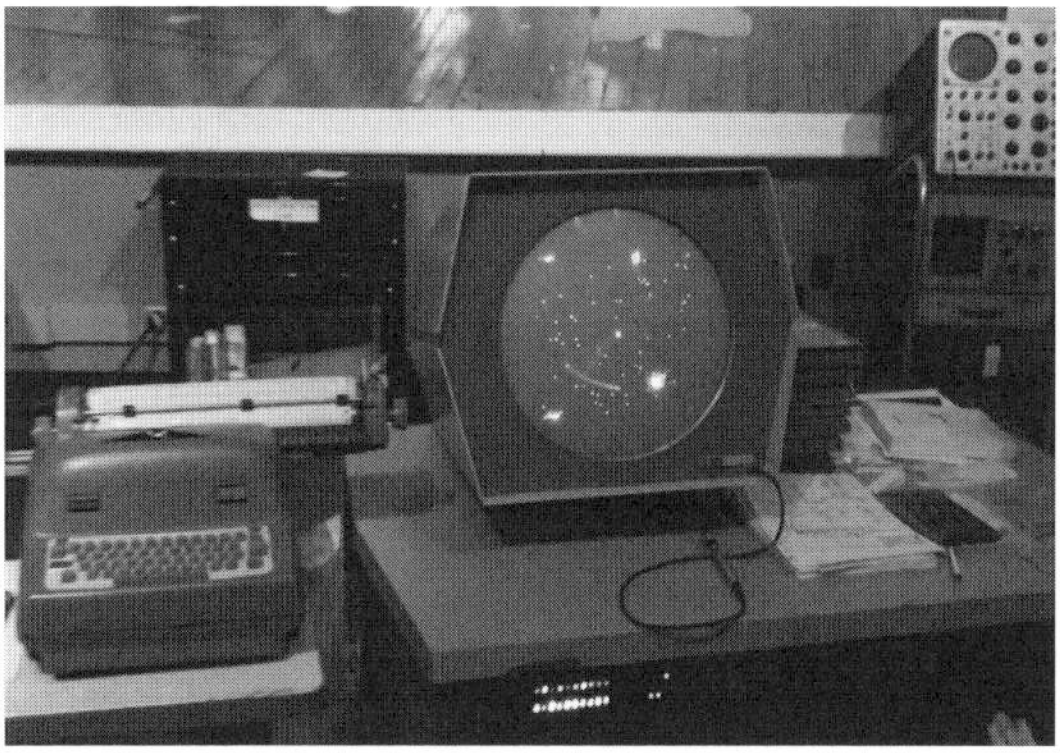

DEC PDP-1 上で動く「スペースウォー」

　世界初のビデオゲームは、ＤＥＣのミニ・コンピュータＰＤＰ－１の上で動いた「スペースウォー」だ。もし読者がシリコンバレーに行く機会があれば、ぜひ、コンピュータ・ヒストリー・ミュージアムを訪ねてほしい。運が良ければ世界で１台、今でも現役で動くＰＤＰ－１のデモンストレーションがあり、スペースウォーを生でプレイできるかもしれない。

　ゲームセンターなどで見かける業務用ビデオゲーム機の元祖は、後にアタリを創業するノーラン・ブッシュネルが、このスペースウォーをヒントに開発した「コンピュータスペース」であると言われる。こうした業務用ビデオゲーム機はボウリング場などの盛り場に置かれ、プレイしたい者は、ゲーム機が設置されている場所まで出かけてお金を入れることで、限られた間だけゲームを楽しむことができた。

その後、ブロック崩しや風船割りなどの業務用ゲーム機がヒットし、続いて発表された「スペースインベーダー」は世間に一大ブームを巻き起こした。大人も子供もインベーダーゲーム機に群がり、ゲームセンターやゲーム喫茶が大繁盛した。任天堂も「ドンキーコング」という業務用ゲーム機でスマッシュヒットを飛ばした。

この業務用ゲーム機の開発ノウハウを活かすことで誕生した任天堂のファミリーコンピュータは、その群を抜いたゲーム体験と抜群のコストパフォーマンスで、日本、そして世界の子供たちをとりこにし、破壊的イノベーションをもたらした。では、任天堂はどのようにしてその能力を身に付け、ビジネスを成功に導いたのだろうか。

大人がのめり込むゲームを子供たちにも

インベーダーゲームが登場したとき、ゲームセンターで大人が百円玉をタワーのように積み上げてゲーム機を専有し、ゲームにのめり込むのを横目に、小遣いの乏しい子供たちは欲求不満を募らせていた。私も含めた多くの子供たちは思ったものだ。「家でタダで業務用のビデオゲームができたら、どんなに素晴らしいだろう！」と。

この、**家庭で業務用ビデオゲームを遊べない**という状況をビジネスチャンスと感じたのは任天堂だけではなかった。その証拠に、アメリカや日本のメーカーからいくつもの家庭用テレビゲーム機が発売された。

しかし、当初の家庭用ゲーム機は、ブロック崩しならブロック崩し、レースゲームならレースゲームと、似たような数種類のゲームしか遊べない単純なもので、画面の解像度や色数も非常に乏しかった。そのため、買ってもすぐ飽きられてしまい、大ヒットにはつながらなかった。

1983年の発売以来、全世界で6191万台を売り上げた超特大のヒット商品である任天堂のファミリーコンピュータ（ファミコン）は、こうした背景の中で生み出された家庭用ゲーム機だ。ファミコンが登場した当時、家庭用ゲーム機にはすでにライバルも多く、その市場はブルーオーシャンとは必ずしも呼べない状況だった。また、任天堂が最初に家庭用ゲーム機を発売したわけでも、最初にROMカセット方式のゲームを売り出したわけでもない。

では、何がファミコンの大ヒットにつながったのだろう。

私は、「ドンキーコング（などの業務用ビデオゲーム）を、安く、家庭で遊びたい」というユーザーのニーズの実現に向けて、ファミコンの仕様や価格が最適化されていたからだ、と考える。

ファミコン初代機の開発コンセプトは、「①本体の小売価格を1万円以下にすること」「②発売後3年間、競争相手が出ない機械を作ること」の2つ。そして、②を満たすための明確な開発目標として「業務用ゲームだったドンキーコングをそのまま遊べるゲーム機」という目標が設定された。

　低価格で高性能という相反する条件をクリアするため、任天堂はリコーとともにカスタムＬＳＩを開発した＊。また、ドンキーコングの画面描画に必要となる画像処理専用のＬＳＩも同時に開発している。

　一方で、山内溥社長（当時）の「本体価格を１万円以下にせよ」という厳命に応えるため、削れるところは徹底的に削っている。例えば、同時期の他のゲーム機の多くに採用されていたジョイスティックは物理スイッチが多くコスト高となるため採用せず、電卓などと同じ導電性ゴム接点を使ったコントローラを採用した。さらに、コントローラケーブルを直接本体基盤に接続することで、コスト上昇要因となるコネクターを省いている。

　特筆すべきは、ファミコンの開発が業務用のドンキーコングを開発した上村雅之らの手によって行われたことだ。ファミコンが表示できる色数やメモリ容量などの重要な仕様決定の際には、彼らのゲーム専用機開発の知識と経験が反映された＊＊。

　こうして、１９８３年７月、これまでゲームセンターでしか遊べなかったドンキーコングが、１万４８００円（＋ソフト代）で家庭にやってくることとなった。多くの子供たちが狂喜乱舞し、飛びついたのは言うまでもない。ファミコンは当時の家庭用ゲーム機の中で、そのゲーム体験が群を抜き、コストパフォーマンスも非常に良かった。

＊
このLSIは、AppleⅡにも使われていた「6502」というCPUをベースに、サウンドなどを強化し、不要な数値演算部分を削ったパッケージだった。

＊＊
こうした「社内人事ローテーションによる技術の伝承と活用」には、ホンダの軽自動車「N-BOX」の開発に、第2期ホンダF1の開発に携わった浅木泰昭などのメンバーが参画した例がある。N-BOXの開発では、「エンジンとシャシーをセットで考える」というF1の考え方が活かされている。

この任天堂のファミコンのケースから学べるのは、①顧客が叶えたいと思っているが、何らかの理由で実現できていないことを見極め、②それを製品やサービスの仕様に明確に落とし込み、③他社にはまねのできないようなコストで実現する、という3つの能力が破壊的イノベーションを起こすために必要だということである。

「破壊」を起こしたインクジェットプリンタ

現在オフィスなどで多く使われているレーザープリンタは、コピー機の原理をプリンタに応用した機械である。ページ全体のデータを一気にプリントするので、一つのページ内に画像や文字が混在したドキュメントもきれいに印字できる。レーザープリンタは、図形や文字の信号で変調したレーザー光を感光ドラムに照射して、感光したドラムにトナーを吸着させて紙に転写する。そのため、それまで主流だったドットインパクトプリンタと比べてはるかに小さな点も印字可能である。印刷速度も、ドットインパクトプリンタよりはるかに速く、音も比較的静かだ。

だが、レーザープリンタは筐体が大きくなりがちで、本体価格も高い。熱でトナーを定着させるので消費電力も大きく、トナーや交換部品のコストがかかるのでページ当たりの印字コストも割高だ。そのため、レーザープリンタは高速で大量の文書を美しく印字する必要があるオフィスで主に使われてきた。

レーザープリンタほどの速度や解像度が必要ない顧客は、圧電素子方式のインクジェットプリンタを使うようになっていた。しかしこれは、印字ヘッドにたくさんのノズルを高密度に配置することが難しいため、プリント速度に制約があった。また、印字ヘッドはセラミックスや金属を複雑に加工する必要があるために高コストであり、手軽に交換できるものではなかったので、ヘッドが故障した場合には本体をメーカーに持ち込んで修理しなければならず、不便だった。

こうした欠点を克服したのが、**キヤノンが開発したバブルジェット方式のインクジェットプリンタ**だ。バブルジェット式プリンタは、レーザープリンタ並みのクオリティとドットプリンタ並みのコストパフォーマンスを両立させることで、現在、徐々にレーザープリンタの市場をも破壊しつつある。では、どのようにしてバブルジェット式プリンタは誕生したのだろうか。

セレンディピティから生まれたバブルジェット

キヤノンの技術者がバブルジェット式プリンタのアイディアを思い付いたのは偶然からだった。

ある日、一人の技術者がインクジェットの研究をしているときに、インクを入れた注射器の針に、熱したハンダごてが誤って触れてしまった。すると、注射器の針の先から、インクがピュッと飛び出したではないか。

普通の人ならこれを見て「ああ、インクで机が汚れてしまったな」と思う程度で、気にも留めなかったかもしれない。しかし、インクジェットプリンタのことで頭がいっぱいだった技術者はこれを見て、「そうだ！　圧電素子ではなく、ヒーターでインクを蒸発させて、その蒸気の泡の力でインクを飛ばせばいいじゃないか！」と思い付く。

このような「幸運な現象に遭遇する能力」は**セレンディピティ**と呼ばれるが、幸運の女神は誰にでも微笑むわけではない。常にそのことについて考え、神経を張り巡らしていなければ、興味深い現象が目の前で起きても、その重要性に気付けないからだ。ニュートンが生まれるはるか以前から、リンゴは木から落ちていた。しかし、それを見て万有引力の法則を考え付いたのはニュートンが初めてだ。パスツールは、こうしたことを「チャンスは準備ができているものにのみ微笑む」と表現している。

キヤノンは、熱でインクを飛ばすこの印字方式を「バブルジェット」と名付け、1977年に基本特許を出願し、後に登録された。その際、先行して出願されていた他社の特許を第三者審査請求してその権利の範囲を限定するという知財史に残る大技も使っている。こうして基本特許出願から8年後の1985年、半導体ヒーターの弱点や、インクの「コゲ」の問題を乗り越え、ついにキヤノン初のバブルジェット式プリンタ「BJ－80」が発売されたのだ（注4）。

ビジネスモデルの確立とレーザープリンタの「破壊」

バブルジェット方式のインクジェットプリンタは、キヤノンに売上の向上だけでなく、新たなビジネスモデルももたらした。この方式のプリンタは、ヘッドのメカニズムがシンプルで低コストなため、ヘッドとインクタンクが一体化したカートリッジを使い捨てる方式も可能になった。この技術的特性が、プリンタを安く売って大量に普及させ、その後インクカートリッジを売るときに利益を回収するというビジネスモデルの確立につながった。

そして、クリステンセン教授の理論が予想するとおり、当初、印字の速度や品質でレーザープリンタにかなわなかったインクジェットプリンタは、まずは家庭や小規模オフィスなどのそれほど要求が厳しくない市場に受け入れられ、その後、プリンタメーカー間での激しい技術開発競争によってその技術水準を向上させ、企業向けレーザープリンタの市場をも浸食し始めている。

例えば、インクジェットプリンタの印字速度をアップするためには、紙幅サイズの長い固定式プリントヘッドに数万個ものノズルを並べ、高速で動く紙の上に絨毯爆撃のように印字するしかない。だが、プリントヘッドは作るのに非常にコストのかかる基幹部品で、長さが長くなるほどノズルの欠陥率が上がる。加速度的に悪くなる歩留まりを織り込むことになるため、そのままでは非常に高価なものとなってしまう。だから、精度と信頼性の高いヘッドを妥当なコストで作るためには、製造技術の飛躍的な進化が必要だった。

また、プリント中のヘッド表面へのインクやゴミの付着を排除するために、定期的なクリーニングが必要だが、とても難しいメカニズムが求められ、この技術開発も難関だった。

インクも大幅な進化が必要だった。インクは一度にたくさんの粒を夕立のように紙に打ち込んでしまうと、紙への浸透が間に合わずににじんでしまう。それを解決するために、インクに薬剤を添加して紙に素早く浸透するようにすると、今度はインクが紙の中に深く浸透しすぎてしまい、文字の色が薄くなったり、にじんだり、紙の裏側から見たときに表側の文字が透けてしまって、オフィスで求められる見やすい文書の高速両面印刷を難しくしていた。オフィス文書の品質を満たす高速両面印刷を実現するためには、インクをできるだけ紙に浸透させずに、かつ紙の表面でにじまないようにする必要がある。しかし、それを可能にする粘り気の強いインクを打ち出すのは簡単なことではなかった。キヤノンが2018年末に発売した機種では、特殊なノズルを開発して従来飛ばせなかったような高粘度のインクを飛ばせるようになったことで、かなり濃くてシャープな文字の両面印刷が可能となっている。

このように、インクジェットプリンタは家庭という新市場から始まり、徐々にその性能を向上させることで、レーザープリンタの主要顧客であるオフィスの顧客をも満足させる水準に達し、今やレーザープリンタを破壊しつつあるのだ。

本章では、ソニーのトランジスタラジオ、任天堂のファミリーコンピュータ、キヤノンのバブルジェット式プリンタという日本企業が起こした3つの破壊的イノベーションの歴史を振り返ってきた。このようなイノベーションにより、ソニー、任天堂、キヤノンは大きく飛躍することとなった。

しかし近年、こうした日本企業による破壊的イノベーションの事例がめっきり少なくなってきているようだ。なぜだろう。

その理由を考察するために、次章以降では、これまできちんと定義せずに使ってきた「イノベーション」や「破壊的イノベーション」という言葉についてまず理解しよう。それこそが、「敵を知る」第一歩だからだ。

2章 イノベーションとはそもそも何か

実は、多くの人が理解していないイノベーションの意味

「バリュー・フロム・イノベーション（富士フイルム）」「イノベーション・バイ・ケミストリー（東レ）」「グッド・イノベーション（電通）」など、イノベーションをスローガンに掲げる企業は多い。しかし、試しに周りの人に「イノベーションとはどういう意味か」と訊いてみると、ある者は「新結合」と言い、またある者は「技術革新」と答えるなど、人によって違う答えが返ってきて驚くことになるだろう。実は、多くの人がイノベーションの意味をきちんと理解せずに使っているのだ。そもそも、イノベーションの語源は何だろう。

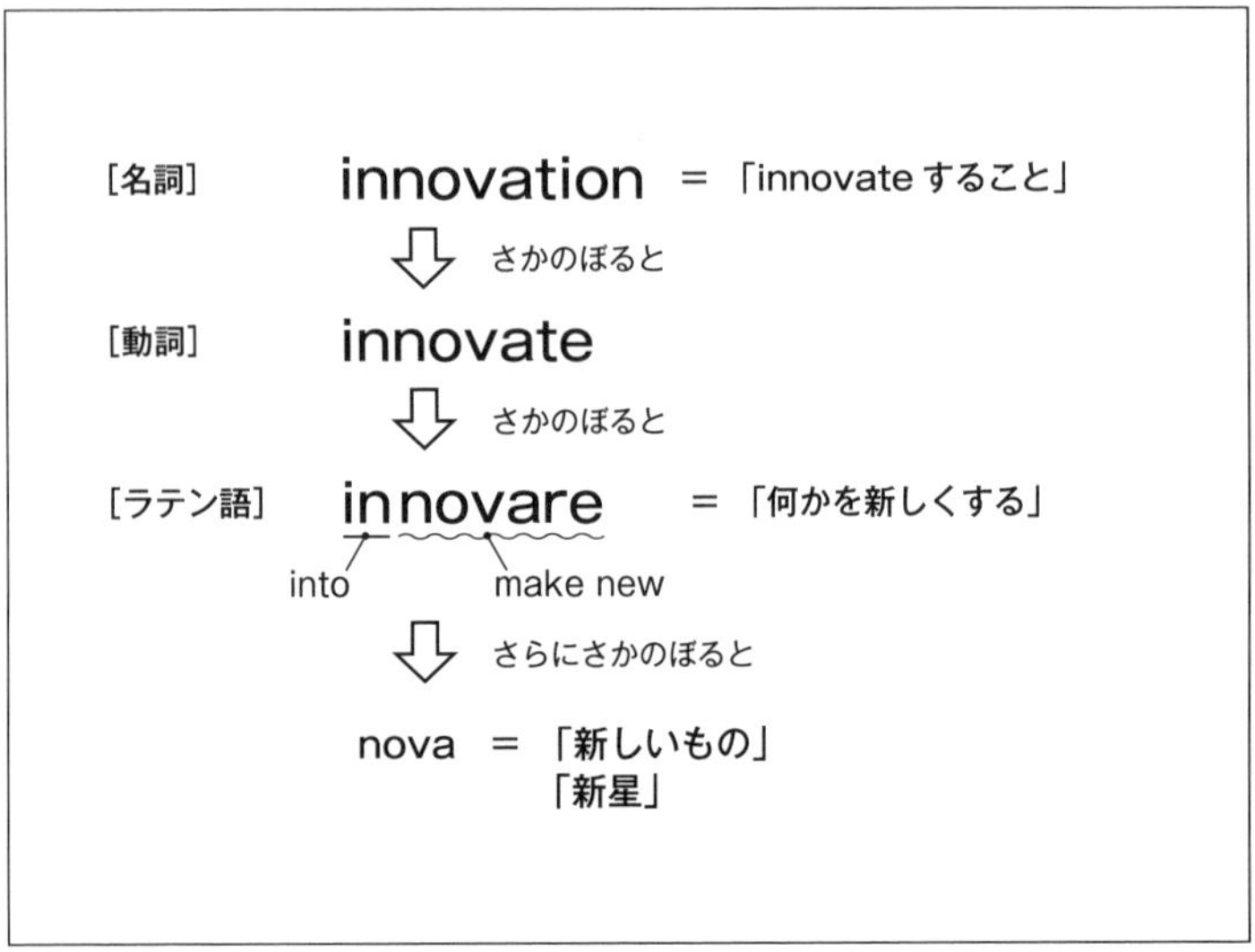

イノベーションの語源

「イノベーション（innovation）」という英語は「イノベート（innovate）」という動詞の名詞形で、その語源はラテン語の「イノバーレ（innovare）」だ。

単語の中に「新しいもの」を意味する「ノバ（nova）」という言葉が入っていることからもわかるように、イノバーレの意味は「何かを新しくする」だ。

イノベーションはその名詞形だから、イノベーションの意味を語源から解釈すれば**何かを新しくすること**となる。

その意味では、新しいアイディアを初めて創り出す「インベンション（invention）」という言葉とよく似ているが、イノベーションはそれ以上の意味を持つとされている。

イノベーションの現代的定義とは

そこで、現代におけるイノベーションの定義を見てみよう。

イノベーション研究に関する国際標準指針である「オスロ・マニュアル2018」によれば、企業のイノベーションは「**プロダクト・イノベーション**」と「**ビジネス・プロセス・イノベーション**」からなる（注5）。

プロダクト・イノベーションとは、「新しい（または改善された）製品またはサービスであって、当該企業における以前の製品・サービスとはかなり異なり、かつ市場に導入されているもの」であり、この場合、顧客は企業の外にいる。

ビジネス・プロセス・イノベーションとは、「一つ以上のビジネス機能についての新しい（または改善された）ビジネス・プロセスであって、当該企業における以前のビジネス機能とはかなり異なり、かつ当該企業によって利用されているもの」であり、この場合はイノベーションの顧客としてまず恩恵を受けるのは自社である。

そして、イノベーションを生み出すことを意図した活動のことを「**イノベーション活動**」と定義している。著名なイノベーション研究者であるパビットは、このイノベーション活動を「機会を新しいアイディアへと転換し、さらにそれが広く用いられるようにする過程である」と定義している。

つまり、①新しいプロダクトやプロセスのアイディア（インベンション＝発明）を思い付いただけではイノベーションとは呼べず、②それが市場や社内で広く受け入れられて普及しなければ、イノベーションと呼ぶことはできないというのだ。

マンスフィールドによるアメリカ大企業のプロジェクトの成功確率に関する研究によれば、あるプロジェクトの「技術的な成功確率」が約80％であったのに対して、その後の「商業的な成功確率」は約20％だったそうだ。つまり、仮に１００件のアイディアがあったとすると、そのうち技術的なハードルを越えられて「発明」となったものは80件、その80件の発明のうち顧客に受け入れてもらえて「イノベーション」となったのはさらにその２割、わずか16件に過ぎなかったことになる。マンスフィールドのケースでは、イノベーションを起こすのに、最初の「技術のハードル」よりも、２番目の「市場（顧客）のハードル」の方がはるかに高かったのだ。

イノベーションが重要なのは、それによって企業が競争優位を勝ち取り、かつ、それが社会に広く行き渡り多くの人に恩恵をもたらすからだ。そのためには、単に新しいものを発明する（インベンション）だけでは不十分で、それを広く社会に行き渡らせることが必要だ。

発明王エジソンは、そのことを誰よりもよくわかっていた。彼は、偉大な発明家（インベンター）であると同時に、偉大なイノベーターでもあった希有な人物だ。

エジソンはその生涯に数多くの発明をしたことで知られている。主なものだけでも、アナログレコード（蓄音機）、白熱電球、映画カメラ、X線透過装置、硫化ゴム、トースターなど枚挙にいとまがない。

と同時に、エジソンは、自らの発明を社会に普及させるために、様々な努力を行っている。例えば、白熱電球。白熱電球は、単独では光ることができない。電気を生み出す発電所が必要であり、発電所から電気を街まで引いてくるための送電設備や絶縁技術も必要だ。マンホールも設計しなければならず、家に引き込んだら今度はそれを分配しなければならない。スイッチ、ソケット、ブレーカーなど、関連製品を数え出したら切りがないほどだ。

エジソンは白熱電球を社会に普及させるために、これらすべての関連製品を極めて短期間で設計し、私財を投じて量産し、送電線埋設工事の現場監督まで行った。つまり、現代で言うところの電気事業と電気製品製造業を同時に創業したのだ。

ゼネラル・エレクトリックは、今でこそジェットエンジンや再生エネルギーといった事業を中核とする企業だが、元々はエジソンが電球や関連設備を製造するために起こした会社なのである。

何が変わるかでイノベーションを分類すると……

次の図では、「何が」変わるのかによってイノベーションを3つに分類している。

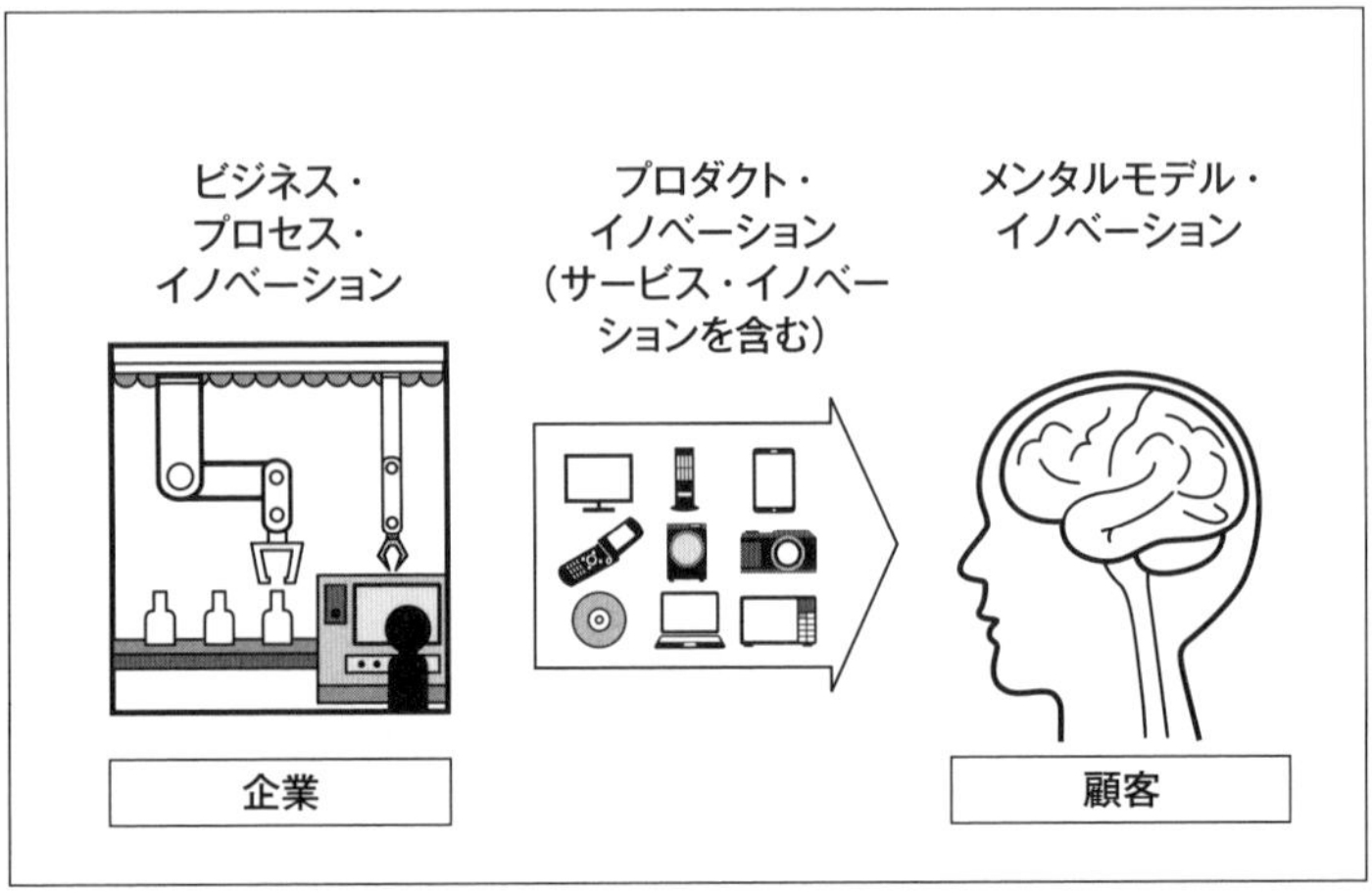

イノベーションの「起こる場所」による分類

まず、図中左の企業から右の顧客に提供される「製品やサービス」が変わるイノベーションは、**プロダクト・イノベーション**と呼ばれる。イノベーションという言葉を聞いて、多くの人が頭に思い描くのがこれだろう。代表的なプロダクト・イノベーションには、ウォークマンやスマートフォン、青色発光ダイオードやその応用製品であるLED電球、宅配便サービスなどがある。1章で示したトランジスタラジオやファミコン、バブルジェット式プリンタなど日本発のものも多い。

次は、図の左側、企業内部における「やり方」が変わるイノベーションだ。電炉（ミニミル）による鉄鋼の製造方式*、オンライン・バンキング、味の素の製造方法の化学合成法から発酵法への変更など、顧客が受け取る製品やサービスそのものではなく、それを提供

＊ 鉄スクラップを電気炉で溶かして精錬する製鋼法。設備投資コストが、鉄鉱石とコークスを原料とする高炉の10分の1程度と低いため、コスト優位性がある場合が多い。

する方法や業務のやり方が変化することで、製品やサービスの価格が安くなったり、利便性や安全性が高まったりする。こうしたイノベーションは、**ビジネス・プロセス・イノベーション**と呼ばれる。企業はこれにより、コスト競争力を高めたり、他社と差別化したりする。ビジネス・プロセス・イノベーションの実現には、現場レベルでの地道な改善活動の積み重ねが有効な場合が多い。現場レベルの人材の質が世界でもトップクラスの日本は、*極力在庫をなくして多品種少量生産を可能とするリーン生産方式など、この分野でも様々な世界的実績がある。

メンタルモデル・イノベーションとは?

最後が、図の右側、顧客の「認識（メンタルモデル）」を変えるイノベーションである。例えばポカリスエットは、地道な営業活動を通じて徐々に認知され、スポーツドリンクの定番商品となった。しかし、全人口に占めるスポーツをする人の割合は限られる。ポカリスエットの売上をさらに伸ばすために大塚製薬が打った手が、当時人気の糸井重里と森高千里を起用し、二日酔いでヘロヘロの糸井重里に「水じゃダメなんですか」と言わせることだった。

この広告によって、消費者の「ポカリスエットはスポーツの後に飲むと美味しい」という認識を、「ポカリスエットはスポーツ後はもちろん、二日酔いのときに飲んでも役に立つ」へと変化させた。消費者のメンタルモデルが変わり、飲用シーンが拡大したことでポカリスエット

* OECD加盟国など24ヵ国・地域（日、米、英、仏、独、韓、豪、加、フィンランドなど）が参加し、16歳〜65歳までの男女個人を対象として「読解力」「数的思考力」「ITを活用した問題解決能力」について調査した「成人力調査」では、日本はいずれの分野の平均点でもトップの成績を収めている。

はさらに売上を伸ばしたのだ。

この場合、ポカリスエットという製品自体は何ら変化していない。また、製品の製造方法が変化したわけでもない。変わったのは、「顧客の製品に対する認識」であり、認識が変化したことで顧客が製品やサービスを消費した際に感じる「価値」が増大したのだ。私は、こういったタイプのイノベーションを**メンタルモデル・イノベーション**と呼んでいる。

オスロ・マニュアルでは、イノベーションは「新しい（または改善された）**製品・サービス**または**プロセス**」と定義されており、メンタルモデル・イノベーションはそこに含まれない。

しかし、21世紀においては、プロダクト・イノベーションやビジネス・プロセス・イノベーションと並んでメンタルモデル・イノベーションの重要性が増してきているように思われる。

例えば、流行はなぜ生まれるのだろう。

60年代の日本では、「ダッコちゃん

ダッコちゃん人形
提供：朝日新聞社

人形」が大流行した。ソフトビニールでできた、アフリカン・アメリカンの女の子を模した人形で、両腕がつながってリング状になっており、二の腕などに着けることができた。現代の我々はおよそ理解に苦しむが、当時の人々は老いも若きもこの人形をこぞって買い求め、皆が腕に着けて浜辺や街頭を闊歩した。

つまり、タカラは、当時の日本国民のメンタルモデルを「ダッコちゃん人形を腕につけて歩くのがかっこいい」と変化させて爆発的な需要を巻き起こし、莫大な売上と利益を上げたのだ。

レクサスの成功にはどのようなイノベーションが必要か？

ここまでで、イノベーションには企業の提供する製品やサービスが変化するプロダクト・イノベーション、企業におけるやり方が変化するビジネス・プロセス・イノベーション、消費者の認識が変化するメンタルモデル・イノベーションという3つのタイプがあることを紹介した。では、１９８９年にアメリカで展開が始まった、トヨタの高級車ブランド「レクサス」の成功にはどのタイプのイノベーションが必要なのだろう。

トヨタはレクサス・チャネルを展開する以前から「セルシオ」という最高級車を開発・製造し、既存の店舗で販売していた。レクサスの最上位車種のＬＳは、その流れを汲むモデルだ。

しかし、レクサスという別ブランドの立ち上げには、単にトヨタ史上最高品質の自動車を開発・設計するというプロダクト・イノベーションに加え、最高のプロダクトを作るための新たな製造プロセスを作りつつ、それに相応しい新たなディーラー網という販売プロセスを立ち上げ、そこで新次元の購入体験を提供して顧客のメンタルモデルをも同時に変化させる必要があった。つまり、3種類のイノベーションすべてを同時並行で起こさなくてはならなかったことになる。

これら3つが同時に達成され、うまく組み合わさったとき、レクサスは初めてメルセデス・ベンツやBMW、ジャガーやロールス・ロイスなどと並び立つ、真のグローバル・トップ・ブランドへと昇華していくことだろう。

イノベーションは「創新普及」と訳そう

本章の最後に、「イノベーションを日本語で何と訳せば良いか」を考えることで、「イノベーションとは何か」を総括しよう。

1956年度の経済白書において、イノベーションには**技術革新**という訳語が当てられた。*しかし、この技術革新を字面だけ捉えると、新しい技術の研究開発だけがイノベーションだと誤解され、市場調査や製造・販売などの活動も含まれることが理解されにくい。また、アイディアが新しいだけでは不十分で、それが社会に広く行き渡り、経済的に成功することが必要

＊ 経済白書においても但し書きで「技術革新」は単なる技術に関するものだけではなく、「消費構造の変化」なども含めた幅広い意味で使うとわざわざ断っている(注6)。

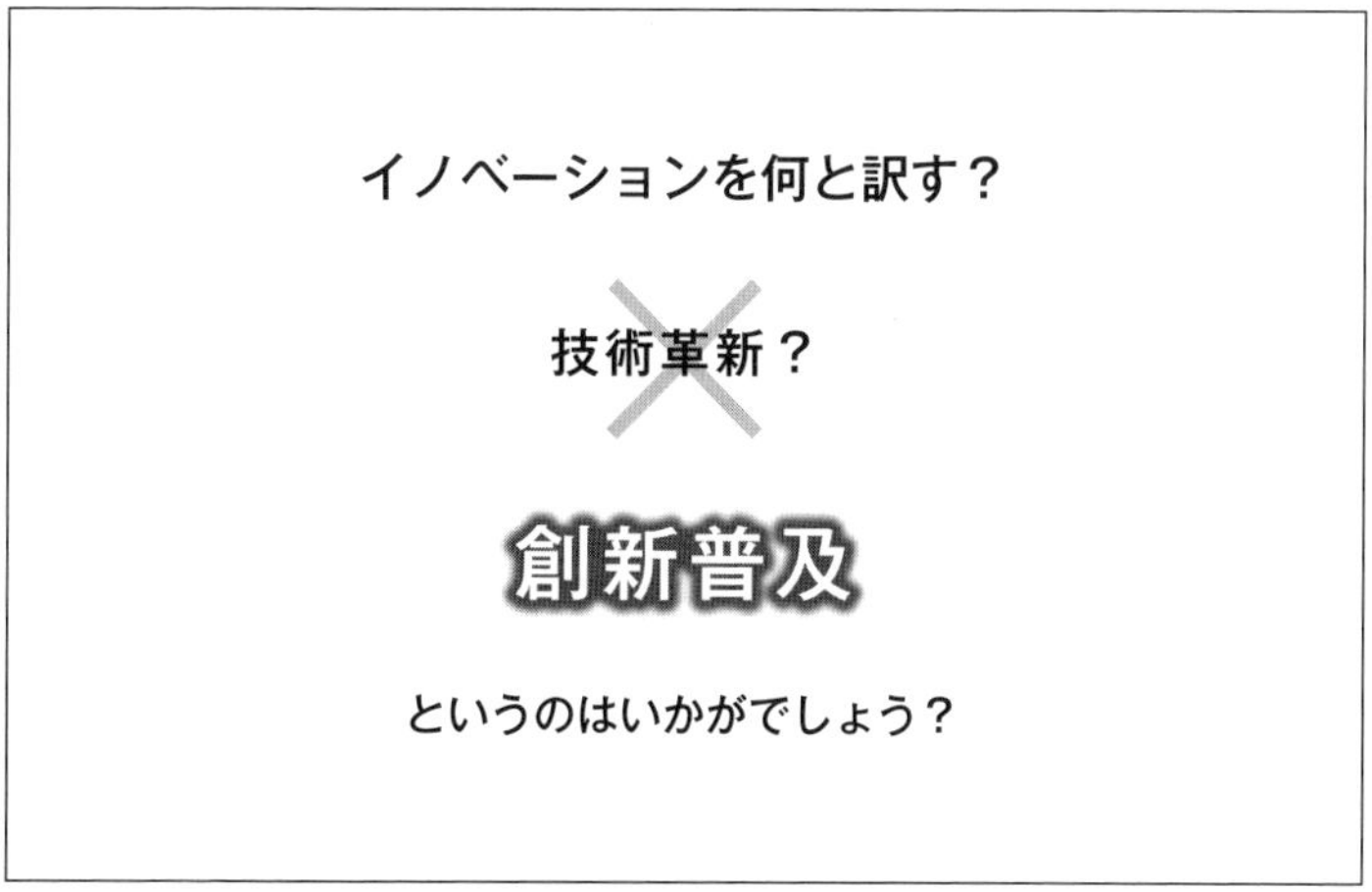
イノベーションを何と訳す？
技術革新？
創新普及
というのはいかがでしょう？

イノベーションの訳語

だというニュアンスも含まれていない。現代の我々から見ると、イノベーションの訳語としては意味が狭すぎるだろう。

ちなみに中国では、イノベーションを**創新**と訳しているそうだ。これは、コンピュータを「電脳」と訳したのと同様に、なかなかの名訳だと思う。ただ、あえて苦言を呈すれば、創新だけでは、新しいものやサービスを創り出すインベンション（発明）との区別がつきにくいように思われる。

そこで、イノベーションの訳語として、新しいアイディアを創り出す「創新」に、社会への「普及」の2文字を補い、**創新普及**としてみてはどうだろうか。「創新普及、創新普及……」と唱えているうちに、なんだかイノベーション推進のためのスローガンのように聞こえてこないだろうか。

3章 破壊的イノベーションとは何か

大企業が圧倒的に有利な持続的イノベーション

アメリカでは1970年代頃までそうだったし、日本では現在もそうだが、多くの親は、自分の子供を「いい大学」に進学させ、歴史ある大企業、すなわち「いい会社」に就職させることを夢見る。「なぜですか」と問われれば、親たちは異口同音に「歴史のある大企業の方が、様々な面で、ビジネスを有利に進められるから」と答えるだろう。

たしかに、歴史のある大企業は次頁に列挙したとおり多くの優位性を持っている。常識的に考えれば、新興中小企業が大企業と正面から競争して勝つのは至難の業だろう。

・既存顧客との信頼関係とニーズ収集能力
・研究開発能力による技術の蓄積
・アイディアを信頼性のある製品やサービスに変換する能力
・幅広い販売網・サービス網
・ブランド力

既存の大企業が持つ様々な優位性

実際、**今ある製品・サービスをより良くする**という競争において、既存の大企業は圧倒的な強さを示す。クリステンセン教授は、このような「今ある製品・サービスをより良くする＝従来よりも優れた性能を実現して、**既存顧客のさらなる満足向上を狙う**」タイプのイノベーションを**持続的イノベーション**と定義した。

このタイプのイノベーションは、最も収益性の高い顧客に対して高い利益率で売れるため、既存の大企業は積極的に市場に参加する強力な動機がある。そして、**勝つのはほぼいつも、経営資源が十分にある大企業**だ。

持続的イノベーションには、徐々に性能を向上させる「漸進的《ぜんしん》（インクリメンタル）なもの」もあれば、一気に性能を向上させてライバル企業を突き放す「画期的（ラディカル）なもの」もある。両者は、技術進歩の方向が**既存顧客が重視する性能の向上**であるという点で共通している。

次の表で、漸進的と画期的という2種類の持続的イノベーションの例を紹介する。

持続的イノベーション	漸進的イノベーション	自動車用ガソリンエンジンの馬力や燃費の向上	ガソリン自動車の発明からすでに100年以上が経過したが、加工精度の向上、ピストンなどの軽量化、吸気バルブや排気バルブのタイミング制御、電子制御燃料噴射の導入、過給技術の進歩などにより、今でも毎年少しずつガソリンエンジンの性能向上は続いている。
		冷蔵庫やエアコンの省エネ化	使われるヒートポンプの効率向上や断熱材の進歩などによって、毎年少しずつだが冷蔵庫やエアコンの省エネ性能は向上しており、20年前に比べると格段に消費電力が少なくなっている。
		高炉による製鉄技術の進歩	当初は勘と経験に頼っていた溶鉱炉の操業を、炉内の温度などをきめ細かに測定し、コンピュータ制御することで、生産される鉄の品質の向上と均質化、歩留まりの向上などを成し遂げている。
	画期的イノベーション	LED電球	消費する電力のほとんどが熱になってしまう白熱電球と比較するとLEDは発光効率が良いため、消費電力は5分の1以下。寿命も20年以上と白熱電球と比較して圧倒的に長い。
		ハイブリッド自動車	ガソリンエンジンとモーターとバッテリーを組み合わせるという機構の複雑さに目を奪われて誤解しがちだが、自動車のユーザーとして見ると、ハイブリッド車は単なる「ガソリンを燃やして走る、燃費が画期的に良い自動車」に他ならない。顧客層も既存のガソリン自動車からの買い換えユーザーが大半であり、画期的な持続的イノベーションと言える。
		音楽CD	音楽信号をアナログのまま盤面に波形として記録し、それを盤面に物理的に接触した針で読み取るLPレコードと比較すると、音楽信号をいったんデジタル化してレーザー光で記録し、読み取り後に誤り訂正技術などを用いることでノイズや回転ムラのほとんどない、ダイナミックレンジ（再生可能な最も大きい音とノイズとの比率）の広い音楽再生が可能である。また、左右の音の広がりを表すチャンネルセパレーションもアナログレコードと比べはるかに優れている。近年は、さらに自然の音に近い「ハイレゾ・オーディオ」が普及し始めている。

漸進的イノベーションと画期的イノベーション

破壊的イノベーションの特徴とは

多くの人がイノベーションという言葉を聞いて思い浮かべるのは、前述の持続的イノベーションだろう。これに対し、破壊的イノベーションは**既存の主要顧客には性能が低すぎて魅力的に映らないが、新しい顧客やそれほど要求が厳しくない顧客にアピールする、シンプルで使い勝手が良く、安上がりな製品やサービス**をもたらす。別の言い方をすれば、破壊的イノベーションの製品やサービスは、性能が低すぎるため、「既存製品の主要顧客の目にはオモチャのように映り見向きもされない」という特徴を持つイノベーションだ。

この定義は、イノベーションという言葉から我々が普通イメージする「性能向上」とは真逆であり、直感に反する概念だ。

しかし、2章で理解したように、そもそもイノベーションとは「新しい製品やサービス」のことであり、必ずしもそれらの性能向上を意味しているわけではない。

そして、破壊的イノベーションの**既存の製品やサービスの主要顧客が欲しがらない**という性質こそが、既存企業に「破壊的イノベーションの製品・サービスは取るに足らない。ゆえに、取り組む価値がない」と勘違いさせるのだ。

持続的イノベーションと破壊的イノベーションの違いを次の図に示した。破壊的イノベー

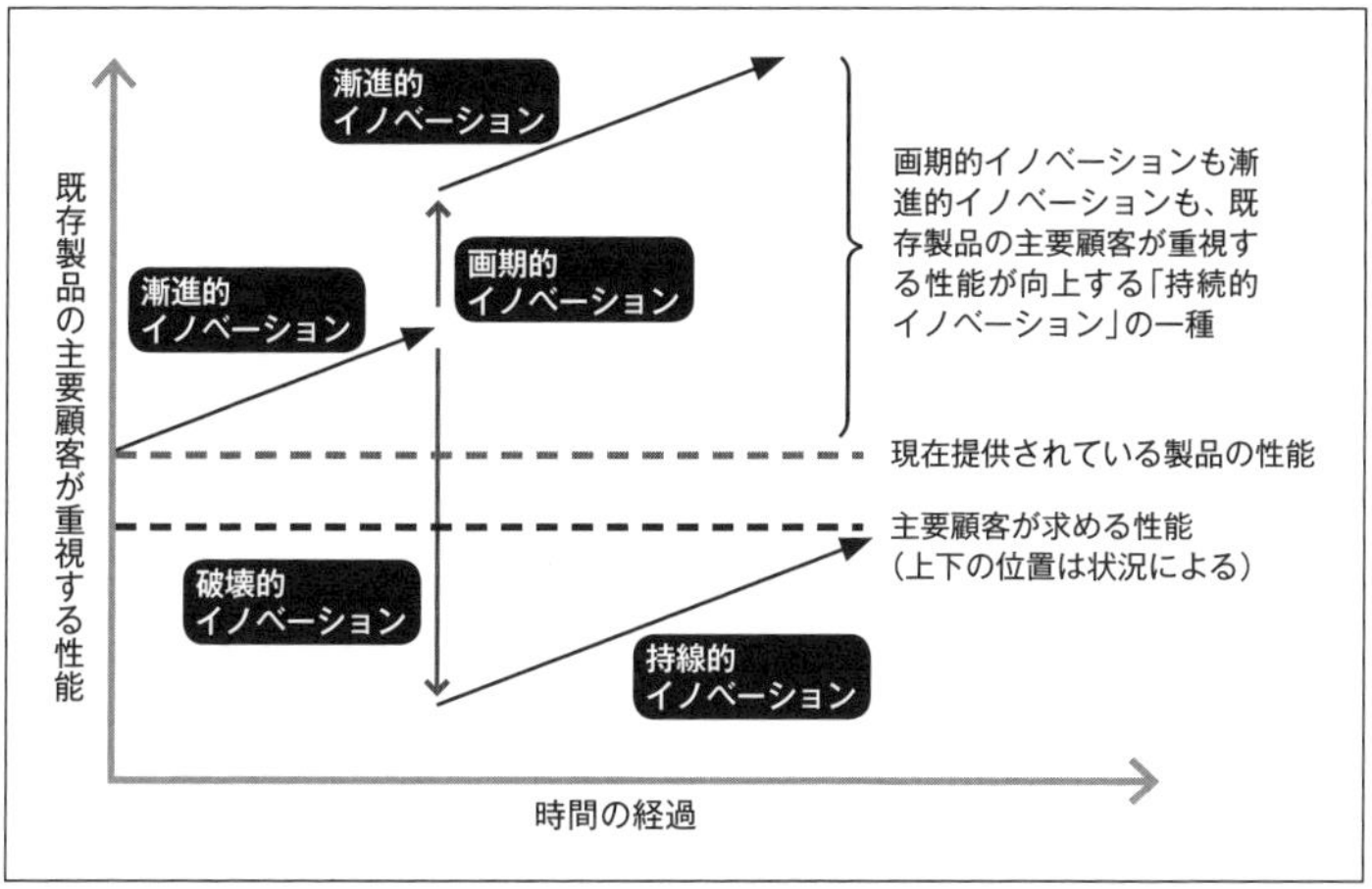

イノベーションの分類

ションの性能は、既存製品の性能や、既存製品の主要顧客が求める性能水準を下回っていることに注目してほしい。

破壊的イノベーションはさらに2つのパターンに分類できる。

一つは、これまで製品やサービスをまったく使っていなかった顧客にアピールするイノベーションだ。これは**新市場型破壊**と呼ばれる。

そしてもう一つは、既存製品の主要性能が過剰なまでに進歩したために一般消費者が求める水準を超えてしまっている状況で、一部のローエンド顧客にアピールするイノベーションだ。これは**ローエンド型破壊**と呼ばれる。

いずれにせよ、破壊的イノベーションが提供する製品・サービスは、シンプルで低価格なものである。以下で新市場型破壊とローエンド型破壊の具体例を見ながら、理解を深めていこう。

無消費をターゲットにする新市場型破壊

クリステンセン教授はよく、「新規事業を考えるときには無消費（ノンコンサンプション）*をターゲットにせよ」と言う。

無消費とは「顧客が何も持たない状態」のこと、**無消費者**とは「何も持っていない状態の顧客」のことだ。クリステンセン教授は、「何も持たない状態と比べるからこそ、シンプルで安価な製品が喜んで受け入れられる。部下がすでに優れた製品を使っている顧客をターゲットにしようとしたら、無消費に対応する方法を探し出すよう命じなさい」とも述べている。

ソニーのトランジスタラジオは、屋外では何も聴くものがなかった無消費者を捉えた。これが、典型的な新市場型の破壊的イノベーションである。

マイクロプロセッサを用いたパーソナル・コンピュータ（ＰＣ）もまた、新市場型破壊の典型例だ。

そもそも、パーソナル・コンピュータに搭載されているマイクロプロセッサは、もともとは電卓のために開発されたものであり、その誕生は日本と密接な関係がある。１９６０年代後半

* nonconsumption は「無消費」あるいは「非消費」と訳されるが、本書では「無消費」で統一している。

から1970年代にかけて、日本では「電卓戦争」が勃発していた。シャープやカシオやキヤノンなど50社以上のメーカーが電卓市場に参入し、競争は熾烈を極め、各社は次から次へと新製品を短いサイクルで出し続けなければならなかった。

そんななか、世界初のワンチップ電卓「LE―120」を世に出したビジコンは、電卓の新製品開発のたびに毎回ICチップを一から設計するのは手間も時間もかかるので、プログラムを外部のROMに格納し、プロセッサがそのプログラムによって命じられた処理を行うというプログラム論理方式のアイディアを思い付く。これなら、新製品開発のときにはROMの中のプログラムを書き換えるだけで済む。ビジコンがこのアイディアを持ち込んだのが、当時シリコンバレーのベンチャー企業だったインテルであった。

インテル 4004CPU を搭載したビジコン製の電卓（インテルミュージアム蔵）

こうして1971年、世界初のマイクロプロセッサ「4004」が誕生する。インテルのマイクロプロセッサはその後、8ビット版の「8008」、その改良版で大ベストセラーとなった「8080」「Pentium」「Core 2」「Core i」……と40年以上にわたって改良が続き、現在も同社のドル箱商品となっている(注7)。

さて、パーソナル・コンピュータが登場した1970年代当時、コンピュータと言えば空調の効いた専用の部屋に鎮座し、専門のオペレーター・チームがいなければ使えない「大型コンピュータ（メインフレーム）」、あるいはそれに比較すると小さいが、個人にはとても手が届かない「ミニ・コンピュータ」のことを指した。

一方、世界初のマイクロプロセッサである4004は、当時企業の情報処理の主流だった大型コンピュータと比べると、性能ははるかに低く、メモリ空間は狭く、基本ソフト（OS）すらなかった。また、COBOLやFORTRANといった、当時ビジネスや科学技術計算で使われていたプログラミング言語では動かず、プログラムはすべて機械語で書くしかなかった。

当然、大型コンピュータのユーザーであった大企業や大学は、「何の役にも立たないオモチャだ」と馬鹿にして、4004にはまったく関心を示さなかった。

コンピュータ・マニアの心を捉えたマイクロプロセッサ

では、マイクロプロセッサの最初の顧客はどんな人たちだったのだろう。

それは、大型コンピュータのユーザーとはまったく違う人種だった。「大学では割り当てられた短い時間しか使えない大型コンピュータと同じ原理で動くものを、自分だけで占有して好きなだけいじり倒すことができる」ことに純粋な喜びを感じる、コンピュータ・マニアたちだったのだ。

彼らはマイクロプロセッサの仕様書を読み、自分だけの「マイ・コンピュータ」を設計し、必要な部品をハンダ付けして組み立て、プログラミングしたり、数少ない表示装置であったLEDランプでゲームをしたり、自分のマシンの回路図を披露し合ったりして楽しんでいた。

つまり、彼らのマイクロプロセッサの使い道は「純粋な個人の趣味」であり、大型コンピュータの用途であった企業や大学などにおける大規模データ処理とはまったく違っていた。

こうしたマニアたちが集う怪しげな集会の中でも特に活発に活動をしていたのが、アメリカ西海岸にあるスタンフォード大学近辺で集まっていた「ホーム・ブリュー（自家醸造）・コンピュータ・クラブ」だった。そのメンバーの中には、アップル・コンピュータ（現アップル）を創業した天才エンジニア、**スティーブ・ウォズニアック**や、偉大なるビジョナリー、**スティーブ・ジョブズ**の姿もあった。

パーソナル・コンピュータの原型、AppleⅡ

1974年、マイクロプロセッサを搭載した世界初のパーソナル・コンピュータ「アルテア

Apple I

８８００」がアメリカのＭＩＴＳから発売される。多くが組み立てキットとして販売されたアルテア８８００コンピュータは、購入者が自分でハンダ付けして組み立てなくては動かなかった。

そこでスティーブ・ウォズニアックとスティーブ・ジョブズは、**箱から出せばすぐに使える**コンピュータの販売を目指した。

しかし、１９７６年にホーム・ブリュー・コンピュータ・クラブで披露された「ＡｐｐｌｅⅠ」は、マザーボードこそ組み立てられていたが、別途電源やキーボードを買ってつなげるなど、ユーザーが自分でしなくてはならないことはまだ多く、箱から出せばすぐに使える製品とは言い難かった。

現在のパーソナル・コンピュータの原型と呼べるのは、アップル・コンピュータが１９７７年に発売して大ヒットした「ＡｐｐｌｅⅡ」だろう。

Apple Ⅱ

ＡｐｐｌｅⅡには、最初からキーボードと電源付きのケースにマザーボードが内蔵され、ゲーム用のコントローラやプログラムソフトも同梱されていた。そう、後にアップルに復帰したときスティーブ・ジョブズがｉＭａｃでアピールしたコンセプト、「電源を入れれば誰でもすぐに使えるマシン」だったのだ。ライバルのアルテア８８００が、２進数のＬＥＤ表示しかできず、電源オフやリセットでメモリが消去されると一からプログラムを再度手で入力しなければならなかったのに対し、*ＡｐｐｌｅⅡはカセットテープにプログラムを記録でき、テレビにカラーで文字やグラフィックを表示したり、音楽を奏でることも可能だった。

ＡｐｐｌｅⅡの登場により、ハードウェアの知識がなくても、ハンダ付けができなくても、誰もがコンピュータを使えるようになったのだ。

＊しかも、アルテア８８００のプログラム入力は、スイッチ操作で1ステップずつ行う必要があった。

これは当時、とんでもなく先駆的かつ画期的なことだった。

キラーアプリの登場で単なるオモチャが実用品に

発売当初、ＡｐｐｌｅⅡの用途は主にプログラミングやゲームだった。しかし、あるキラー・アプリケーションが登場したことで転機が訪れる。

１９７８年頃のある日、ハーバード・ビジネススクールの学生だったダン・ブルックリンはファイナンスの授業を受けていた。そのとき教授は金融モデルのシミュレーションを黒板でしていたのだが、数値が一つ間違っていたため、黒板に書いていた表を大幅に書き直さなければならなくなった。

それを見て、彼は、表中のある数値を変えると自動的に表を再計算する「電子式表計算ソフトウェア」、すなわち「スプレッドシート」のコンセプトを思い付く。

このアイディアは１９７９年、ＡｐｐｌｅⅡ用のアプリケーションソフト「ビジカルク」として製品化され、当時、税金の申告、小切手やクレジットカードによる購入の管理、ローンの計算などで悩んでいたアメリカの家庭やスモールビジネスに大きな福音をもたらした。

ビジカルクの登場で、パーソナル・コンピュータは、単なる「オモチャ」から生活を便利にする「実用品」へと変貌を遂げ、新たな顧客を獲得したのだ。

持続的イノベーションの軌道に乗って主流市場へ

初期のパーソナル・コンピュータ・メーカーは、マイクロプロセッサの誕生という「機会」を捉えて、個人が独占的に使用できるコンピュータという「アイディア」へと変換し、パーソナル・コンピュータとして製品化した。

大型コンピュータよりはるかに性能が低かったパーソナル・コンピュータは、大型コンピュータの主要顧客である企業ユーザーには受け入れられず、それとはまったく異なる個人のホビーユーザーに受け入れられた。

典型的な新市場型の破壊的イノベーションである。

新たなユーザーを見出した後、パーソナル・コンピュータは徐々にその性能を上げ、持続的イノベーションの軌道に乗る。

パーソナル・コンピュータの心臓部であるＣＰＵの性能は、一度に処理できるビット数が４００４の４ビットから、８ビット、16ビット、32ビットと向上し、今では当初の16倍の64ビットが主流になっている。また、マイクロプロセッサが動作するクロック周波数*も４００４が５００キロヘルツ（≒50万ヘルツ）だったのに対し、現在ではその約１万倍の５ギガヘルツ（≒50億ヘルツ）近くまで向上している。

＊ 仕事を処理するための一定の速度。メトロノームのテンポを思い浮かべるとわかりやすいかもしれない。

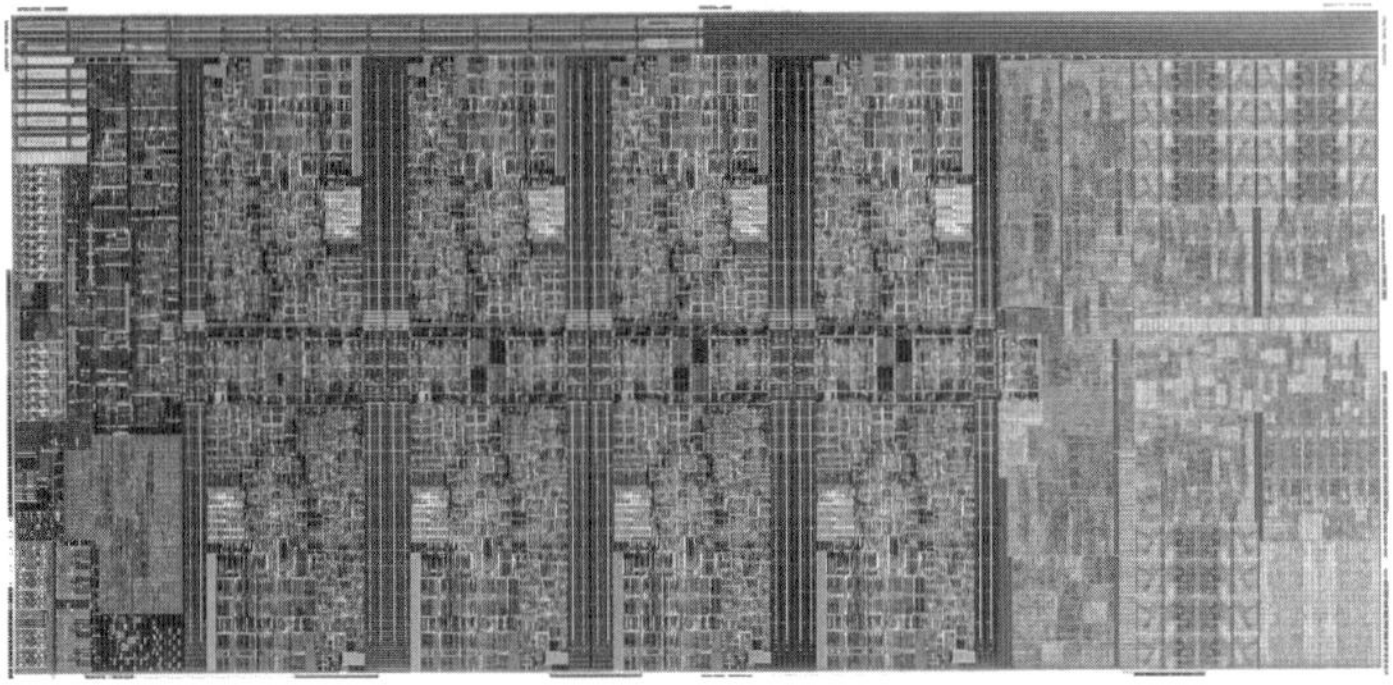

インテルの最新 CPU（©Intel Corporation）

また、最新のＣＰＵは１クロックでできる処理もはるかに増えている上、一つのチップで36もの作業（スレッド）を並列でこなすことができるものすらある。

つまり、約50年余りの間に、マイクロプロセッサの性能は単純計算で５７６万倍になっていることになる。* これは、４００４で約２ヵ月かかっていた処理が最新のＣＰＵならわずか１秒で済むことを意味し、以前であれば不可能であった処理の多くがパーソナル・コンピュータでこなせるようになったことを示している。

一つのチップに搭載されるトランジスタの数も膨大になった。インテルの４００４ではわずか２３００個であったのに対し、２０２０年３月に発売されたｉＰａｄ Ｐｒｏに搭載されているA12Ｚプロセッサでは親指の爪ほどの大きさのチップに、４００４の４００万倍、実に１００億個ものトランジスタが集積されている。

また、「ＣＰ／Ｍ」や「ＭＳ－ＤＯＳ」といったパー

* ビット数で16倍、クロック数で1万倍、スレッド数で36倍、これらの積で５７６万倍となる。実際には様々な並列化技術などによって現代のＣＰＵの処理能力はそれ以上に高まっていると考えられる。

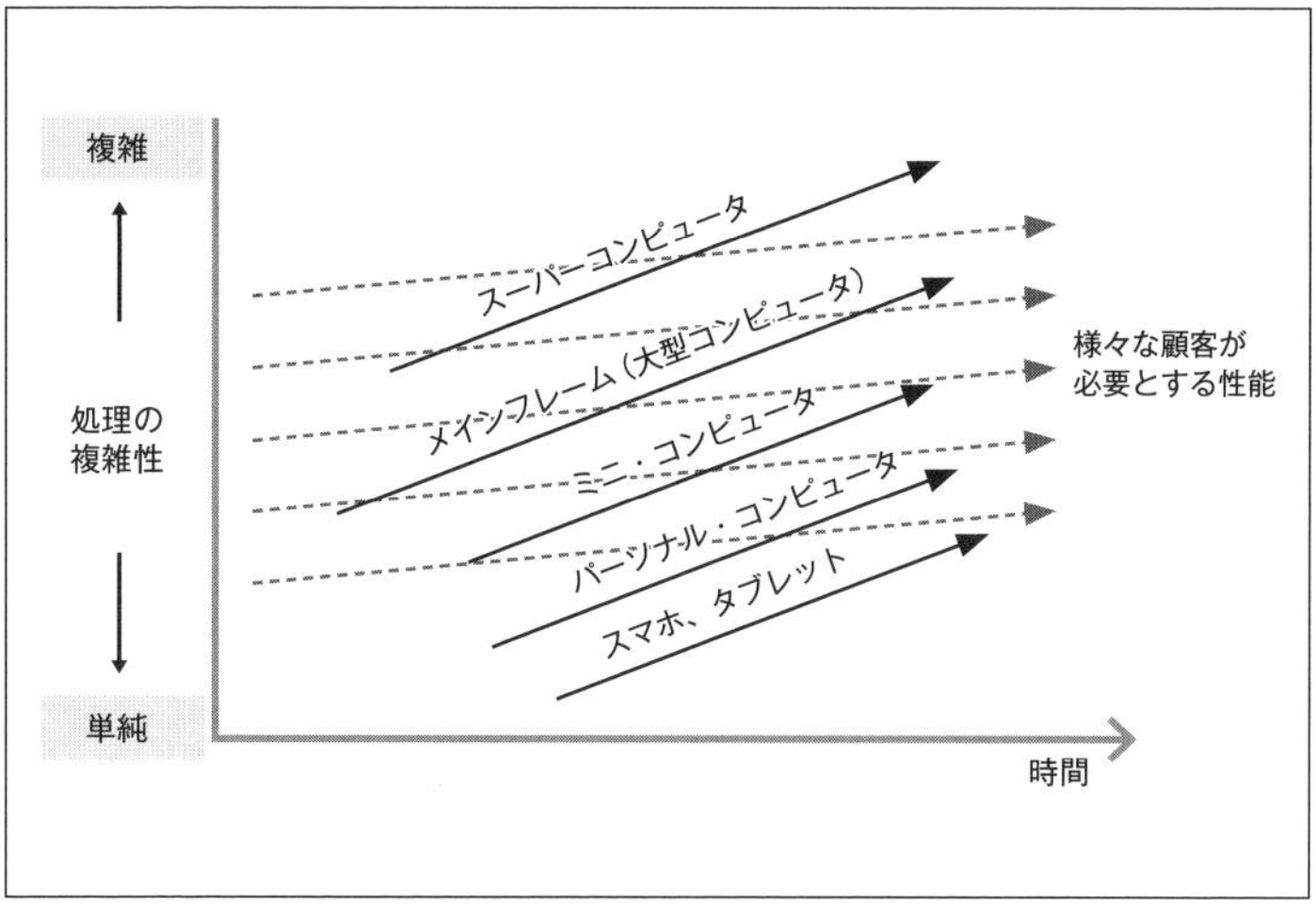

コンピュータ市場で起こっている破壊

ソナル・コンピュータ向けの基本ソフトも登場し、その操作方法も文字でコマンド入力するものから、「Mac OS」や「Windows」のようなマウスで操作するグラフィック・ベースのものへと進化していく。

　基本ソフトが扱える記憶装置の容量も劇的に増え、その信頼性も飛躍的に増大した結果、現在では、サーバ用途にもパーソナル・コンピュータと同じアーキテクチャ（設計思想）のマシンが使われるようになっている。*

　つまり、最初は電卓に毛の生えた「オモチャ」として登場したパーソナル・コンピュータは、その後、その性能を向上させることでメインフレームやミニ・コンピュータが処理していた企業の基幹業務

* 新生銀行では、WindowsサーバOSを載せたパーソナル・コンピュータ上に、銀行の業務システムを構築することで大幅なコストダウンを実現した（現在は別のOSを利用）。

までもこなせるようになり、今や企業向け情報システムというメインフレームの市場を「破壊」しつつあるのだ。

これが、典型的な「新市場型の破壊的イノベーション」のたどる軌跡である。

満足過剰な状態の顧客をターゲットにするローエンド型破壊

破壊的イノベーションのもう一つのパターンであるローエンド型破壊とは、**既存製品・サービスの性能が過剰なまでに上がって、多くの消費者が求める水準を超えてしまっている状況で、一部のローエンド顧客をターゲットにする**イノベーションだ。ローエンド型の破壊的イノベーションでは、既存のものよりシンプルで低価格な製品やサービスが提供される。

例えば、ティファールの電気ケトルは典型的なローエンド型破壊だ。

最近の湯沸かしポットは非常に高機能である。単にお湯を沸かすだけでなく、保温温度を何段階も選べて、玉露もきちんと適温で淹れられる。水を活性炭できれいにする機能、電動式ポンプで簡単にお湯を注ぐ機能、利用者の使用パターンを学習して自動で節電するもの、充電式電池内蔵でコードを接続せずとも電動ポンプが動くもの、ポットの使用状況で遠くに住む高齢の親が無事でいることを知らせてくれるものまである。そして、こうした多機能製品の多くは、価格が1万円を優に超える。

一方、ティファールの電気ケトルには何も付いていない。少ない量のお湯を短時間に沸かせる、それだけだ。沸かしたお湯を保温することすらできない。

しかし、これが売れた。ティファールの電気ケトルは2005年から2014年まで10年連続日本国内シェアナンバー1、2018年には国内累計販売台数が2000万台を超えるヒット商品となった。

その理由は、実は多くの人にとって、湯沸かしポットの機能は「ティファール程度で十分」だったからだ。容量が少ないから、お湯がすぐ沸く。短時間にお湯が沸くのであれば、沸かした後に電気を使って長時間保温する必要などない。そして、保温機能がないためとても省エネだ。

ティファールの電気ケトルは、これまでの高機能湯沸かしポットによって**過剰に満足させられていた**顧客に対し、必要十分な機能を、はるかに安い価格で提供した、ローエンド型の破壊的イノベーションだと言えるだろう。

探す、運ぶ、設置する機能を省いたイケアの組み立て家具

通常の家具屋で家具を買うと、選んだ家具を指定した時間に配送してくれる。組み立て式の家具であれば、箱を開けて組み立て、好きな場所に設置して、出たゴミは持って帰ってくれる。その代わり値段は高い。

イケアで家具を買うとそうはいかない。好みの家具を選んだら、自分で倉庫に取りに行き、目的の家具を探し出し、カートに載せて会計を済ませ、自分で車に積み込み、家まで運ばなければいけない。

家に着いたら、今度は自分で車から降ろして部屋まで運び込み、梱包を解く仕事が待っている。エレベーターがない2階にかついで運び上げなければならない場合には、きっと泣きそうになるだろう。

しかも、これで終わりではない。買ってきた家具を組み立てなくてはならないからだ。やっと組み立てが終わったら、最後に自分で好みの位置に据え付け、出たゴミを片付ける。うまく組み立てられなくても、床に傷が付いても、壁に凹みができても自己責任だ。つまり、イケアで家具を買うと、普通の家具屋ならやってくれる多くのことを、自分でやらなくてはならないのだ。

その代わり、デザイン性の高い家具が大幅に安い値段で手に入る。家具屋がやってくれる作業を必要としない顧客や資金が乏しい顧客にとっては、非常に満足度が高い。だから、イケアは現在、世界50ヵ国において422のイケアショップを展開するまでに成長している。

イケアの組み立て家具も、フルサービスの家具屋に対するローエンド型破壊だと言える。

ひげそり・洗髪・ブローを止めたQBハウスのサービス

ティファールの電気ケトルやイケアの家具のようなローエンド型破壊を、サービス業で実現したのがヘアカットのQBハウスだ。

通常の理髪店では、洗髪し、髪を切り、ひげをそり、もう一度洗髪して切った髪を洗い流して乾かし、トリートメントしてセットするという一連のサービスがパックになっている。その値段も、軽く3000円を超える。

これに対し、QBハウスではそもそもひげそりは行わない。また髪を切る前に洗髪することもない。まず髪を霧吹きで湿らせ、顧客の要望に応じて髪を切り終わったら、洗髪するのではなく電気掃除機のようなもので髪の毛くずを取り除くだけだ。

洗髪やひげそりをしないことで、店舗に洗面台を設置する必要がなくなった。新規開店の際に水回りの工事が不要で、開店資金を低く抑えられる。と同時に、駅のホームなど水回りの工事が難しい場所にも出店可能だ。

不要なサービスを止めることにより、散髪に要する時間も10分程度と短くなる。「手早く髪を切りたい」という顧客の需要に応えられると同時に、店は同じ時間でより多くの顧客にサービスを提供できるようになった。

ＱＢハウスの必殺技（と私が思っているもの）は、店の外からでも混雑状況がわかる「信号機」だ。顧客の多くは、今日、髪を切らなかったからといってすぐに困るわけではない。混んでいたら、明日にすれば良いだけだ。

顧客はこの信号機を見て自主的に、待つ、待たないを判断する。これにより、顧客の「待たされ感」が低減するのだ。また、ＱＢハウス側は、時間の自由がきく顧客には空いている時間に自主的に移ってもらうことで、繁閑の波を平準化し、平均稼働率を向上させている。この信号機は、顧客満足度の向上と店舗稼働率の向上という一石二鳥を実現するツールなのだ。

こうした計算し尽くされた個別施策が一体となって、ＱＢハウスのビジネスモデルは出来上がっており、約１２００円でヘアカットを提供しても十分に利益が出るコスト体質になっているのだ。

実は、私もＱＢハウスの愛用者だ。最初こそ髪を切ってもらった後に掃除機のようなもので頭を吸われることに抵抗感がなかったわけではないが、慣れてしまえばどうということはない。短いスキマ時間で散髪が済ませられるので非常に便利だ。しかも安い。

つまり、ＱＢハウスは、既存の理髪店に「過剰に満足させられていた」顧客に、「必要十分」なサービスを低価格で提供するローエンド型破壊である。そしてＱＢハウスは、この破壊的ビジネスモデルで採算が取れる人通りの多い場所にどんどん店を出していき、まるでオセロゲームで四隅を固めたときのようにその地盤を盤石なものにして、模倣企業の追随を許さないのだ。

既存企業が陥る「イノベーターのジレンマ」

破壊的イノベーションが起きている市場において、既存企業が陥るジレンマを、クリステンセン教授は**イノベーターのジレンマ**と名付けた。

既存顧客を満足させる**持続的イノベーションでは無敵に近い大企業が、破壊的イノベーションには「なすすべもなく打ち負かされてしまう」ジレンマ**である。イノベーターのジレンマにより、「競争の感覚を研ぎ澄まし、顧客の意見に注意深く耳を傾け、新技術に積極的に投資してきた既存優良企業」であっても打ち負かされてしまうのだ。

このイノベーターのジレンマを、**アメリカビジネス史上最も愚かな意思決定**と呼ばれている事例で見ていこう。

その意思決定とは、1879年当時、全米最大の企業であり、アメリカ中に電信（電報）ネットワークを構築していたウェスタン・ユニオンが、発明家であるアレキサンダー・グラハム・ベルからの「電話の特許を10万ドルで譲りたい」という提案をにべもなく断ったことだ。

歴史家のルイス・ガランボスは、電話の歴史を鮮やかに描いたドキュメント番組『ザ・テレフォン』の中で、「今振り返ってみると、信じられないような愚かさだ。……彼らは、**すでにアメリカ最大の企業なのに、なぜリスクを取らねばならないのだ**と考え、電話が成功するとは考えもしなかったのだ」と、当時の経営陣を痛烈に批判している。

ガランボスのように、過去のビジネスの失敗を、経営陣の近視眼的視点や官僚主義の蔓延、資源や能力の不足、貧困なビジネスプランなどのせいにする経営学者やビジネス雑誌は多い。

しかし、この意思決定に対するクリステンセン教授の見方は、ガランボスとはまったく異なる。クリステンセン教授によれば、**ウェスタン・ユニオンの経営陣は合理的な（正しい）意思決定を行ったため、電話は必要ないと判断した**のだ。

では、ウェスタン・ユニオンの経営陣が「合理的な意思決定を行った」とは、一体どういうことなのだろう。これを理解するため、タイムマシンに乗ってベルが電話を発明した19世紀末へと移動しよう。

到達距離が長く信頼性も極めて高かった電信

読者の中には「電信」と言われても何のことかわからない方もいるかもしれない。だが「電報」と言われれば、「ああ、あの結婚式で読まれるやつか」とイメージできるに違いない。

電信とは、通信したい文面を「モールス符号」と呼ばれる「長い信号と短い信号の組み合わせ*」に変換して有線や無線で送る通信手段だ。「タイタニック」などの映画で、船が遭難しそうなシーンのバックでツツツ、ツーツーツー、ツツツという音が聞こえるが、あれはS、O、Sという

＊ 英語ではdashとdotと呼ばれる。ちなみにエジソンの最初の子供たちはダッシュとドットと名付けられた。

文字を繰り返し送信して遭難を知らせているのだ。

モールス信号の特徴は、「長短こそあれ、送られる信号はオンとオフの一種のデジタル信号である」点にある。だから、モールス信号による通信は、電流のオンとオフを機械的に中継すれば容易に到達距離を伸ばせたし、途中でオペレーターが打ち直せば（エラー訂正をすれば）どんなに遠方でも届けられた。

1856年、ニューヨーク・ミシシッピー・ヴァレー・プリンティング・テレグラフを起業したロチェスターの実業家シブレーは、オハイオ河の北部5州で営業していた数社を合併し、社名をウェスタン・ユニオンと改称した。そう、後にベルが電話の特許を買ってほしいと持ちかけることになる会社である。ウェスタン・ユニオンはその後も多くの会社を吸収・合併し、巨大な電信独占企業に成長していった。

コミュニケーション手段としては欠点だらけの電話

一方、ベルが電話を発明したのは1876年3月だ。1877年のベルによる電話の広告には「20マイル（約32キロメートル）以内なら話を伝達できます。最初は理解できないでしょうが、数回お試しになれば、やがて耳が慣れて、言葉を聞き取れるようになります」と書かれている。電話の最大伝達距離の32キロは、東京—横浜間より短い距離である。

電信の方はその約15年前の1861年10月に、アメリカ大陸を横断してニューヨークとサンフランシスコの間、約4000キロ*を結んでいたのだから、まさに雲泥の差だ。

1876年、電話特許の買い取りを持ちかけられたウェスタン・ユニオンの経営陣は、「この電話なるものは、コミュニケーションの手段として真面目に検討するには、欠点がありすぎる。我々にとって、この装置は本質的に無価値である」と結論付け、特許の購入を断った。電話は、「電信という既存サービスの主要顧客が求める信頼性と長距離通信を満たせない」とウェスタン・ユニオンは「合理的に」判断したのだ。

クリステンセン教授は、**企業は顧客と投資家に資源を依存している。企業は生き残るため、顧客が必要とする製品やサービス、投資家が必要とする収益を提供しなければならない。そして、優れた企業には、顧客が求めないアイディアは切り捨てるシステムが整備されている**と言う。ウェスタン・ユニオンは、既存の電信の顧客ニーズを満たせない電話という破壊的イノベーションに価値を見い出せなかったため、合理的な経営判断の結果、電話の特許を購入しなかったのだ。

まずは、街頭の通話デモで有用性をアピール

では、軍や鉄道会社や通信社といった「電信の主要顧客」から見向きもされなかったベルの

＊ 東京とチベットの首都ラサとの距離に相当する。

電話は誰の目に留まったのだろう。

当初、電話はウェスタン・ユニオンの顧客だけでなく、世間の多くの人々からも「物珍しいオモチャ」と思われていた。ニューヨーク・ワールド紙は1876年に「こんな発明が何の役に立つのだろう？　そりゃあ、ときには遠く離れた役人同士が話をする必要はあるかもしれない。あるいは何マイルも遠くにいる恋人にプロポーズの言葉を伝え、答えを自分の耳で直に聞きたいと思う恋人たちもいるかもしれない。何しろ20世紀（未来）の男女の交際がどうなるかなど、私たちにはわからないのだから」と皮肉っぽい調子で書き立てている。

電話の便利さを知ってもらうため、ベルとその助手のワトソンは、観客を集めてマジックショーのような通話のデモをあちこちで行った。ボストンから約32キロ離れたセーラムという町で行われた実演では、まずベルが電話機の周りに誰もいないことを観客に確かめさせる。その後、電話を通じてワトソンが「本日、皆様とこのようにお話しできるのは大変うれしいことです。私はボストンに、皆さんはセーラムにいるのですから……」と挨拶して会場の人々を驚かしたそうだ。

小さな箱の中からワトソンの声はするのに、彼の姿はどこにも見えず、ベルのリクエストに応じて電話から何曲も歌が聞こえてくる様子は、さながら「ベルとワトソンの不思議な電話ショー」といった趣だった。

まったく新しいイノベーションの価値を消費者に実感してもらうには、手に取って使ってもらうのが一番である。エジソンも、白熱電球の安全性をデモンストレーションするため、頭に光る電球を載せた兵隊をニューヨークの町で行進させた。フーバーは、掃除機の便利さをわかってもらうため、「10日間お試し商法」を使った。*

ベルはこうしたデモンストレーションを通じて、電話の有用性を社会に訴え、広く受け入れられるようにしていったのだ。まさにこれが、インベンションからイノベーションに至る一連のプロセスである。

医師や薬局という新しい顧客から次第に普及

実演の成功により、電話は次第に、目新しいオモチャから近距離コミュニケーションの必需品へと変化していった。電話を最初に導入した企業は盗難警報器の会社で、合計12台が導入された。発明から1年以内に230台の電話が設置され、ベルはパートナーとともにベル電話会社を設立した。

ベルと投資家たちは、手っ取り早く利益を上げるために、医師や薬局などに高額で電話を貸し出した。通話時間を計測する技術がなかったため、料金は月額定額制だった。市民が強い関心を示したため、薬局は客に無料で電話を使わせ、人々は徐々に電話の便利さに目覚めていった。

その後、電話は段々と裕福な家庭にも普及し、発明から3年後の1879年にはホワイトハ

＊ 最近のソフトウェアでは、ダウンロード後一定期間は全機能が使える試用版を配布するケースが多い。

ウスにも電話が設置された。ヘイズ大統領はこれを「天地創造以来の重要事件」と形容したそうだ。もっとも通話品質はまだまだだったようで、大統領が約21キロ離れたところにいるベルに初めて電話をかけたときの最初の言葉は「もう少しゆっくり話してください」だったそうだ。

電話の発明から4年後の1880年3月には、全米で6万台の電話が普及し、人口1万人以上のすべての都市に電話が開通するに至った。電話という、近距離にしか届かず、必ずしも信頼が置けない通信手段は、わざわざ電報局に出かけずとも自宅で居ながらにして用が足り、話したり聞いたりが双方向でできるという直感的なインターフェースもあいまって、電信とは違った新しい顧客をつかんでいったのだ。まさに、新市場型の破壊的イノベーションである。

なおウェスタン・ユニオンは、電話の急速な普及を見て慌てて電話事業に参入したが、時すでに遅しだった。

電信の全米ネットワークを構築し、一時は栄華を極めたウェスタン・ユニオンだが、現在は送金などの高い信頼性が求められる通信の事業者として細々と生き残っているに過ぎない。ウェスタン・ユニオンは、合理的な経営判断を行ったがゆえにイノベーターのジレンマに陥り、電話という破壊的イノベーションに資源を割り当てるのが遅れて破壊されてしまったのだ。

4章 優良企業がジレンマに陥るメカニズム

顧客が求める性能には上限が……

本章では、イノベーターのジレンマが起きる状況とメカニズムについて、もう少し掘り下げてみよう。まずは、次頁の上の図を見ていただきたい。

持続的イノベーションと破壊的イノベーションの違いを端的に表現しているこの図では、実は**「書き順」が極めて重要**なのだ。

クリステンセン教授の講義では、まず横軸に時間、縦軸に「既存製品の主要顧客が重視する性能」を取る。次に、既存製品の主要顧客が求めていて、受け入れ可能な性能を示す「点線」

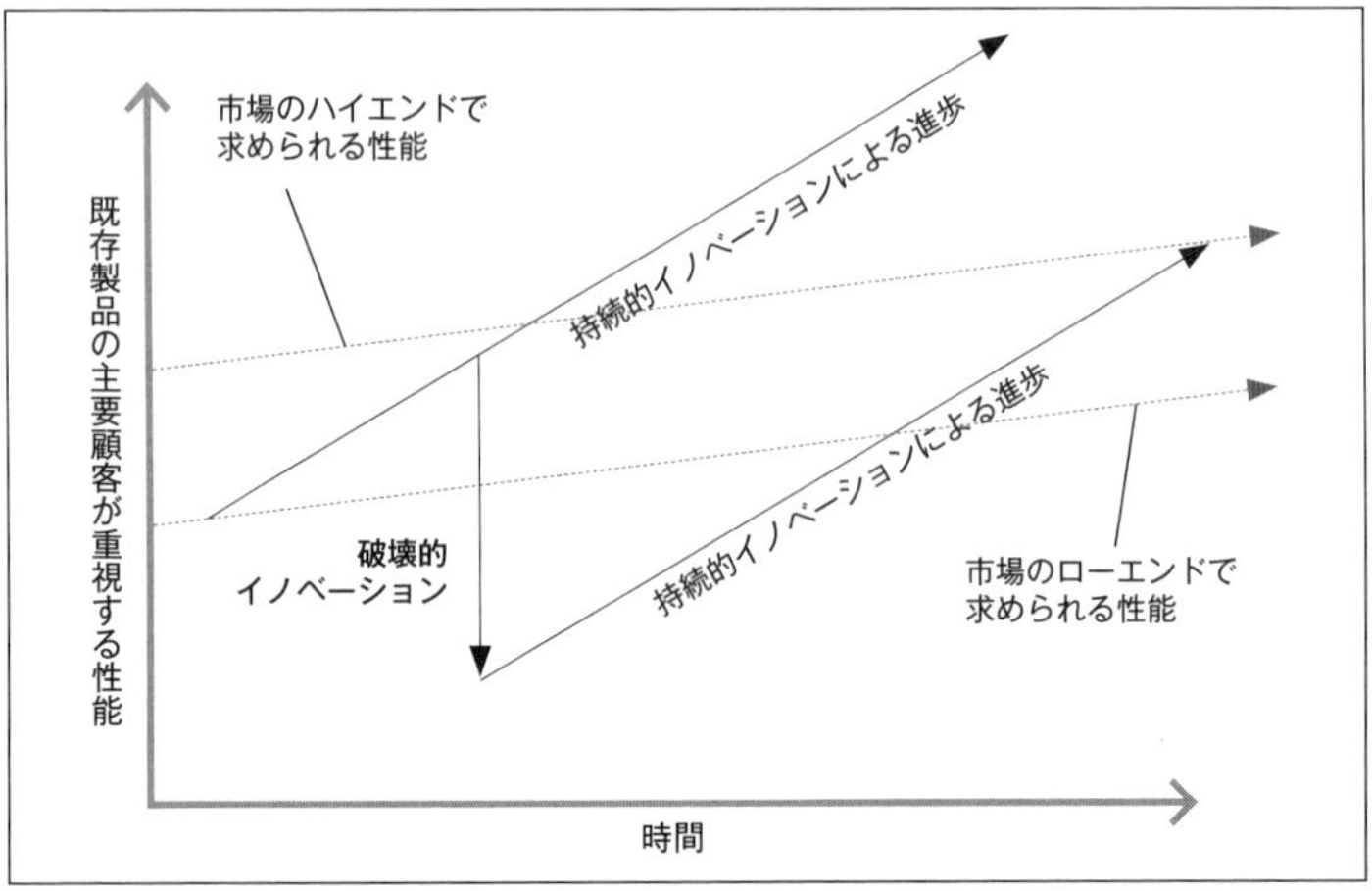

持続的イノベーションと破壊的イノベーションの影響
『イノベーションのジレンマ（増補改訂版）』より転載

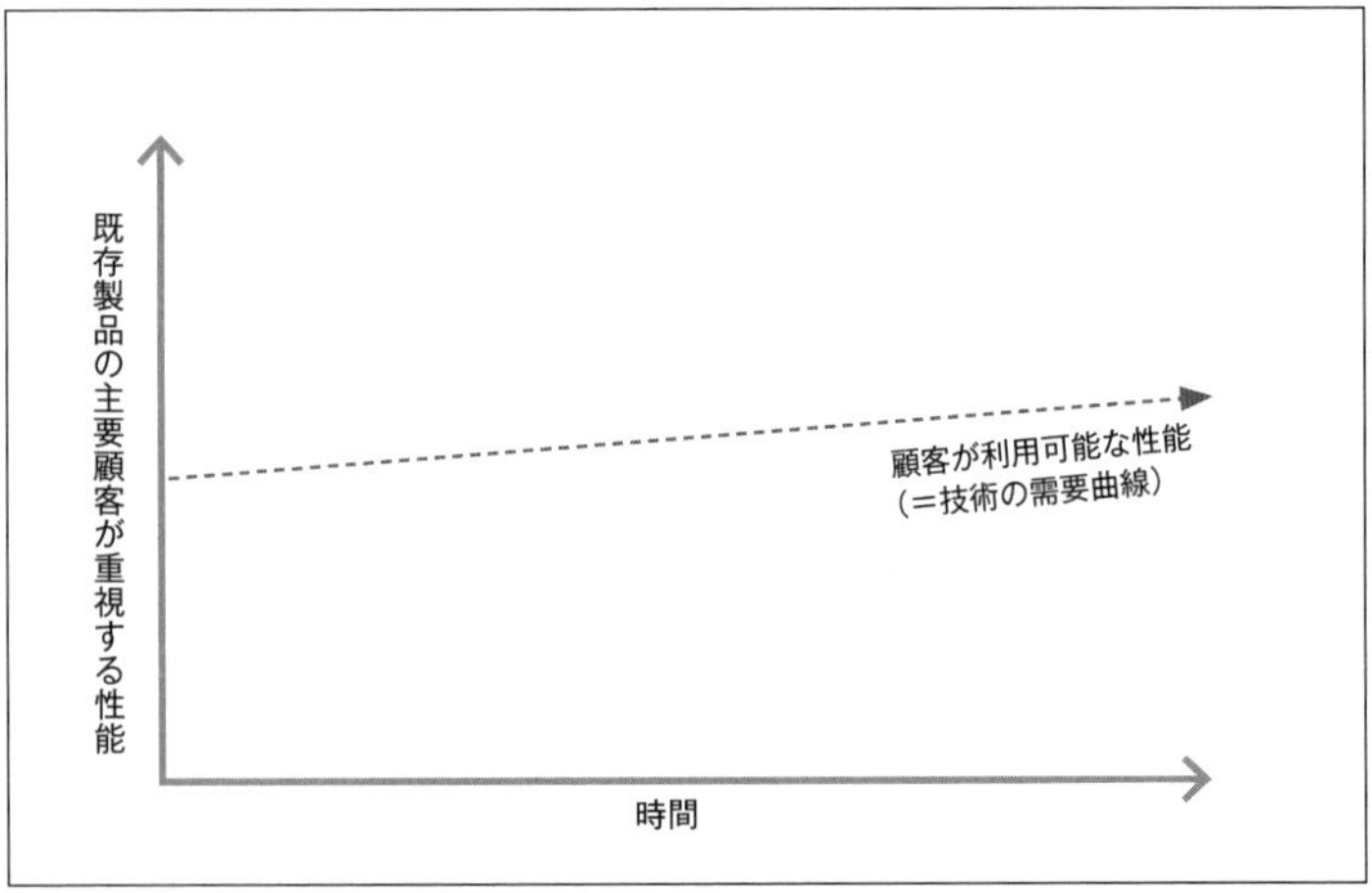

破壊的イノベーションのモデル①

を引く（前頁下の図）。

私は、この何の変哲もない点線、すなわち**技術の需要曲線**こそが、クリステンセン教授の理論を理解する上で最も重要な要素だと考えている。この点線の重要性を理解してもらうために、教室でよく以下のような質問をする。

「今持っている車が古くなったので、新しい車を買うことにしたと思ってください。候補となった車は次の2台です。自動車Aは、最高時速が200キロで価格は200万円。自動車Bは最高時速が400キロで価格は400万円。あなたなら、AとB、どちらの車を選びますか?」

受講生によって多少の違いはあるものの、多くの人は最高時速が200キロで価格は200万円の**性能の低い**自動車Aを選ぶ。その理由は「時速400キロも出さないから値段の安い方がいい」「Aの方が燃費が良さそう」などだ。

皆さんの答えはどちらだっただろう。私の答えもAだ。

もし仮に私が自動車Bを購入し、その最高速度400キロを出したらどうなるか。運動神経が鈍い私の場合、10分間も経たないうちに運転を誤り、道路から飛び出してあの世行きだろう。*

また、たとえF1ドライバーであっても、日本の高速道路のカーブの設計速度は時速140キロ以下なので、時速400キロで走れば車はカーブを曲がりきれずに道路の外に飛び出してしまうだろう。物理法則には何人たりとも逆らえないのだ。

もし運良く、しばらくの間は時速400キロで気持ちよく走り続けられたとしても、次に待っ

＊ 実際、最高時速が400キロを超えるブガッティ・ヴェイロンが自動車の最高速度のギネス記録を叩き出したとき、運転していたのは元F1ドライバーだったそうだ。

ているのは前後から迫り来る赤い回転灯とサイレンの音だ。制限速度を300キロ以上もオーバーして捕まれば、免許取り消しや罰金、下手をすれば交通刑務所入りだ。新聞には「暴走教授捕まる」との見出しが躍り、職を失うだろう。

この脳内シミュレーションからわかるのは、**顧客が製品に求める性能（ニーズ）には、生理的・物理的・制度的な理由などから利用可能な上限があり、その上限は時間が経っても変化しないか、ゆっくりとしか上昇しない**ということだ。

そして、**製品のある性能がこの「技術の需要曲線」を上回る**と、顧客は**それ以上の性能向上に価値を感じず、他の性能で製品の優劣を判断するようになる。**

エンジニアの多くが信じている「高性能＝高付加価値」という等式がずっと成立するならば、皆が最高時速400キロの車を選ぶはずだが、現実にそんな車を買う人はごくわずかだ。

顧客の利用可能な性能には幅がある

クリステンセン教授の講義では、技術の需要曲線を描いた後、その矢印の右に「く」の字を逆さまにしたような凸の曲線を引く。

この曲線は本来、右に向いているのではなく3次元的に画面の手前に向かって曲線の中央のところが一番出っ張っていて、そこを中心に多数の顧客の「技術の需要曲線」が上下に分布し

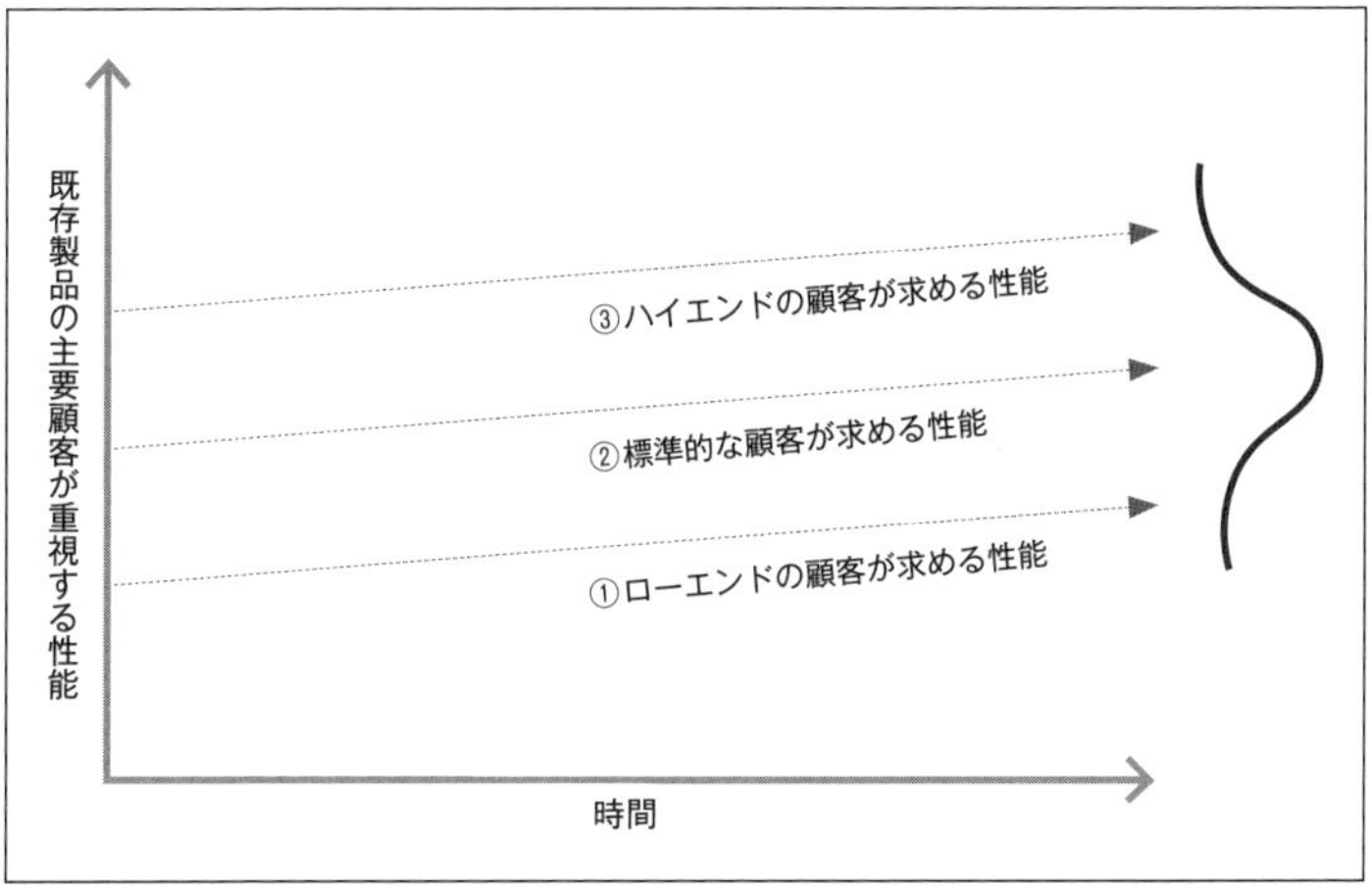

破壊的イノベーションのモデル②

ていることを示す分布曲線である。

例えば、自動車一つ取っても、顧客が求める性能は千差万別だ。

「もっぱら近所の買い物や習い事、駅までの行き帰りなどの身の回りの移動にしか使わず、高速道路には車を買ってから一度も乗ったことがない」という人であれば、性能はそこそこだがコストパフォーマンスの良い軽自動車が最適だろう。そうした方の「技術の需要曲線」は、図中において点線②よりも下側の点線①に違いない。

外科医や外資系のコンサルタントなど、仕事で強いストレスにさらされる方は、せめてひととき仕事から解放される空間として、高級車やスーパーカーの醸し出す別世界にお金を惜しまないかもしれない。そうした方の「技術の需要曲線」は、図の点線③に位置することだろう。

つまり点線横の「逆くの字曲線」は、顧客によって「これで十分」と感じる性能には差があり、それは点線②を中心に上下に広がって分布しているが、②から離れれば離れるほど需要は低下するということを表現しているのだ。

既存企業がほぼ必ず勝つ持続的イノベーション

クリステンセン教授の授業で次に引くのは、点線を下から上へと追い抜く直線だ。これは、既存の顧客が重要視する性能を、今の製品よりも向上させようとする**持続的イノベーション**の性能変化を示している。

3章で述べたように、持続的イノベーションには、少しずつ性能が向上する「漸進的イノベーション」と短期的に急速に性能が向上する「画期的イノベーション」がある。

既存優良企業は、既存顧客を満足させるように組織が最適化されているため、こうしたタイプのイノベーションを起こすのは非常に得意だ。既存顧客を満足させることに対する強い動機があるため、たとえそれが困難なイノベーションであっても、資源を動員し、場合によっては外部から技術を導入するなどして、なんとか実現してしまう。

例えば、住友電工の起源は明治時代（１８９７年）に銅板や銅線を製造していた「住友伸銅

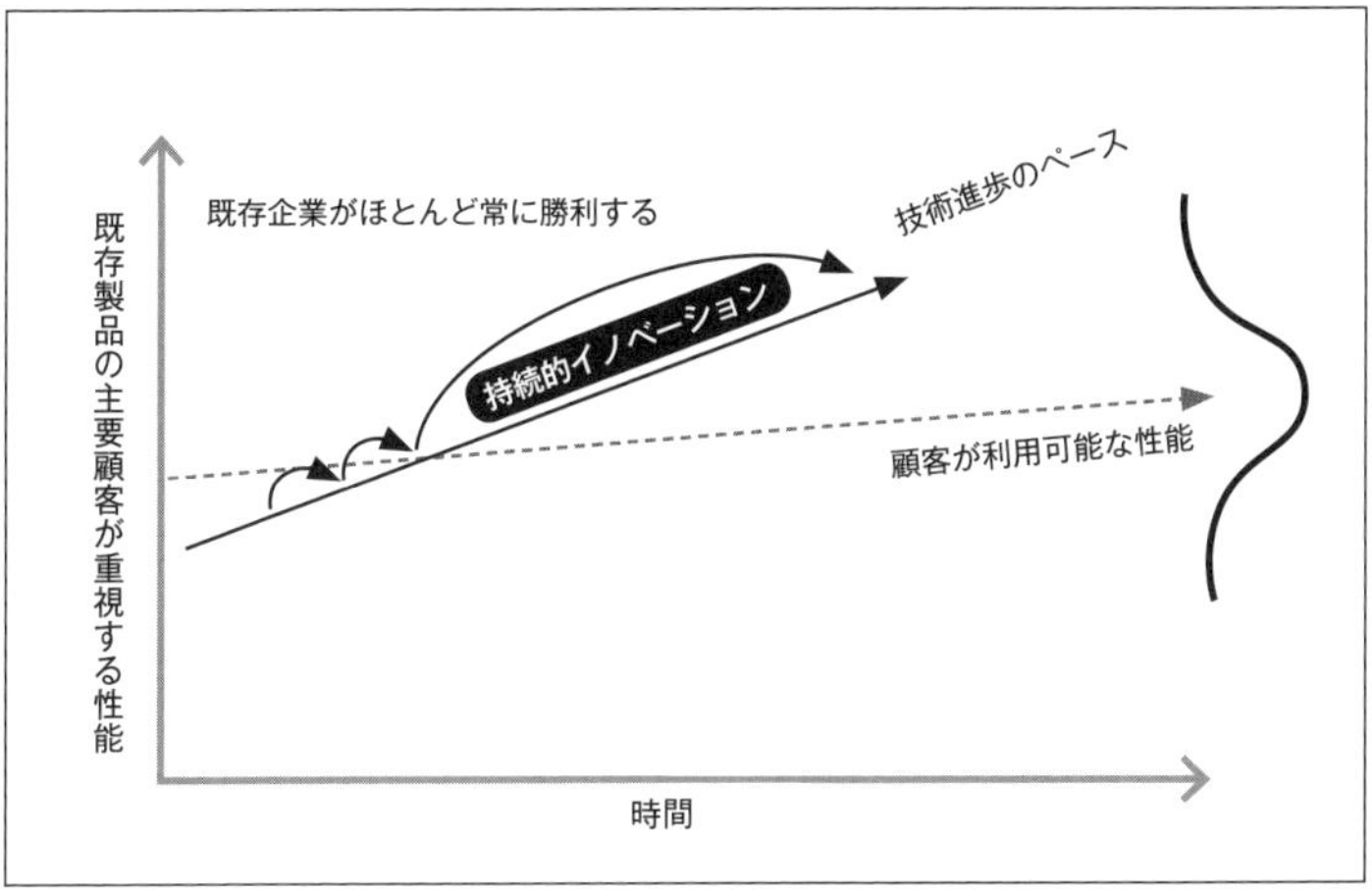

破壊的イノベーションのモデル③

場」であり、元々は日本電信電話公社（現NTT）向けに電話線などの電線を作っていた。しかし、NTTが電話やデータ通信の伝送速度向上を求めたため、畑違いの光ファイバーの開発に乗り出し、見事に成功させた。これは、画期的ではあるが、持続的なイノベーションである。

また、機械式の腕時計を作っていたセイコーは、機械式よりはるかに正確なクォーツ式の腕時計を実現するため、社長自ら、大学の電子工学科の研究室を行脚し、大変な苦労の末に静岡大学から電子工学を学んだ卒業生を雇い入れ、長年、研究開発を続けた。そして最初はタンスほどの大きさだったクォーツ時計を腕の上に載せられるまで小さくすることに成功し、衝撃を受けても正確に時を刻み続けられるクォーツ腕時計の開発に世界ではじめて成功した。これもまた、画期的な持続的イノベーションである。

性能が技術の需要曲線を超えると「破壊」が起こる

これまで見てきたように、既存顧客が求める性能を向上させる持続的イノベーションにおいては、取り組むインセンティブやそのための資源を持つ既存大企業が圧倒的に有利だ。技術者は真面目なので、放っておくと今日よりは明日、明日よりは明後日と性能の向上にひた走る。そして、あるとき、供給している製品の性能が、顧客が「これ以上は要らない」と思う技術の需要曲線を越えてしまう。

このようなときにしばしば、別の市場で使われていた技術、あるいは新しい技術によって低価格化を実現した製品・サービスが現れる。これらの製品・サービスの性能は、既存企業の主要顧客が求める性能よりもはるかに低いことが多く、当初、彼らには見向きもされない。大型コンピュータのユーザーがマイクロプロセッサを用いたパソコンに興味を示さず、ウェスタン・ユニオンが電話の特許を買わなかったように。

しかし、当初こそ性能が低いものの、こうした製品やサービスも持続的イノベーションの波に乗って徐々に性能を向上させ、市場をローエンドから浸食し始める。

そして、破壊的イノベーションの性能を示す線が既存顧客の技術の需要曲線と交差したとき

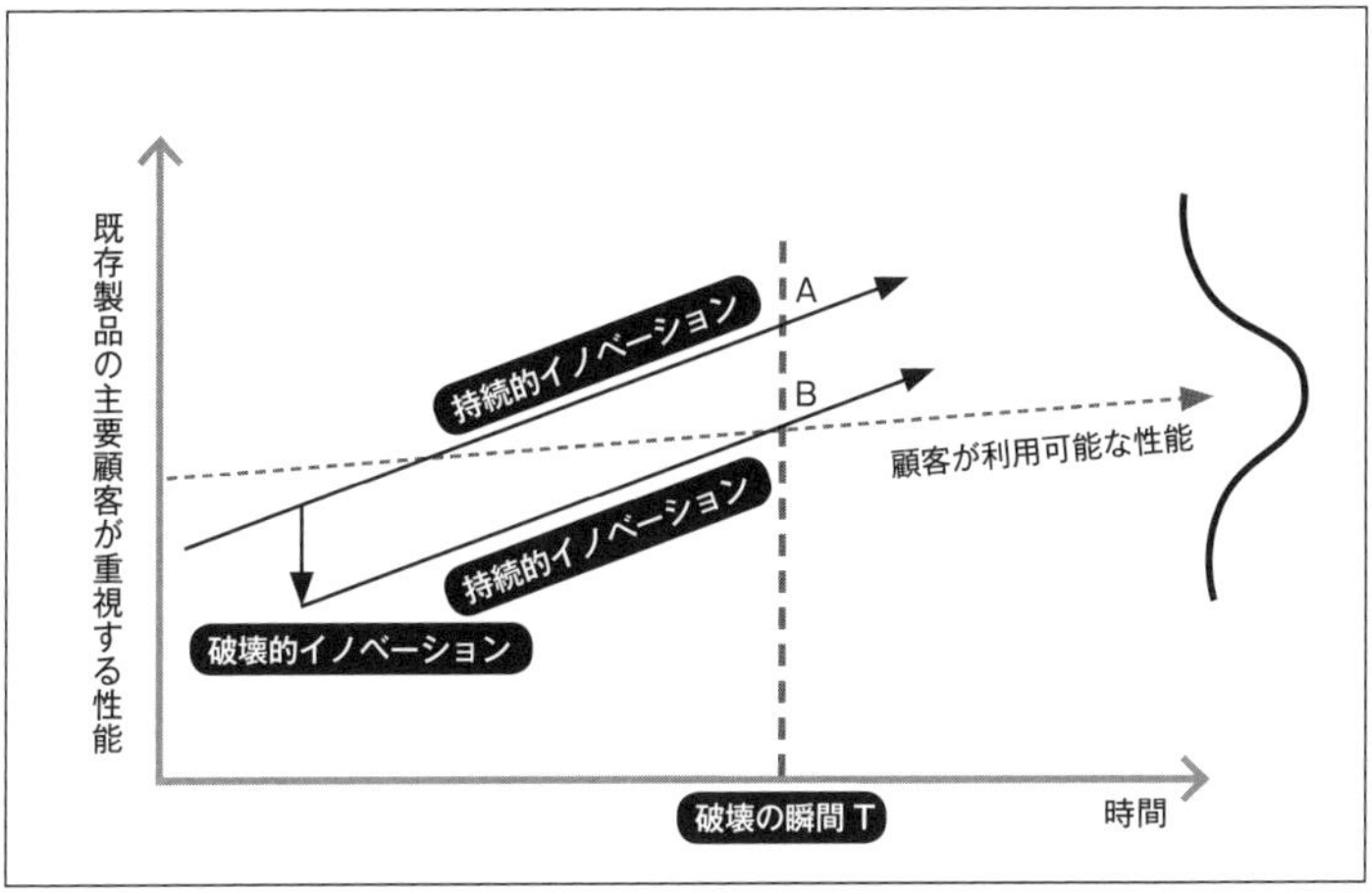

破壊的イノベーションのモデル④

（破壊の瞬間T）、既存製品の顧客から見ると、これまでの製品やサービス（A）と破壊的な製品やサービス（B）のいずれもが求める性能を上回っている状態になる。つまり顧客から見て、これまでの製品やサービス（持続的イノベーション）と、新しく目の前に現れた製品やサービス（破壊的イノベーション）は、「どっちでも良い」状態となるのだ。

しかも多くの場合、破壊的イノベーションの方が他の属性（使いやすさ、ポータビリティ、価格など）において優れている。そのため、破壊の瞬間Tにおいて、顧客は雪崩を打って破壊的な製品やサービスに乗り移り、既存の製品やサービスは「破壊」されてしまうのだ。

異なる経営が必要になる2種類の「イノベーションの状況」

企業経営の難しいところは、自社の状況や市場の環境がめまぐるしく変化するため、変化に応じて臨機応変に手を打っていかなければならないところだ。

その意味で、企業経営は自動車の運転に例えられるだろう。例えば、同じ自動車の運転でも、舗装された道路をレーシングカーで飛ばしているときと、荒れた道をラリーカーで突っ走っているときとでは、カーブを曲がる際のハンドルの切り方からして正反対だ。

企業経営も同様であるため、クリステンセン教授は、企業が提供する製品の性能と市場が求める性能との関係から、企業の製品やサービスを取り巻く状況を**持続的イノベーションの状況**と**破壊的イノベーションの状況**の2つに分け、それぞれ異なる経営が必要だとしている(注8)。

持続的イノベーションの状況とは、次頁の図の真ん中の左右を区切る点線より左側の状態である。

すなわち、自社の提供する製品の性能が、主要顧客の要求水準に追い付けていない状況だ。この状況にある企業には、より良い（性能の高い）製品やサービスを開発・提供することで競い合うことが求められる。そして、良い製品は優良顧客に高く売れる。

この状況では、実績ある既存企業は積極的に競争に参加し、勝てるだけの資源も持っている

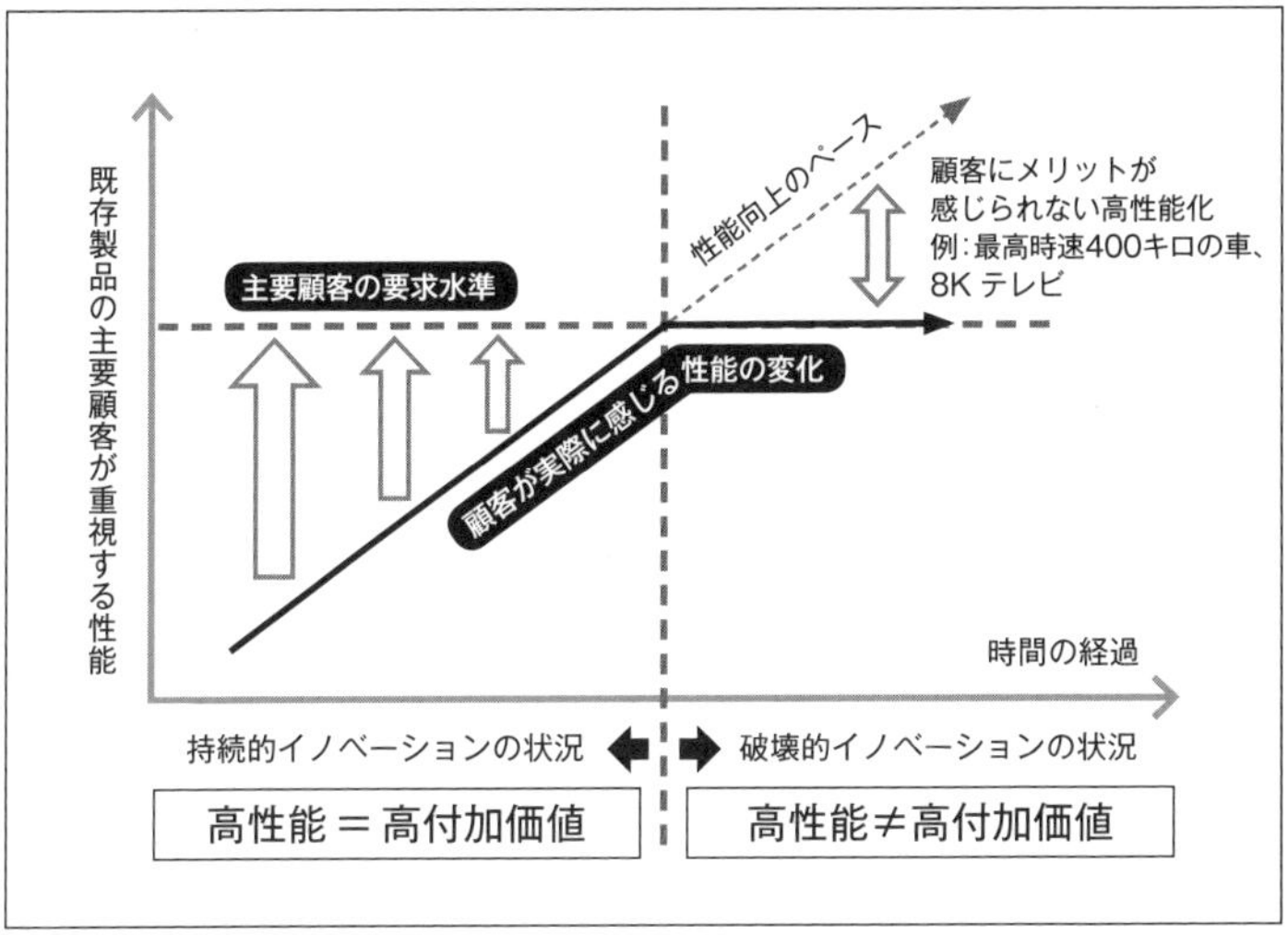

2種類のイノベーションの状況

ため、ほぼ必ず勝つ。

一方、破壊的イノベーションの状況とは、図の真ん中の左右を区切る点線より右側の状態である。

すなわち、自社が提供する製品のある性能が、主要顧客の要求水準を超えてしまっている状況だ。この状況にある企業には、次のことが求められる。新規顧客や安価な製品を求める顧客をターゲットにした、シンプルで便利だが安くしか売れない製品やサービスを開発するか、競争の軸をこれまでとは異なる、顧客がまだ不満を感じているものにシフトして、再び競争の状況を持続的なものにするかだ。

破壊的イノベーションの状況では、新規参入者が既存企業を打ち負かす確率が高い。

医療分野において、今起こっている「破壊」

こうした破壊的イノベーションの状況に陥っているのは、コンピュータなどのハイテク業界だけではないかと思われる方もいるかもしれない。

しかし、残念ながら答えはノーだ。『イノベーションのジレンマ』にも書かれているように、「破壊」は変化の速い市場でも遅い市場でも、エレクトロニクス技術に基づく市場でも化学や機械技術に基づく市場でも、製造業でもサービス業でも同様に起こっているのだ。

左の図は、医療分野における破壊的イノベーションの進行を表したものだ。一番上の直線は、総合病院のサービスの水準向上を示している。総合病院は、これまで徐々にその治療水準を向上させ、様々な患者の多様な医療ニーズ（複数の点線で示されている）のほとんどをカバーするようになった。

しかし、総合病院が安泰かというと、そうとは言えない。外来患者しか扱わない一般診療所が、段々とそのサービスの範囲を広げているからだ。私事で恐縮だが、先日、近くの診療所で大腸内視鏡の検査を受けた。その際、手術同意書にサインするように求められたので理由を訊くと、「検査中にポリープを見つけたら、レーザー手術で取ってしまいますので」という返事だった。

「えっ、手術なんかしたら、そのまま入院になるのですか？」と重ねて訊くと、「いえいえ、

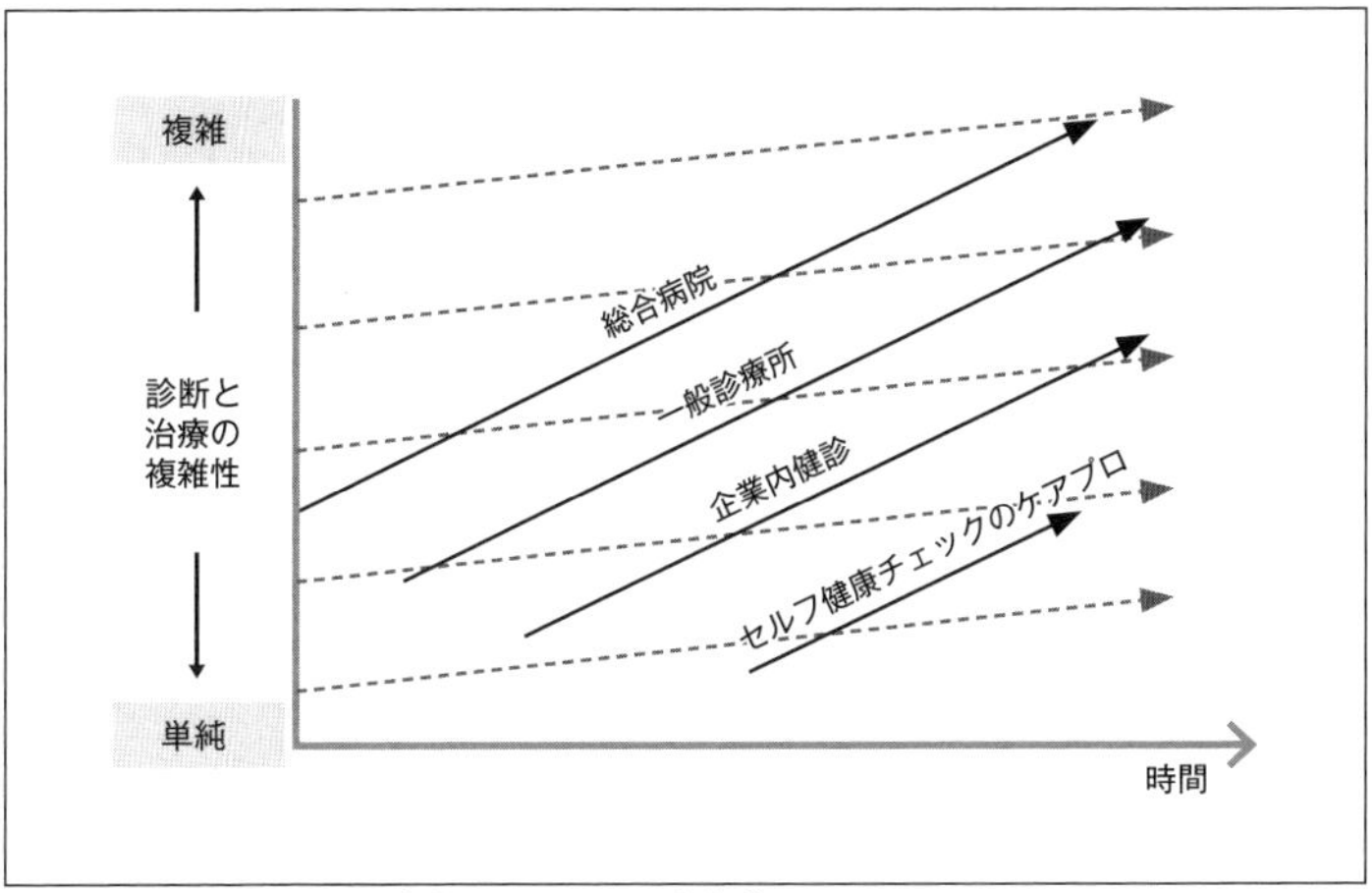

医療分野における破壊的イノベーション

タクシーで帰れますよ」との答えが返ってきた。総合病院も安穏としてはいられない。

その診療所もまた、さらに下からの「破壊」にさらされている。企業内健診が力を付けているからだ。最近の企業内健診は「人間ドック並みの検査項目」を謳っており、これまでであれば病院に行く必要があった検査も、その大半がカバーされるようになっているのだ。

さらにその下には、セルフケアが虎視眈々と拡大の機会をうかがっている。例えば、図に示した「セルフ健康チェックのケアプロ」は、生活習慣病予防と医療費および介護費削減のために、手軽な医療サービスの提供を手がける会社だ。

年1回の定期健康診断を受けていない「健診弱者」は、国民の約3割、全国で約41

00万人と推計される。ケアプロによれば、「1項目500円からできる」「その場で結果がわかる」という特長を持った日本初のセルフ健康チェックサービス「ワンコイン健診」を2008年11月より提供し（現在は「セルフ健康チェック」に改称）、累計利用者数が2020年4月時点で51万人を突破したそうだ。

この「セルフ健康チェック」は、採血などは簡単な器具を使って自分で行い、看護師・臨床検査技師が検査のサポートをしてくれるサービスだ。具体的には、「手首から指へ向けてマッサージをしたら、指先を消毒」、「消毒した指先に使い捨ての採血器具を当て、自分でボタンを押して採血する」、「検査試薬で血液を吸い取る」、「検査結果はその場で受け取る」というもので、血糖値なら15秒で結果が出るという。

また、採血しない検査では、今までは病院で医師の指示のもとCT検査でしか測定できなかった内臓脂肪を、その場で立ったままお腹にベルトを巻くだけで、数分のうちに測定し、結果の説明が受けられるものもある。

最近話題のフレイルについても、筋肉スコア測定で今の自分を知ってもらい、フレイル予防対策への気付きを与えてくれる検査もあるそうだ。北は北海道から南は沖縄まで、日本全国で出張イベントを展開し、多くの方に健康を考えるきっかけづくりをしているという。

このように、様々な医療機器や検査技術を用いた医療サービスイノベーションの登場で、総合病院がいつ「破壊」されてもおかしくない状況が生まれてきているのだ。

PART II

なぜ、日本の優良企業が破壊されてしまうのか

Ⅰ部では、日本企業による破壊的イノベーションの歴史、イノベーションの定義と分類、破壊的イノベーションとは何かと、状況に応じたイノベーション・マネジメントの必要性について学んだ。

そして、要求の厳しいハイエンドの顧客獲得を狙う持続的イノベーションでは既存企業がほとんど勝ち、既存の主要顧客には性能が低すぎて魅力的に映らない破壊的イノベーションでは、新規参入してきた破壊的イノベーターが勝つ場合が多いことを理解した。破壊的イノベーションの製品やサービスは「性能が低すぎて今の製品の主要顧客には買ってもらえない」ため、既存企業が「取るに足らないもの」と誤認して破滅へと導かれてしまうのだ。

以下のⅡ部では、テレビ、スマートフォン、デジタルカメラの3つの事例を取り上げ、日本企業の多くが市場のハイエンドまで達して行き場を失い、破壊されようとしている状況を学んでいきたい。

5章

状況に応じたイノベーション・マネジメント
——テレビにおけるイノベーションの状況変化

ハイテク技術のクアトロンが売れない理由は？

「クアトロン」という技術を聞いたことがあるだろうか。赤、緑、青という光の3原色に、黄色を加えた「4原色テレビ」に使われていたイノベーションだ。シャープが世界で初めて開発した。「赤緑青の3原色表示だけでは不十分だった、自然の色の再現力をより高めることができた」という触れ込みだった。

3原色テレビより、4原色テレビを作る方が、技術的にはもちろん難しい。黄色が加わる分、テレビの画像を表示するためのサブピクセル（以下「ドット」と呼ぶ）の数は1・3倍に増える。フルハイビジョンの映像であれば、３原色なら約６００万ドットで済むところ、４原色だと８００万ドットも必要になる。

当然、これだけたくさんのドットを欠陥なく製造するには高い技術が必要だ。また、画面サイズが同じなら、１画面当たりのドット数が多い分、一つひとつのドットの占める面積が小さくなってしまう。このため、バックライトを明るくしたり、配線を工夫して画面全体の中でドットが占める割合を高めたり、それぞれのドットのコントラスト比を高めたりして、これまで同様の明るさを確保したそうだ。

それでは、世界でもシャープしか製造していないハイテク技術のクアトロン、さぞや売れ行きも好調だろうと思いきや、そうは問屋が卸さなかったようだ。クアトロンという誰にもまねのできない高い技術があったにもかかわらず、シャープの業績は低迷し、２０１２年以降、資本増強や金融支援が何度も重ねられたが独力で健全化の道を開けず、２０１６年４月に台湾企業・鴻海（ホンハイ）精密工業による買収という形で救済を受けることになった。このような事態に至ったのは、なぜなのだろう。私たちが何となく信じている「高性能＝高付加価値」という等式は、なぜクアトロンの場合には成立しなかったのだろう。

以下で、テレビのイノベーションの歴史を振り返り、なぜクアトロンを擁したシャープの業績が振るわなかったのかを、テレビを取り巻く**イノベーションの状況**から考えてみよう。

娯楽の王者にして超ハイエンド商品だったテレビ

第2次世界大戦が終わってから今日に至るまで、テレビはずっと「家電の王様」だった。終戦後の人々の憧れの対象と言えば「白黒**テレビ**」「洗濯機」「冷蔵庫」の「三種の神器」だったし、高度成長期の「新・三種の神器」は「カラー**テレビ**」「クーラー」「自動車」だった。この両方の三種の神器に共通するのはテレビだけだ。戦後約70年間にわたり、テレビは私たちの憧れの家電製品だったのである。

アメリカでは1941年から「NTSC（全米テレビジョン放送方式標準化委員会）」方式の白黒テレビ放送が始まっていた。第2次大戦後、テレビはそれまで娯楽の主役だったラジオに取って代わり、アメリカ国民にとってなくてはならない娯楽として急速に普及していった。

日本でも、敗戦から約8年後の1953年1月にはシャープが国産第1号の白黒ブラウン管テレビTV3−14Tを発売、同年2月1日にはNHKが我が国初となるテレビ放送を開始し、テレビ時代が到来する。

このシャープ製の国産テレビ1号機だが、当時のお金で17万5000円という価格で、庶民には高嶺の花だった。ちなみに当時の公務員の月給は高卒で5400円だったそうだから、テレビの値段は高卒公務員の給与3年分に相当した。

街頭テレビに群がる観客たち
提供：朝日新聞社

初期のテレビはそんな「超ハイエンド商品」だったから、購入することができたのは町一番のお金持ちだけだった。テレビが買えない普通の人々は、その家に行ったり、繁華街や大きな電気店に設置された「街頭テレビ」に群がったりして、プロレスや野球の中継などに熱狂した。

1955年7月のプロレスリング国際大会には空手チョップの力道山や元横綱・東富士らが登場し、それを中継する街頭テレビの前は連日超満員の人々で埋め尽くされた。東京・新橋駅西口広場の街頭テレビの「観客」数が、1万2000人を記録した日もあったという。

テレビの世界でも「破壊」を起こしたのはソニー

ラジオの世界と同様に、テレビの世界でも破壊的イノベーションを起こしたのはソニーだった。ポータブルラジオという新たな市場を創り出したソニーは、トランジスタを使って、持ち運び可能なポータブルテレビを開発しようと考えたのである（注9）。

しかし、その開発は困難を極めた。「ポータブルラジオができたのだから、ポータブルテレビなどすぐできるのではないか」と思われるかもしれない。だがラジオとテレビでは、プロペラ飛行機と超音速機ぐらいに開発の難しさが違う。

テレビでは、高電圧・大電流を扱うため、トランジスタはたくさんの電力を消費する。そのため、トランジスタはかなり熱くなる。温度特性が良く、性能が安定したトランジスタが必要だ。ラジオ用のトランジスタと比べ、テレビ用のトランジスタには、周波数で約１００倍、流せる電流で20倍、耐えられる電圧で10倍の高い性能が求められた。

その高い性能を満たすのが「シリコントランジスタ」だった。ところが、シリコンではそもそも、高純度で欠陥の少ない「良い単結晶」を作ることが非常に難しかった。ラジオは音だけなので、トランジスタに少々悪いところがあってもあまり目立たないが、テレビでは少しでもトランジスタに不具合があると、画面が乱れる。ラジオ用と比較して、テレビ用のトランジスタにははるかに高い精度が要求された。

苦心惨憺しながら研究と開発が進められ、世界初のポータブル・トランジスタテレビ「TV8－301」*が報道関係者に発表されたのは、1959年12月のことであった。

これにより、ソニーのトランジスタとテレビ開発の技術は、広く世界に認識された。ただし、当の1号機は、まだ据え置き型を先に購入したい層が多かったことと、性能が不安定で故障が多かったことから、世間の注目ほどには売れなかったそうだ。

＊ TV8－301には、シリコンとゲルマニウムを合わせて、23個のトランジスタと、ダイオード19個、小型高圧整流用真空管が2個使われていた。

ブラック企業並みの労働環境から生み出された次男坊

ソニー製のテレビで初めてヒットしたのは、ポータブルテレビ2号機の「TV5－303」だ。この画面サイズ5インチのポータブルテレビは、ソニーがアメリカに橋頭堡を築くきっかけにもなった。

TV5－303の開発は、他社に気付かれないように進められ、開発プロジェクトは「SV－17作戦」と命名された。ライバル企業に「ソニーが17インチのカラーテレビを開発している」と誤認させようとしたのだ。

TV5－303の開発でも、要となったのはやはりトランジスタだった。トランジスタ方式のテレビでは、トランジスタの効率が悪いと、熱を余計に出す。今回は、5インチと筐体を小さくするため、トランジスタもさらに小型で、効率が良く、発熱の少ないものが必要だ。そこでまず、テレビで一番電力を消費する回路用のシリコントランジスタをベル研究所で新しく開発されたエピタキシャル法*で試作したところ、要求にピッタリであった。

エピタキシャル法による単結晶製造を本格的に始めてみると、これがこれまでの常識を超えて難しい。ガスの純度、半導体表面の取り扱い方法、ガスの流れのコントロールなどについて、桁違いに難しい製造技術が要求された。試作ラインの準備を整えたのが1961年の春。秋にはようやく量産化の目処をつけたが、製造ラインに乗せた後も苦労の連続で、トランジスタの生産量がなかなか増やせなかったそうだ。

担当者は帰宅が連日夜の11時、12時で、土日、祝日もない。連日遅くまで頑張っている部下を横目に、上司も帰るに帰れない。日曜日も家にいては悪いような気になる。今ならブラック企業として訴えられてもおかしくないような労働環境だが、当時は日本企業の多くにおいて、このような働き方が当たり前だったのだ。

* エピタキシャル法とは、半導体単結晶を1000度前後に加熱したところに添加物を含んだガスを流し、単結晶上に新たな単結晶を生成させるもので、青色発光ダイオードなどの製造にも使われている技術である。

フランク・シナトラもお気に入り、アメリカでも大ヒット

発売前に工場見学へ来られた天皇陛下にすら口止めした甲斐もあり、開発の秘密は保たれ、1962年4月、世界最小・最軽量のマイクロテレビとしてTV5－303がプレス発表され

た。翌日の主要新聞各紙は三段記事で製品を扱い、TV5－303は華々しいデビューを飾った。

同年4月に来日したアメリカの歌手、フランク・シナトラは、ソニーの工場見学でこのテレビを大変気に入り、「ぜひ譲ってほしい」と申し入れた。しかし、アメリカと日本では、テレビの放送チャンネルの周波数が違ったため、盛田は、「アメリカ用の製品ができた折には、必ずお届けします」と約束したそうだ。*

1962年10月1日、ソニーはニューヨーク5番街にショールームをオープンした。オープニング・セレモニーにはニューヨーク総領事をはじめとする400人を超す招待客が訪れ、170平米とさして広くないショールームは終日ごった返した。

ショールームの目玉は、近日発売予定のTV5－303だった。オープン翌日から1日7000人以上がそれを一目見ようと押し寄せた。ショールームには「いつから発売されるのか」といった問い合わせが殺到し、発売と同時に、それこそアッという間に売り切れてしまった。

TV5－303は、瞬く間にアメリカ中にブームを巻き起こした。当初予想した以上の大成功である。アメリカからの注文に応えるため、できるそばから東京湾から船積みしても「焼け石に水」の状況だった。

他メーカーの追随が始まり、アメリカ市場にサンプル出荷を始めるメーカーも現れる。ソニーは大型輸送機をチャーターしてTV5－303を空輸した。そんなことをすればどう考えても赤字だが、「他社を抑えて市場のリーダーになり、ソニーブランドを世界に飛躍させるのは今

＊
盛田は実際、半年後の1962年10月4日、アメリカでの「TV5－303」発売翌日に、シナトラ氏のいるパラマウント映画の撮影所を訪れ、約束どおり、無事手渡した。

をおいて他にない」という判断だった。

据え置き型テレビに使われたイノベーションはすべて持続的

ここまで、ソニーがポータブルテレビでテレビ市場に破壊的イノベーションを起こしたプロセスを見てきた。

I部で説明したように、いったん市場に破壊的イノベーションが起こると、その後は通常、右上方向への上昇カーブに沿って性能が向上していく。つまり、破壊的イノベーションが一度起きた後、その技術は持続的イノベーションの軌道に入るのだ。

テレビのイノベーションにも、その原則は当てはまる。

トランジスタは「ポータブルテレビ」という新市場型の破壊的イノベーションを起こしたが、その後は性能が向上し、品質が安定し、価格が低下したため次第に据え置き型のテレビにも使われるようになり、真空管に取って代わっていった。据え置き型テレビに採用されるようになったとき、トランジスタはすでに当初のような、小型で消費電力は低いが性能が低く不安定なデバイスではなかった。真空管と比べて動作周波数や耐圧も高く、起動も速く、寿命も長いデバイスとなっていた。つまり、据え置き型テレビの消費者が重視する性能指標から見ても十分な性能に達していたのだ。

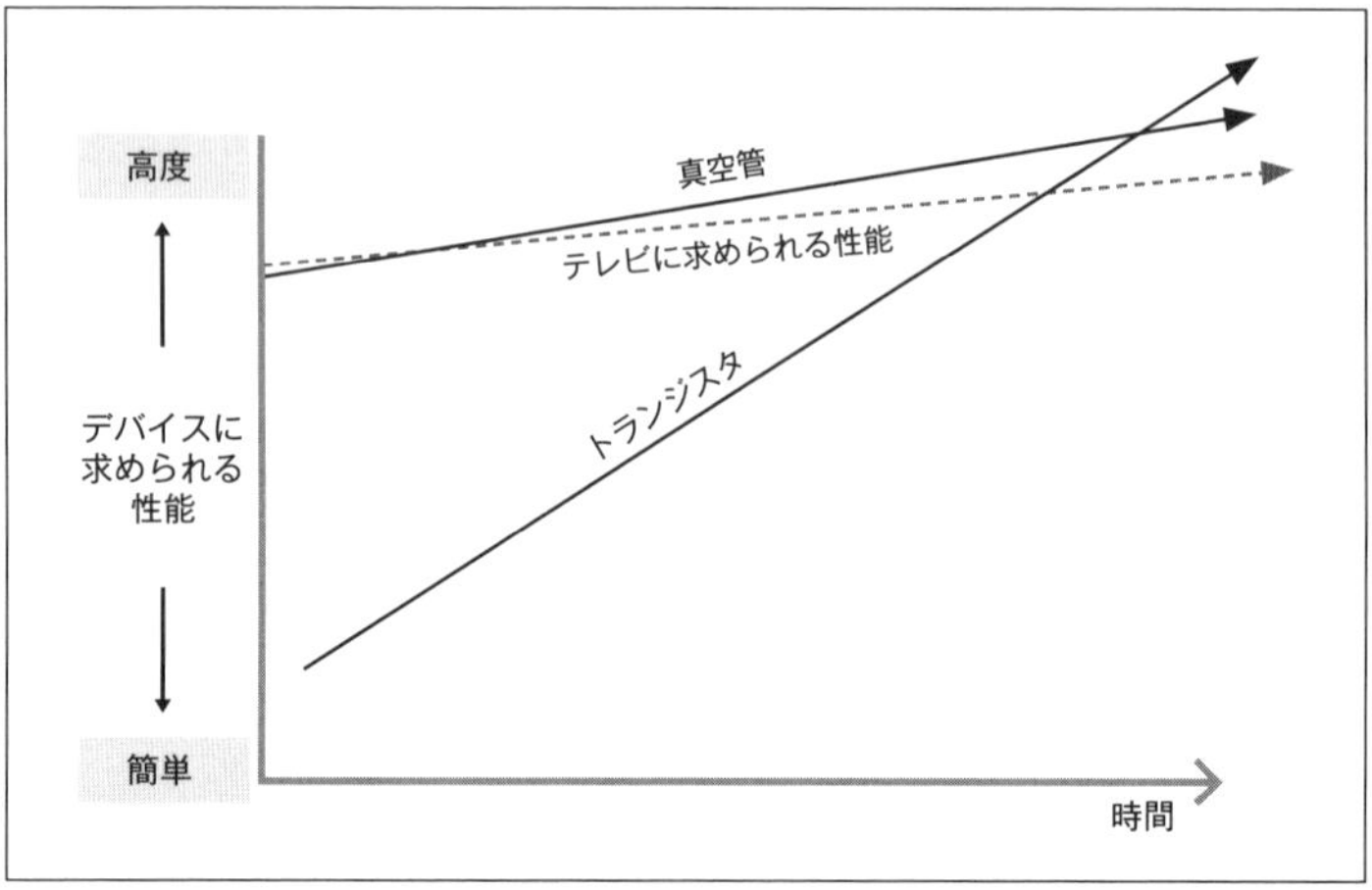

真空管 vs トランジスタ

ポータブルテレビという破壊的イノベーションを可能にしたトランジスタというデバイス技術は、徐々にその性能を向上させ、据え置き型テレビ（の顧客）が求める性能曲線に達すると、真空管に取って代わって、据え置き型テレビの性能向上という持続的イノベーションを起こしたのである。

トリニトロンも液晶も持続的イノベーション

ソニーのトリニトロンブラウン管技術もまた、当時使われていたシャドーマスクを用いたブラウン管に比べて2倍も明るいという、顧客の望むコントラスト性能を向上させる持続的なイノベーションである。

据え置き型テレビへの液晶パネルの採用も、

ブラウン管テレビを作っていたメーカーや顧客から見ると持続的イノベーションだ。

液晶は古くから知られた素材で、テレビの商業化に主導的役割を果たしたアメリカの家電メーカーＲＣＡでは、早くから液晶を用いた平面テレビの研究を行っていた。しかし、反応速度、コントラスト、カラー化など、液晶テレビの実現には数多くの高いハードルがあり、結局、ＲＣＡは液晶テレビの開発を断念した。

その後、液晶デバイスは思わぬところで使われることになる。電卓である。

当初の液晶は、「素子の寿命が短い」「反応速度が遅い」「コントラストが低い」「カラー化が困難」などの多くの問題点を抱える一方で、「消費電力が低い」「薄型軽量である」などのメリットがあった。

液晶技術のトリクルアップの終着点＝据え置き型テレビ

3章で述べたように、１９６０年代初め、半導体技術の発達により「電卓戦争」が勃発し、シャープやカシオ、ソニーやキヤノン、オムロンなど、多くのメーカーが激しい開発競争を繰り広げた。戦争は多くのイノベーションを生み出すが、この電卓戦争も例外ではない。

電卓戦争はインテルが世界を制覇するきっかけとなったキラープロダクト、マイクロプロセッサを生み出しただけでなく、表示装置にもイノベーションをもたらした。

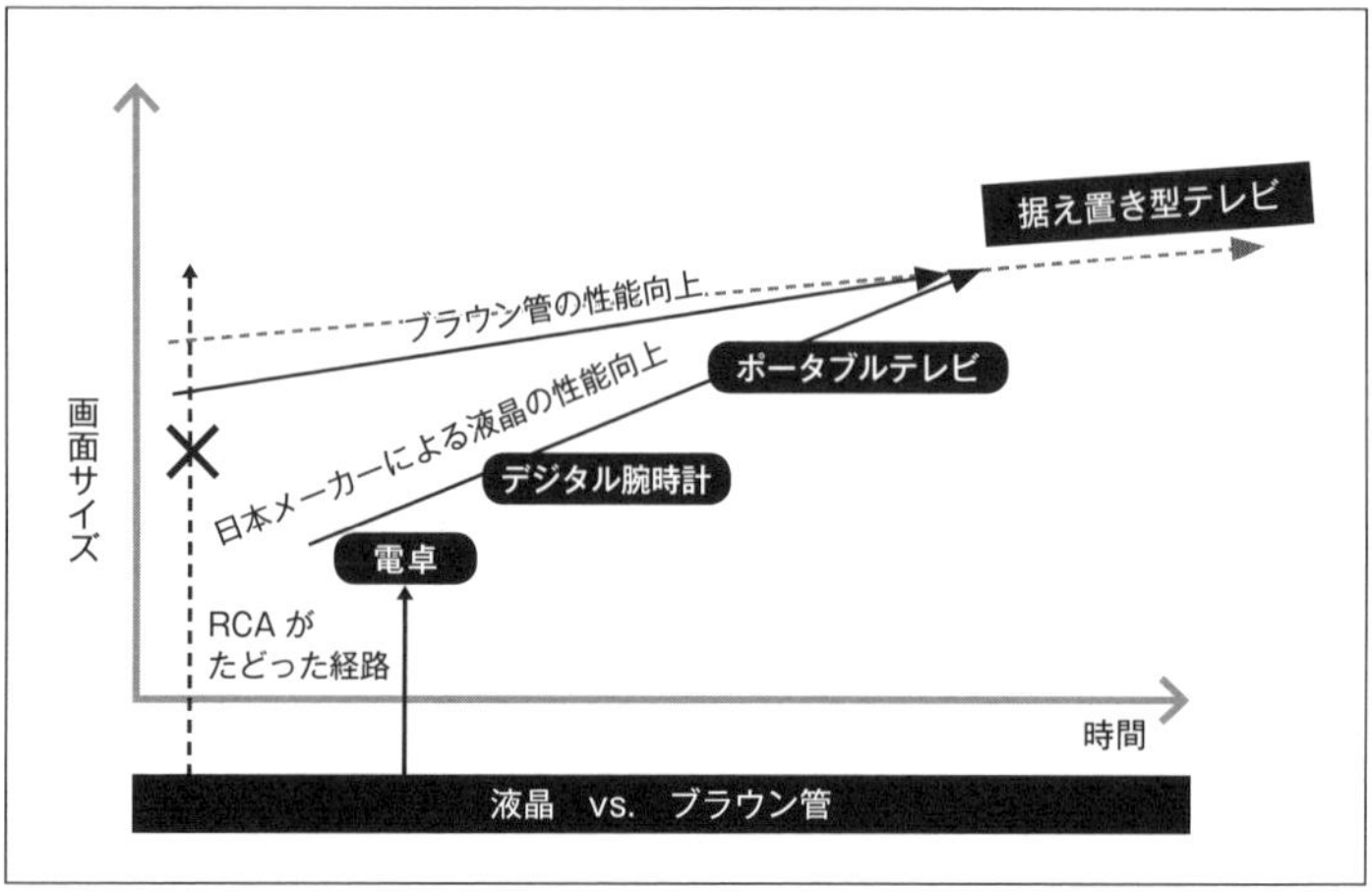

液晶における「トリクルアップ」

当初の電卓は表示装置に蛍光管やＬＥＤなどを用いていたため、多くの電池が必要な上に電池寿命も短かった。そこにシャープは、１９７３年６月、世界初の液晶表示電卓「ＥＬ－８０５」を発売した。

ＥＬ－８０５は、表示装置に液晶、ＩＣに消費電力の少ないＣＭＯＳを採用することで、単三電池１本で１００時間も使用できる画期的な製品だった。液晶表示装置はその後、日本メーカーなどのたゆまぬ研究開発により、電卓だけでなく、腕時計、ポータブルテレビ、ノートパソコンなどにも使われるようになる。

このように、ある技術が、最初は低い機能水準と安いコストの製品に使われ、徐々にその用途を要求水準の高い製品へと順次展開していく戦略を、児玉文雄東京大学名誉教授は**トリクルアップ**と呼んでいる。液晶のトリクルアップにおける終着点が、据え置き型テレビだ。

当時、ブラウン管テレビの大型化はほぼ限界に来ていた。36インチブラウン管テレビの重量は100キログラム近くに達し、奥行きも1メートル近くになっていた。これ以上の大型化を達成するには、薄型平面ディスプレイデバイスを用いたテレビの実用化が不可欠だった。

液晶ディスプレイ技術は当初、テレビに使うには性能が不足していたため、電卓や腕時計、ポータブルゲーム機やポータブルテレビなどに使われた。しかし、シャープの技術陣は苦難の末、3インチ液晶テレビの20倍の面積を持つ14インチ液晶テレビの開発に成功する。そして次第に液晶ディスプレイは、据え置き型テレビの顧客が重視する性能（画面サイズ、薄さ、消費電力の少なさ、軽さ、設置の容易さなど）を満たし、それを向上させる、持続的イノベーションを可能にする技術に成長していったのだ。

薄型テレビ「敗戦」の原因＝「イノベーションの状況」の変化

これまで見てきたように、据え置き型テレビは、その誕生以来ずっと、顧客から見た性能が向上する持続的イノベーションを続けてきた。そして2000年頃までは、その性能がまだ顧客の求める水準に完全には達しておらず、「性能向上＝顧客満足の上昇」という式が成立する「持続的イノベーションの状況」にあった。

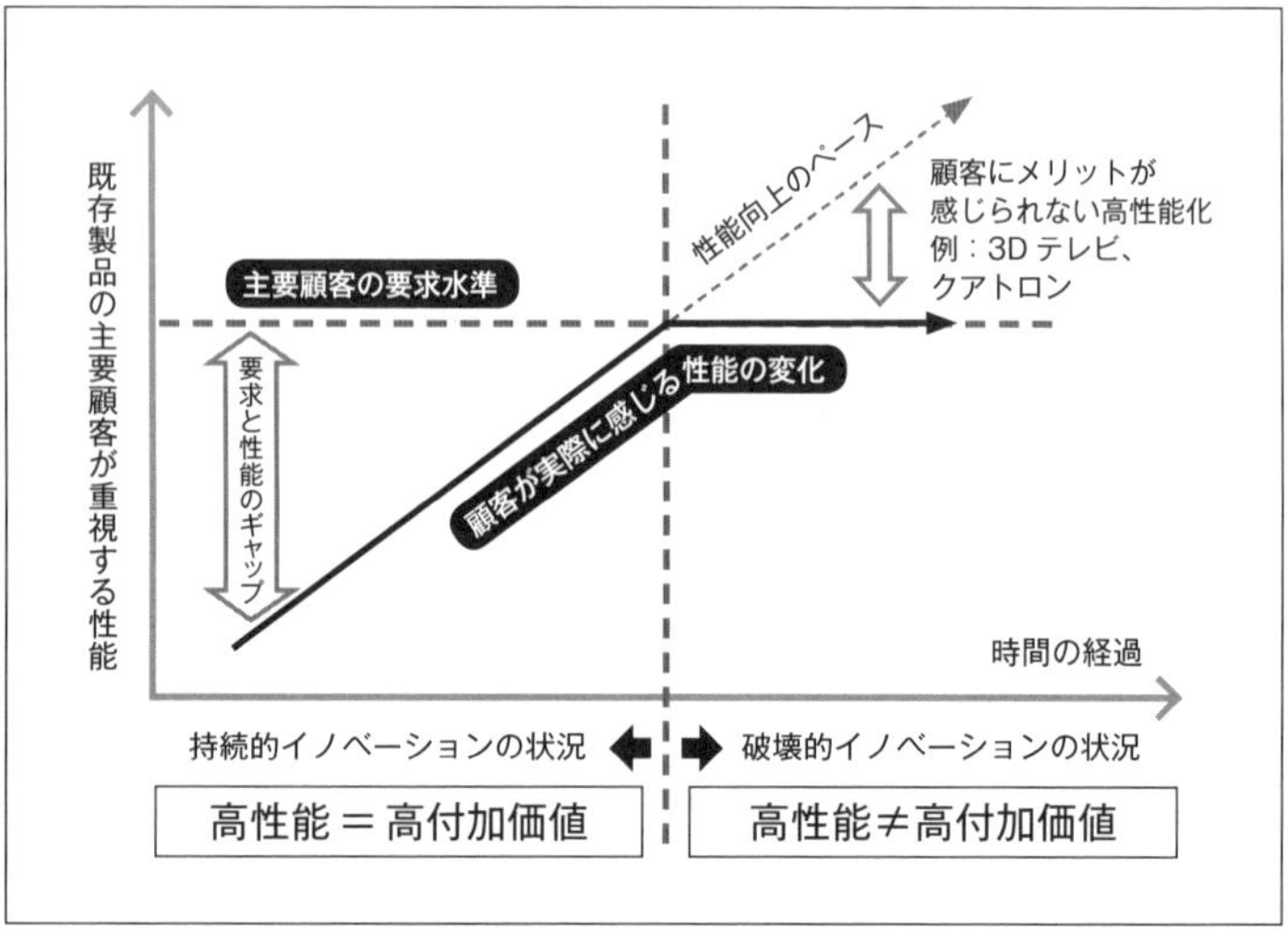

2 種類のイノベーションの状況

ところが、2000年代半ばを過ぎる頃から、テレビの性能は一般の顧客が求める水準を超え始めた（後述）。そして、**テレビを取り巻く環境が「破壊的イノベーションの状況」になると、顧客は、テレビの性能向上に対してこれまでのように価値の向上を見出さなくなってしまったのだ。**

当時、ある大手電機メーカーの社員は「いくら超解像技術などの高い技術を搭載したテレビを出しても見向きもされなかったのに、福山雅治がコマーシャルに出ただけで何倍もテレビが売れた」と嘆いていた。これこそまさに、技術的な性能向上に消費者が価値の向上を感じなくなってしまっていた証拠だろう。

性能や機能での差別化が難しくなると、

次に起きるのはブランドやデザインでの競争、そして最後は際限のない価格競争だ。

テレビが普及する価格の目安はかつて「1インチ1万円以下」と言われていたが、今では、32インチのハイビジョンテレビがわずか2万円程度で売られている。1インチ700円の計算だ。

先端技術のカタマリであるハイビジョンテレビが、その性能ではなく、日用品のようにインチいくらの価格で判断されるようになってしまっているのだ。この「敗戦」は、テレビの性能が、顧客の求める性能を上回り始めたとき、その変化にメーカーが対応できなかったことが原因だと考えられる。

画素数――フルハイビジョンが当たり前に

ここで、何をもって**テレビの性能が一般顧客の求める水準を超えた**と判断するべきかを考えてみよう。

テレビ放送で送られてくる情報の量は、「1画面当たりの画素数」と「1秒当たりのコマ数」の積で表される。テレビのハイビジョン化は、テレビの歴史の中でも特に大きな進歩だ。それ以前の標準画質（SD画質）時代には、最も画質が良かったDVDの画質でも、「横720×縦480＝約35万画素」だった。それに対して、ハイビジョンは「横1920ドット×縦1080

ドット＝約200万画素」である。つまり、ハイビジョン化によって、テレビ画面1枚分の情報量はおよそ6倍に増えた。

よく、「ハイビジョン化で臨場感が増した」と言われるが、これはどういう意味だろうか。テレビを観ているときに、画面のシマシマ（走査線）が見えては興ざめだ。この走査線の粗さを感じさせない距離が、「最適視距離」だ。かつてのテレビは画素が少なく、走査線の間隔が粗かったため、標準画質（SD）のテレビの最適視距離は「映像画面の高さの6倍」以上であると言われていた。* 例えば、画面の高さが1メートルの標準画質テレビ（65インチテレビに相当）であれば、画面から6メートルも離れる必要があった。

ところが、画面の精細度が向上したハイビジョンでは、画面の高さの3〜4倍が実用的な視距離となった。つまり、標準画質のテレビの半分の距離まで「近寄って」観られる。画面の高さが1メートルのハイビジョンテレビであれば、画面から3メートルのところまで近づいても鑑賞に堪え得るのだ。

テレビまでの距離が半分になれば、テレビ画面の見かけの面積は、縦が2倍、横も2倍、合わせて4倍となり、視野に占めるテレビ画面の比率が高まるため、より「臨場感」のある映像が楽しめる。

それに加えて、ハイビジョンでは、画面の高さと横幅の比率も、テレビ放送開始当初の3対4（1対1・33）から、より横長で人間の視野に近い9対16（1対1・77）へとワイドになった。**

＊
子供の頃、親にテレビを近くで観て怒られた経験がある読者も多いことだろう。

＊＊
これは、アメリカン・ビスタサイズと呼ばれる映画スクリーンの縦横の比率（1対1・85）や黄金分割比（1対1・618）に近い数値である。

したがって、画面の高さが1メートルの製品の場合、ハイビジョンテレビの横幅は約1・8メートルと、標準画質テレビの横幅1・3メートルと比べて、約1・3倍横長になる。*

要するに、ハイビジョンテレビは画面の高精細化と画面のワイド化によって、標準画質テレビに比べて約5倍大きくなった計算になる。その意味で、1990年に発売されたハイビジョンテレビは、テレビのカラー化以来の**画期的な持続的イノベーション**だ。そして、そのイノベーションは、西暦2000年にBSで、2003年に地上波でデジタルハイビジョン放送が開始されたことで完成される。

消費者は、ハイビジョン化とデジタル化に伴う性能向上を顧客価値の向上として歓迎し、今では店頭で売られているテレビのほとんどがフルハイビジョンパネル以上を搭載したデジタルワイドテレビとなっている。

コントラスト比——性能向上が感じられないレベルに

コントラスト比とは、テレビ画面の一番明るいところと一番暗いところの明るさの比率だ。一般的な人間の目が感じ取れるコントラスト比は800対1程度、一流のスポーツ選手でも1200対1程度が限度という研究報告がある一方、10対1〜100対1でも満足できるというデータもある(注10)。

* ちなみに、この高さ1メートルのハイビジョンテレビの対角線をインチ換算すると約80インチになる。

電子ビームを蛍光体に当てて発光させるブラウン管や真空中のプラズマ放電によって光るプラズマテレビと違い、バックライトを液晶シャッターで遮る原理の液晶テレビは、コントラスト比を上げるのが原理的に難しい。たしかに、初期の液晶テレビは何となく画面にメリハリがなく、画面に映し出される暗い夜空の映像も薄ぼんやりと明るく見えていた。

ところが最新の液晶テレビはバックライトの明るさと液晶パネルを同時に制御することなどにより、700万対1を超えるダイナミックコントラスト比を実現している。しかも前述のように、テレビが1200対1以上の表示能力を持っていても多くの人はそれを感じられないようだ。

つまり、液晶テレビのコントラスト性能は、すでに消費者がそれを感じられない「破壊的イノベーションの状況」に達してしまっているのだ。

反応速度──16倍速の描画さえも可能に

テレビがどのようにして動画を表示しているかご存じだろうか。パラパラマンガと同じで、1秒間に60枚の少しずつ異なる画を表示することで*、動きを表現しているのだ。

かつて、液晶テレビはスポーツなど動きが激しい映像の表示が苦手だと言われていた。液晶テレビでは、電極間の電圧を変化させることで、挟まれた液晶分子が物理的に向きを変え、バッ

＊　厳密に言うと、1秒間当たり30枚の画像を、奇数と偶数の走査線に分けて1秒当たり60回（インターレース）表示をしている。

クライトの透過率を変化させることで画像を表示しているからだ。ブラウン管の電子ビームやプラズマの放電現象とは異なり、液晶分子が向きを変えるにはある程度時間がかかる。そのため、当初はテレビに液晶を使うのは困難だと考えられていた。

しかし、液晶の性能が上がり、その駆動方式を工夫することで、1秒間に60回はおろかその倍の120回（2倍速）、さらに倍の240回（4倍速）も画像を切り替えられるようになった。さらにその後、バックライトの点灯方法を工夫することで、1秒間に960回（16倍速に相当）の描画すら可能になっている。

液晶テレビがスポーツなどの動画に弱いというのはすでに過去の話であり、今では動画に強いと言われるプラズマテレビと見比べても、まったく区別できないまでに表示性能が上がっている。反応速度で見ても、液晶テレビの性能は、顧客の要求水準をすでに十分以上に超えているのだ。

テレビを取り巻く環境は「破壊的イノベーションの状況」へ

これまで見てきたように、据え置き型液晶テレビの性能向上は、解像度の面でもコントラストや反応速度の面でも普通の消費者にとって「十分以上に良い」性能に達してしまっている。

本章の冒頭で述べたクアトロン技術も、たしかにこれまでのテレビより色再現範囲が広がり、専用のデモ映像で観ると、黄金のツタンカーメンの輝きなどが美しく表現できることがわかる。しかし、現在のテレビ放送を観る限り、普通のテレビの色再現範囲を前提に番組づくりが行われているためか、クアトロンとそうでないテレビとの違いが、大半の消費者にはほとんどわからない。

結果、顧客はそうした性能向上に価値を感じず、お金を払ってくれない。つまり、テレビを取り巻く環境は、2000年代半ば以降、「持続的イノベーションの状況」から「破壊的イノベーションの状況」へと変化してしまったのだ。

「持続的イノベーションの状況」と「破壊的イノベーションの状況」では求められる経営のやり方がまったく違う。4章でも述べたように、経営者は、自社の製品やサービスが置かれている「イノベーションの状況」を的確に判断し、それぞれの状況に合わせて適切なドライビングテクニックを使い分ける必要がある。

テレビを取り巻く環境が「破壊的イノベーションの状況」に変わっているにもかかわらず、「持続的イノベーションの状況」と同じマネジメントをしていたために、多くの日本の家電メーカーはコースから外れてしまったのではないだろうか。

多くの顧客の需要から「行きすぎて」しまっている4Kテレビ

東芝、ソニー、シャープ、パナソニックなどから「4Kテレビ」が発売されて久しい。4KテレビのKとは1000を意味し、4Kとは「水平方向の画素が約4000個ある」ことを意味する。ハイビジョンテレビの場合、1画面を構成する画素数は横約2000×縦約1000=約200万画素であったのに対し、4Kテレビの画素数は横約4000×縦約2000とハイビジョンテレビの4倍の約800万画素となる。

では、画素が4倍になった4Kテレビのメリットとは何だろう。

前述のように、ハイビジョンテレビでは、画面の粗さが気にならなくなる距離がテレビ画面の高さのおよそ3倍までだったのに対し、画素数が4倍になる4Kテレビでは画面の高さの1・5倍まで近寄って観ることが可能になる。

ハイビジョンテレビを画面の高さの3倍離れた距離から見ると、画面右端から左端までが視野に占める角度は約30度になる。映画館で言えば、劇場の後ろで立ち見をしているぐらいのイメージだ。これに対し、4Kテレビを画面の高さの1・5倍の距離から見たときの視野角は、ハイビジョンテレビの2倍の約60度になる。つまり、あたかも映画館の前の方の席に陣取っているかのような迫力で、映画を楽しむことができるのだ。

テレビを雇う、顧客のジョブを分析

世界初の４Ｋテレビは、２０１１年12月に東芝から発売された「５５Ｘ３」である。発売当初の価格は約90万円。その後、ソニー、パナソニック、シャープからも４Ｋテレビが発表され、何度かのモデルチェンジが行われている。韓国のＬＧやサムソン、そして中国のメーカーや、ドン・キホーテなどのディスカウント店からも４Ｋテレビが発売されており、世界中で競争が激化している。

さて、４Ｋテレビを発売した家電メーカー各社の最大の関心事は、「果たしてこの４Ｋテレビがいくらで売れ、どの程度普及するか」だろう。

こうした問題を考える上で、クリステンセン教授は興味深いフレームワークを用意している。すなわち、**顧客がある商品を買うのは、顧客の片付けたいジョブを解決するためにその製品を雇うのだ**という考え方である。別の言葉で言えば、「顧客がその商品を購入するのは、所有するのが目的ではなく、その商品から何らかのサービス（便益）を受けるため」なのだ。*

この考えに則れば、例えば「ＧＥはエアラインにジェットエンジンを売っているのではなく、エアラインに**推進力を提供するというサービス**を行っている」と捉え直すことができる。あるいは、「住宅を購入するか借家にするか」という問題は、「どちらの形態を**雇う**のが自分にとっ

* こうした考え方は、「サービス・ドミナント・ロジック」とも呼ばれ、近年、多くの産業で取り入れられている。

てより適切な**居住サービス**をもたらしてくれるか」についての選択であると理解できる。

では、**日本の顧客はどんなジョブを片付けるためにテレビを雇う**のだろうか。

私なりに分析すると、テレビを雇うことで片付けたい顧客の用事は、大まかに言って上図の3つに大別できる。

①暇つぶし・賑やかし
②情報収集
③感動を得る

テレビを雇って片付けたいジョブ

暇つぶしという「ジョブ」ではありがたみは増えず

まず1つ目の「暇つぶし・賑やかし」である。

多くの人がテレビを「雇う」目的はこれだ。テレビの地上波番組表を見ると、ワイドショーやバラエティー、トーク番組やお笑い番組などが大半だ。一人暮らしの人など、「家に帰ると何はなくともまずテレビをつける」ことも多いようだ。家庭の主婦（夫）が掃除や料理をしながら、観るともなしに観ていることも多いだろう。倦怠期を迎えて話題のなくなった夫婦が食事どきの沈黙を紛らわすためにテレビを雇うこともある。そういう人たちの「ジョブ」は「寂しさを紛らわす」ことであり、「賑やかで面白い隣人」としてテレビを自宅に「招いて」いるのである。

さて、暇つぶしのためにテレビを雇っている家庭が、４Ｋテレビを自宅に招いたらどうなるだろう。新しいテレビは、これまでの4倍の大きさでワイドショーを観られる。シーンによっては、司会者の顔の大きさが実物より大きく見えることもあるだろう。また、ゲストの年老いた大女優の顔に刻まれた1本1本の皺までもくっきりと映し出してくれるはずだ。

だが、こうした暇つぶしや賑やかしといった用事に対して雇うには、４Ｋテレビは、ありがたみが増すというよりはむしろ、うっとうしさが増すようにしか思えない。つけっぱなし用途では、大画面化に伴って消費電力が増す分、家計にもマイナスだろう。

情報収集の目的でも便益は向上せず

人々がテレビを「雇う」目的として2つ目に挙げられるのが、「情報収集」である。明日の天気や経済情勢、将来の増税や景気刺激策などの政治情勢、事件や事故、スポーツの結果など、ニュース番組は各局が力を入れているジャンルであり、テレビの番組表の中でも、ワイドショーやバラエティーに次いで多く放送されている。ニュースでは、「キャスターが原稿を読みつつ、適宜、映像が挿入される」というフォーマットで情報が提供される。

では我々が、情報収集の目的のために４Ｋテレビを雇った場合、どのような便益の向上があるだろう。

結論から言えば、便益向上にはあまり役に立たないだろう。アナウンサーの顔の面積が4倍大きくなったからといって、得られる情報の質が上がるわけではない。せいぜいネクタイの柄や背広の材質がよくわかるようになるぐらいのものだ。ヘリコプターからの空撮のような映像は、かえって映像酔いして困るかもしれない。

したがって、情報収集目的でテレビを雇う場合も、暇つぶし目的同様、4Kテレビを導入するインセンティブは、ほとんど見込めない。

感動を得るのなら、一定の需要は見込めるも……

テレビを「雇う」3つ目の目的が「感動を得る」ことだ。

サッカーのワールドカップやオリンピックといったスポーツイベントの中継、映画、コンサートや舞台の中継などは、映像と音声に没入できるほど感動が高まる。こうした「ジョブ」は、地上波の番組表では必ずしも多くの割合を占めていないが、衛星放送やケーブルテレビの映画専門チャンネル、スポーツ専門チャンネルなどを含めれば、一定数は放送されている。

このジャンルでは、ある条件さえ満たされれば、4Kテレビのメリットが大きい。その条件とは言うまでもなく、テレビ受像機だけでなく配信されるコンテンツも4Kに対応していることである。

これまであえて触れずにきたが、2020年時点で、4Kコンテンツの配信は、衛星からの放送（あるいはそのインターネットやケーブルテレビでの再配信）のみで、4Kで収録されたコンテンツの数もまだまだ少ない。そして、人々が無料で観られる地上波では配信される目処が立っていない（注11）。現在の技術では、地上波の1チャンネル分の帯域幅では4K放送が収まらないのだ。

放送事業者からすると、画質は上がるかもしれないがそれに伴って広告料が上がる保証はなく、設備投資や制作費ばかりかさむ4K放送への投資など勘弁してほしいというのが本音だろう。

テレビの普及には、多様なチャンネルから多彩なコンテンツを見かけ上無料で楽しむことができる「コマーシャル付き無料放送」というビジネスモデルの発明が不可欠だった。だから、4Kテレビが多くの家庭に普及するためには、見たいと思う4Kコンテンツが多くのチャンネルから無料で提供される必要がある。しかし現状では、技術的に困難なため、地上波での無料4K放送は当分望めそうにない。

たしかに電器店の店頭では、テレビメーカー各社がデモンストレーション用に力を込めて作成した非常に高精細で美しい映像が4Kテレビに映し出され、あたかもこのテレビを買うとすべての映像がこのクオリティで観られるかのような錯覚に陥る。しかし、この映像に惹かれて

4Kテレビを購入すると、地上波放送を映したとき、ハイビジョンテレビより少しましな程度の映像しか映し出されず、がっかりすることになるだろう。

実は、地上波デジタル放送の画質はフルハイビジョンですらない。衛星放送からのフルハイビジョン放送が横1920画素であるのに対し、地上波デジタル放送は電波の帯域が狭いため、横方向の画素数が1440しかない。現在主流のハイビジョンテレビですら、実は地上波に対してはオーバースペックで、我々は地上波を横に引き延ばして観ているのだが、その画質が衛星より悪いと文句を言う人には会ったことがない。

4Kテレビの世帯普及率はマッサージチェア程度か?

これまでの議論でおわかりのように、4Kテレビの性能は大多数の顧客のテレビに対する要求水準を上回っている。

多くの顧客がテレビを雇って片付けたい「暇つぶし・賑やかし」や「情報収集」には、4Kテレビはオーバースペックだからだ。家で映画やコンサート、スポーツ観戦などを大画面で観て「感動を得」たい少数の顧客以外は、4Kテレビに現行のハイビジョンテレビ以上の価値を感じることはできず、したがって現行のテレビ以上の価格を払うこともないだろう。

ただし、2021年の東京オリンピック・パラリンピックに向けて、*今後、徐々に4Kコン

＊執筆時点（2020年6月）では、新型コロナウイルスの影響により、2020年開催から1年延期が予定されている。

テンツの充実が見込まれる。映画、音楽、スポーツなどの愛好家で、自宅スペースに余裕のある富裕層から、4Kテレビは日本でも徐々に普及していくだろう。

私は、「4Kテレビの世帯普及率はマッサージチェアと同じ2割程度にとどまる」と予想する。ただし、4Kテレビの価格が現行のハイビジョンテレビと同じ水準まで下がり切ってしまえば、「違いはよくわからないけど、せっかくなら4K」という理由で4Kテレビを選ぶ消費者が増えるだろう。

実は4Kテレビは、多くの消費者が思うほどにはハイテクではない。パソコンの世界では、横の解像度が4Kテレビと同じ4000画素近くある27インチディスプレイが数万円で売られている。つまり、液晶パネルの製造技術としては、もはやそれほど難しいものではないのだ。日本の国内市場においても、すでに価格競争が始まっている。

そうなると、4Kテレビの普及率は2割を超え、現在のテレビの普及率に近づくだろう。もっとも、その価格水準で日本メーカーに利益が出るかどうかは別問題だが。

ちなみに、2018年12月に、4Kのさらに4倍の画素数がある8K実用放送が開始された。さらにその後には、16Kが控えている。NHK技研や関係省庁は4K、8K、16Kという持続的イノベーションの普及に向けてひたすらその努力を加速させている。だが、大丈夫だろうか。

私には、彼らがレミングの群れのように、まっしぐらに破滅へ向かって行進しているように見えてならない。

6章
発明とイノベーションの決定的な違い
——エコシステムづくりの巧拙がスマホ成功の鍵

電話を再発明したと言われるジョブズ

スティーブ・ジョブズは「iPhone」で電話を「再発明」したと言われている。

iPhoneの発売前にも、タッチパネル搭載の携帯電話がなかったわけではない。しかし、それらはいずれも市場に受け入れられることなく消えていった。事実上、最初にヒットしたスマートフォンであるiPhoneが発表されたのは2007年、ソフトバンクが日本で販売を始めたのが2008年だから、スマートフォンはまだ、誕生してから十数年しか経っていない新しい製品だ。

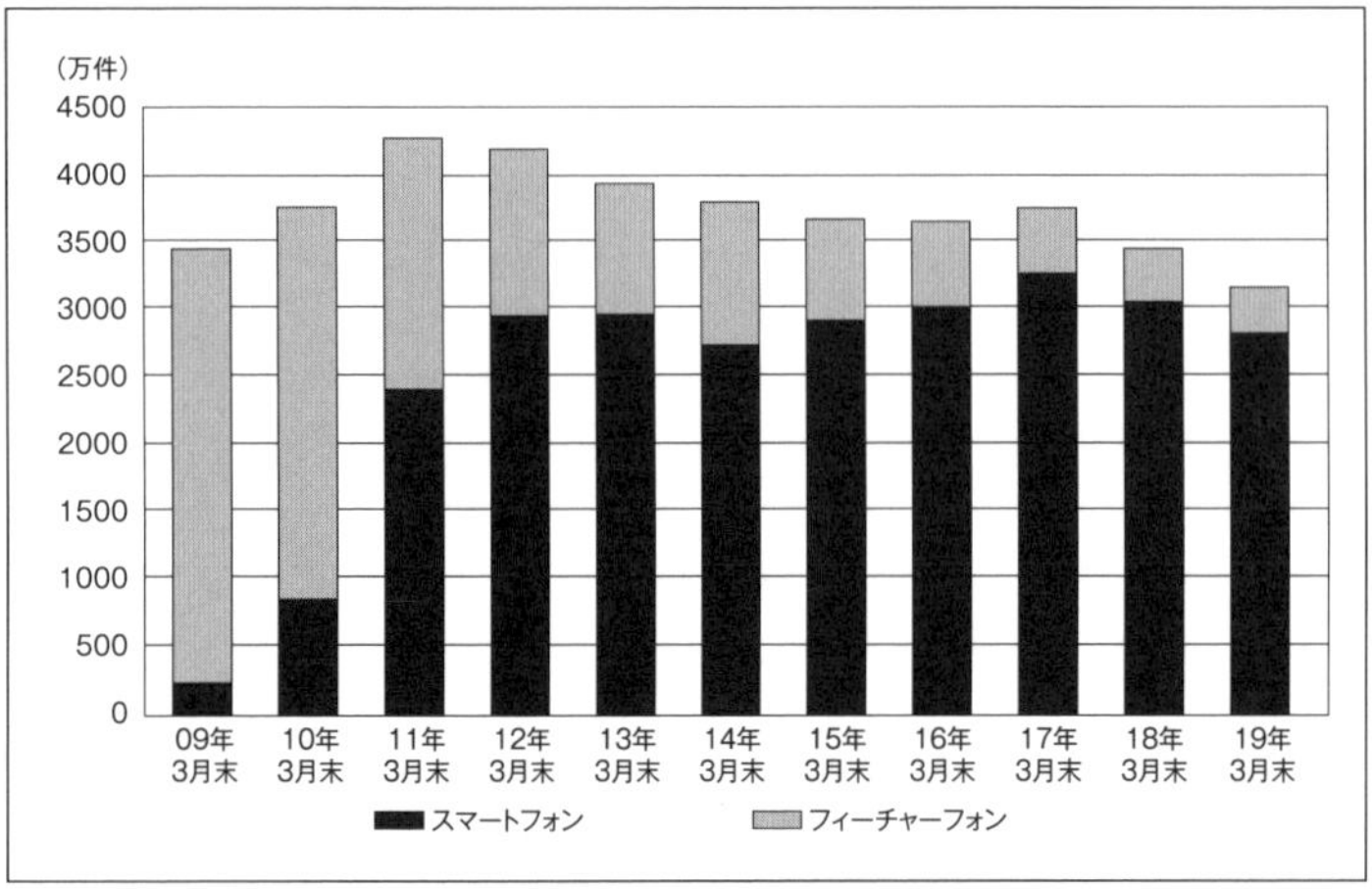

携帯電話出荷台数の推移（ＭＭ総研調べ）

しかし、今や電車で周りを見回してもほとんどの人はスマートフォンを操作している。電車内でのシェアを見ると、普通の携帯電話＊を使っている人はすでに絶滅してしまったように見える。

ＭＭ総研によれば、２０１９年のスマートフォン出荷台数は約２８０３万台で、普通の携帯電話の出荷台数約３２３万台を圧倒している。

日本の携帯電話通信事業者各社がスマートフォンを本格的に売り出したのは２０１０年で、その年の国内販売台数は８５５万台だった。それが、２０１１年には約２４００万台、２０１２年と２０１３年には約３０００万台ものスマートフォンが国内で販売された。わずか４年ほどの間に日本国内だけで１億台近いスマートフォンが販売されたことになる。

＊ フィーチャーフォンあるいはガラケーと呼ばれる。

驚異的な普及速度と言っていいだろう。

スマートフォンは破壊的イノベーション？

日本はスマートフォンが登場する以前から携帯電話大国だった。単に携帯電話が普及していただけでなく、販売されている端末のほとんどは、NECや富士通、日立、東芝、三洋、シャープ、京セラといった日本メーカーの製品だった。

しかし、スマートフォン時代になると状況が一変する。2019年の日本におけるスマートフォンの出荷台数シェアトップは米アップルが圧倒的で約4割、2位がシャープ、3位がサムスン、4位がソニーモバイル、5位が富士通で、これら5社でシェアの8割を占める寡占市場になってしまった（MM総研調べ）。フィーチャーフォンを作っていたNEC、日立、東芝、三洋などは、スマートフォン事業から撤退したり、他社に吸収されたりしてしまった。

あれだけ多機能を誇り、圧倒的な国内シェアを持っていたNECや日立、三洋などの日本メーカーは、なぜスマートフォン時代になって競争力を失ってしまったのだろうか。果たして、スマートフォンは、それまでの携帯電話にとって持続的イノベーションだったのか、それとも破壊的イノベーションだったのだろうか。

私の答えは「スマートフォンは、欧米の携帯電話の顧客に対しては持続的イノベーションだったが、日本の携帯電話の顧客に対しては破壊的イノベーションだった」というものだ。その理由をこれからお話ししたい。

遅れていた欧米と先進国だった日本

スマートフォン登場前の2007年頃、欧米の携帯電話の機能は日本に比べて相当遅れていた。ディスプレイは多くが白黒で、画面も小さい。文字によるコミュニケーションはショートメッセージが中心で、わずか数百文字しか送れなかった。

だから、スマートフォンが登場したとき、人々は携帯端末で電子メールをやり取りできたり、ウェブサイトが見られたりすることに驚いた*。

欧米のそれまでの携帯電話と比べると、スマートフォンは、これまでの通話機能に加え、電子メールやウェブブラウジング、さらには音楽プレーヤー（iPod）の機能までも備えた多機能端末だ。つまり、欧米のシンプルな携帯電話を使っていた顧客から見ると、スマートフォンはこれまでの携帯電話より欲しい機能が増えた「持続的イノベーション」であったと言える。

片や、2000年代の終わり頃まで、日本の携帯電話機は世界最先端を走っていた。一発で機能が呼び出せる専用キーに加え、テンキーやカーソルキーを備え、漢字表示が可能な大型高精細カラー液晶ディスプレイを持ち、カラフルな絵文字も使えた。もちろんカメラも搭載し、

＊ 実際、ジョブズは「トイレでメールが読める端末」が欲しくてiPhoneを思い付いたそうだ。

静止画のみならず動画の撮影も可能で、撮った写真はすぐにフルカラー液晶に表示し、メールに添付して送信できた。

通信データ量が少ないコンパクトＨＴＭＬのブラウザを通じてｉモードやＥＺｗｅｂなどと呼ばれるインターネット機能を使い、銀行振込や路線検索なども可能だった。ＦｅｌｉＣａ機能により財布や定期券、ポイントカード代わりに利用可能な機種、ワンセグテレビ放送の受信・録画・再生機能を備えた機種も多かった。

その頃アラブ首長国連邦の首都アブダビで開催された、湾岸諸国連合の経済発展のための会議で、このような日本のハイテク携帯電話について私が話をすると、聴きに来ていたアラブの首脳たちは、皆目を丸くしてびっくりしていた。

スマートフォンはガラケーに対する破壊的イノベーション

日本の高機能なフィーチャーフォンは現在、「ガラパゴスケータイ」あるいは「ガラケー」と呼ばれている。日本で独自に進化した機器を、海によって他の土地と隔てられたガラパゴス島で独自の進化を遂げた動物たちになぞらえているのだ。

ガラパゴス諸島は、ダーウィンが上陸し、その動物たちを観察して進化論を思い付いたことで有名だ。ダーウィンたちが上陸して近づいても、それまで天敵がまったくいなかったガラパゴス諸島の動物は、人を恐れる様子がなかったという。もしガラパゴス諸島に誰かが外部から肉食動物を持ち込んだら、ガラパゴス諸島の動物たちは瞬く間に餌食にされてしまうだろう。

ガラケーにとってのスマートフォンとは、まさにそうした存在だった。

ただし、進化論では、環境により適したものがより多くの子孫を残し、次第にその生態系の中で繁栄していく「適者生存」に基づいて淘汰が進むのに対し、破壊的イノベーションでは、当初、既存の主要顧客からは見向きもされなかった性能の劣る製品が新しい顧客を獲得し、やがてその性能を向上させて、最後には既存製品の主要顧客をも奪うという「迂回戦法」で淘汰が進む。

2008年、ソフトバンクが日本でiPhoneを発売したとき、ガラケーメーカーの担当者たちは、「日本の高機能な携帯電話に比べると、できないことばかりでまるでオモチャだ」とiPhoneを馬鹿にした。iPhoneには、友達と連絡先をやり取りするための赤外線ポートもなければ、定期券や財布の代わりになるおサイフ機能もない。ワンセグテレビ放送も観られなければ、お風呂で楽しむための防水機能もないなど、当時の日本の携帯には当然のように搭載されていた機能の多くがなかった。

操作面がタッチパネル式で物理キーがないことも、テンキーを使いこなし、画面も見ずに機関銃のような速さでメールを打っていたガラケーのヘビーユーザーからは敬遠された。また、当時のiPhoneはパソコンがないとセットアップすらできなかったことも、パソコンを持たないユーザーにとってはハードルが高かっただろう。

２００８年7月24日付の日本経済新聞に掲載された「3ヵ月以内に携帯電話の購入計画のある消費者３０９人を対象とした市場調査」によれば、次に買いたい携帯電話の操作方法・形状は、6割近くの消費者が「キー操作の折りたたみ式」のガラケータイプで、「タッチパネルのストレート式」のスマートフォンタイプを購入したいと答えたのは、男性で十数%、女性では数%のみであった。

つまり、日本の携帯電話の既存顧客の大部分は、当初、ガラケーより機能も操作性も劣ったスマートフォンを欲しがってはいなかったのだ。

だから、発売当初にｉＰｈｏｎｅに飛びついたのは、ガラケーの主要顧客ではなく、音楽をパソコンに入れて管理し、パソコンでインターネットや電子メールを日常的に使っている、ハイテクマニア層だった。手前味噌だが、１０００枚以上のCDをパソコンに取り込んでｉＰｏｄで聴いていた私も、ｉＰｏｄとガラケーの両方を持ち歩くのにうんざりしていたので、発売されるやいなや真っ先にｉＰｈｏｎｅに飛びついた。

さてここで、クリステンセン教授によるイノベーションの定義を振り返ってみよう。

持続的イノベーションとは、「従来製品よりも優れた性能で、要求の厳しいハイエンドの顧客獲得を狙うもの」である。これに対し、破壊的イノベーションとは、「既存の主要顧客には性能が低すぎて魅力的に映らないが、新しい顧客（やそれほど要求が厳しくない顧客）にアピールするもの」だ。

スマートフォンはそれまでの日本のガラケーよりも機能が低かった（赤外線、ワンセグ、防水、おサイフなどの機能が非搭載）ため、ガラケーの主要顧客には魅力的に映らなかった。しかし音楽プレーヤーやインターネットメールなどの使い勝手が良く、新しもの好きの一部の顧客に受け入れられた。つまりスマートフォンは**日本市場では破壊的イノベーションであった**と言って差し支えないだろう。*

スマートフォンの魅力＝アプリの魅力

スマートフォンをその名前どおり「賢い**電話**」と捉えるとその本質を見誤ってしまう。技術的に見ると**スマートフォンは電話というよりも、むしろパソコンに近い**。「アプリが動き、音楽も聴ける小型タッチ操作式の無線インターネット接続機能付きコンピュータ、ときどき電話」と捉えた方が本質に近い。「通話」はもはや、スマートフォンのOS上で動く、多くのアプリ（用途）の一つに過ぎないのだ。

実際、アップルのｉＰｈｏｎｅに搭載されているｉＯＳは、同社のパソコンのｍａｃＯＳから派生したものだ。このパソコンベースのｉＯＳの設計思想と、同社が提供するＡｐｐ Ｓｔｏｒｅにより、端末メーカー以外の第三者でも、アプリを作って流通・販売し、容易に収益を上

＊ 価格については、スマートフォンの本体価格がガラケーより安いというわけではないが、携帯キャリアの割引などで、事実上0円で購入できる場合も多かったため、同等程度と考えることができる。

げることが可能となっている。

iPhoneのアプリを開発する上で必要なのは、「マッキントッシュパソコン」とアップルが無償で配布している開発環境「Xcode」の2つだけ。作ったアプリを実機で動かしたり配布したりしたければ、「iOSデベロッパー・プログラム」に登録すれば良い。

この「誰でもアプリを作ることができ、アップルが安全性などをチェックしてストアに並べ、売上を回収して制作者にお金を分配する」というエコシステムが、多種多様な開発者による様々なアプリの供給を促し、それによってiPhoneでできることが増え、iPhoneを持つことの魅力を高め、巡り巡ってアップルの収益に貢献しているのだ。

「必要は発明の母」と言うが、キーボードがない、ワンセグが受信できない、防水でないといった欠点も、iPhoneが普及するにつれて、それを補う無線接続の小型キーボードやキーボード内蔵式のケース、ドッキングコネクターに差すワンセグチューナーや自宅でテレビを録画してiPhoneに配信してくれる機器、お風呂でも使える防水ケースといったアクセサリーがサードパーティーから登場したことで解消された。

また、ユーザーの数だけ違ったニーズがあっても、アップル以外の多数の開発者が提供するアプリがほとんどのニーズに応えてくれる。ニーズに合うアプリがなければ、自分で作ることも可能だ。

これこそがスマートフォン、すなわち手のひらに載るコンピュータ・プラットフォームの本質的な魅力なのだ。

エコシステムづくりの巧拙が勝負を分けた

アップルは、iPodとともに音楽の販売サイトであるiTunes Storeを世界最大の音楽・映像配信サイトに育て上げ、ハードウェアだけでなく音楽や映画などのソフト販売でも収益を得るビジネスモデルを構築した。そしてiPhoneでは、同じApple IDを使って、スマートフォン用アプリ流通のプラットフォームを構築している。

アップルは、iPhone用に作られたアプリを受け取ると、その動作を確認して個人情報を抜き取るなどの不適切な振る舞いがないかどうかチェックした上でApp Storeに載せる*。

そして、App Storeを通じて世界の175の国と地域にアプリを流通させ、クレジットカードや中国銀聯カード、iTunesカードなどで代金の決済を行い、開発者にその売上の多くを還元している。アップルは2008年のApp Store開始以来、2020年までの約12年間に1550億ドル（1ドル110円換算で17兆円）を開発者に還元し、アメリカ国内だけで190万人の雇用を支えている（注12）。

このように、アップルは「エコシステムづくり」がうまい。もう少し下世話な言い方をすれ

＊ 携帯電話は、アドレス帳や位置情報、課金情報など、重要な個人情報の塊だ。スマートフォンのアプリはパソコン向け以上に厳しくその振る舞いをチェックされるべきである。

ば「人のふんどしで相撲を取る」のがうまいと言い換えても良いだろう。

「オープンイノベーション」の提唱者であるヘンリー・チェスブローも「私の娘はアップルのファンで、よく近くのアップルストアに一緒に行きますが、そこで驚くのは、売られている商品の多くがアップル以外の企業が作ったものだということです。つまりアップルはビジネス・プラットフォームを作ることで、アップル以外の企業がリスクを取って開発・製造した商品によって、アップル製品を所有することの魅力を何倍にも高めるよう仕向けているのです」と語っている(注13)。

エコシステム構築のためにアップルが「やらない」こと

「神は細部に宿る」と言うが、アップルは自社の製品を組み込んだエコシステム構築のため、細部にまで大変よく考えられた戦略を採っている。

その一つが販売している機種の数が極端に少ないという点だ。スティーブ・ジョブズが復帰してからは、パソコン市場をプロとコンシューマーの2種類、パソコンの形態をデスクトップとノートブックの2種類という合計4つのセグメントに分け、それぞれのセグメントにおけるモデル数を徹底的に絞り込んだ。

iPhoneも、6sまでは基本的に同一の機種を全世界で販売するという戦略を採っていた*。この戦略は、大量調達によってコスト競争力を向上させるとともに、ｉＰｈｏｎｅ一機種当たりの普及台数が膨大になるため、アクセサリーやアプリを開発・販売するメーカーを引き寄せる結果につながっている。

日本国内市場のみで販売されているアンドロイドスマートフォンでは、販売台数がせいぜい数万台から数十万台程度にとどまるものが多い。一方、全世界のマーケットに対してほぼ同じ機種が販売されるｉＰｈｏｎｅは、一つの機種が数千万台も普及している計算になる。

もしスマートフォン用ケースで一旗揚げたいと思ったら、どちらの機種用の製品を作ればいいかは自ずと明らかだろう。事実、ｉＰｈｏｎｅ用ケースはとても種類が豊富で、家電量販店のスマートフォン用ケースのコーナーにおいて圧倒的に広い面積を占めている。

アプリ作成者にとっても、端末の普及台数が膨大で、その機種の多くが最新版のＯＳを搭載しているｉＰｈｏｎｅは大変魅力的だ。一つのアプリを開発すれば、全世界の9億人のｉＰｈｏｎｅユーザーが買ってくれる可能性があるからだ。一攫千金も夢ではない。アングリーバードというシンプルだが面白いゲームが世界的に大ヒットして、従業員数が10人から２５０人にまで増え、上場を果たしたフィンランドのソフトウェア企業、ロビオ・エンタテインメントなどが良い例だ。

＊内蔵する電波レシーバーによって国ごとの細かい違いはある。

アップルにお株を奪われてしまった日本企業

残念なのは、端末の普及拡大によりコンテンツベンダーが儲ける機会を提供するエコシステムの発想も、ソフト販売の場所と決済機能を提供することでソフトメーカーと共存共栄を図るプラットフォームビジネスの試みも、日本企業がオリジナルだという点だ。

例えば任天堂は、ファミリーコンピュータを開発する際に当時の山之内社長の「本体価格を1万円以下にせよ」という厳命があったことで、定価1万4800円という、当時としてはとんでもなくコストパフォーマンスの良いゲーム専用機を誕生させた。

本体がそんなに安くては、その販売から多くの利益は期待できない。では、任天堂はどのようにして儲けたのだろう。

任天堂は、ハードで儲ける代わりに、ゲームソフトを作成した企業からファミコン用ROMカセットの製造を受託し、ゲームソフトが売れれば売れるだけ儲かる仕組みを作ることで利益を得たのだ。

つまり、アップルがiPhone用アプリの流通をApp Store経由のみに制限し、そこに並べたアプリの売上の一部から利益を得るというビジネスモデルは、任天堂がファミコン用のROMカセットの生産を一手に握り、その受託生産・販売から利益を得ていたのが手本なのだ。

ちなみに、ソニーは、家庭用ゲーム機市場に参入する際、任天堂の弱みを突いて成功した。ファミコン用ROMカセットは、最小生産ロットが1万本程度と大きく、生産に要する期間も長かった。ソニーは、ソフトのパッケージとしてCD－ROMを採用することで、1桁小さいロットで素早く生産できるようにしたのだ。*

ソニー・コンピュータエンタテインメントは、家庭用ゲーム機進出に際し、ソフトで儲けるプラットフォームを構築するため、目標普及台数を100万台とし、米LSIロジックにプレステ用CPUを100万個発注して調達コストを下げることで、他のメーカーの機器が6万円前後だった当時、その半額の2万9800円という価格設定を可能とした。そして、その圧倒的な普及台数（インストール・ベース）をてこに「ドラゴンクエスト」などの有力アプリを任天堂のプラットフォームから「移籍」させることに成功したのだ。

また、ソフトの課金代行で儲けるビジネスモデルは、NTTドコモのiモードが先鞭をつけた。

読者の中にも、「着メロ」などのコンテンツ料金を携帯電話料金と一緒に払っていた経験のある方は多いはずだ。ビジネスモデルを考えるときに、「どうやってお客の財布を開かせるか」は最も重要な要素だが、携帯電話料金を毎月受け取っている通信キャリアは、決済機能の提供において、最初から非常に有利な立場に立っていたことになる。

だからこそ、課金・決済の仕組みをキャリアから奪うiPhoneの販売にドコモが最後ま

* ゲームのヒットは、事前に予想しにくい。そのため、最小ロットが1万本のROMカセットではどうしても大作の続編やシリーズものなど、安定したヒット狙いの作品が中心にならざるを得ない。予想外の大ヒットならソフト増産が間に合わず欠品して機会損失が発生するし、売れ残ると大量の在庫を抱えることになる。つまり、ソフトメーカーにとってリスクの大きなビジネスだった。プレイステーション用のCD－ROMソフトでは、最小生産ロットが小さいため、売れるかどうかわからないゲームでも小ロットで発売するという冒険ができ、しかも増産が容易だった。それが、「パラッパラッパー」のような前例のないタイプのゲームのヒットへとつながったのだ。

で抵抗したのだろう[*]。

インベンターよりもイノベーターが生き残る

これまで見てきたように、ハードウェアを廉価にし、大量に普及させることで、そのハード上で動作するアプリを開発する企業に魅力的な環境を整えるというプラットフォーム戦略も、コンテンツの決済を代行して開発者に還元することで、より魅力的なコンテンツを多数取り揃え、プラットフォームの魅力を高めるというビジネスモデルも、アップルのオリジナルではなく、元はと言えば日本企業が生み出したアイディアだ。

パソコンOSでマイクロソフトと覇権を争っていた時代、アップルのソフトウェア開発者に対する支援体制はあまり上手とは言えなかった。マイクロソフトの方が、ソフトウェア開発環境の提供などにおいてアップルをはるかに上回っていた。

つまりアップルは、パソコン時代の失敗を反省し、他社の優れたアイディアを取り入れてビジネスモデルを構築したのである。アップルのCEOだったスティーブ・ジョブズも「**優れた芸術家はまねをし、偉大な芸術家は盗む**とピカソは言った。だからすごいと思ってきた様々なアイディアをいつも盗んできた」と語っている(注14)。

振り返れば、アップルが2番目に成功させた商品である「マッキントッシュ」も、ゼロック

＊ 他にも、NTTが持つ知財に関して争いがあったという噂もある。

スのパロアルト研究所が開発していた「アルト」というワークステーションから発想を得ている。マッキントッシュを特徴付けるビットマップディスプレイや重ね合わせできるウインドウ、マウスの利用、画面で見たままを印刷できる「ＷＹＳＩＷＹＧ（What You See Is What You Get)」の概念は、どれもパロアルト研究所で生まれたものである。

アップルはこうしたアイディアを、パーソナル・コンピュータとして商品化し、世界に広めた。つまり、インベンターはゼロックスだったが、イノベーターはアップルだったのだ。

優れた企業には優れたアイディアを取り入れる学習能力が備わっている。企業がイノベーションで競い合う時代には、自社だけでなく他社の優れたアイディア（インベンション）をもいち早く取り入れ、それを自社のイノベーションとして実現させられる**オープンイノベーション能力を持ち、他社と共存共栄のエコシステムを構築できる**企業だけが生き残ることができるのだろう。

7章

自らを破壊することで生き残る

――デジタルカメラの変遷

破壊的イノベーターだったジョージ・イーストマン

「昔、写真撮影には、たとえ日帰りでもテントを持っていく必要があった」と言ったら信じてもらえるだろうか。

なぜなら、1880年頃まで、写真を撮るにはまず撮影現場でフィルムの役割を果たす「ウェット・プレート（湿板）」を作る必要があったからだ。ウェット・プレートは、暗室の役割をするテントの中で、レントゲン写真に使うような大きな四角いガラス板の上にエマルジョン（感光乳剤）を薄く回し掛けて作成した。それを感光しないように気を付けながら写真機にセットするまでの一連の作業のため、写真撮影には暗室を作るテントが必要不可欠だったのだ。

ウェット・プレートが入った大きな木箱製のカメラを、機関銃でも据え付けられそうな頑丈な三脚の上に載せ、写したい対象に向けてレンズのキャップを取れば、撮影開始だ。1秒、2秒、……レンズに再びキャップがされるまで、撮影される側は動くことはもちろん、表情を変えることすら御法度だった。

撮影が終わるとまたテントの暗室に戻って、暗い中で撮影済みのウェット・プレートをカメラから取り出し、すぐさま現像液に浸ける。そして、新しいウェット・プレートを作成してカメラにセットする、というのが写真撮影の一般的な光景だったのだ。

つまり、19世紀末ごろの「写真家」とは、「撮影の準備のためのウェット・プレートを作れて」、「適切な構図と露出時間とピントを決められ」、「撮影したらすぐに現像できる」人のことだった。ご明察のとおり、それらの一連のタスクをこなすには、かなり多くのスキルが必要だった。

パソコン黎明期のゲームは、「マイクロプロセッサやメモリのハードウェアについての知識があり」、「それらを組み合わせてパソコンシステムの設計ができ」、「機械語やアセンブリ言語を駆使してゲームソフトが書ける」人でなければ遊ぶことができなかった。よほどのマニアでない限り、そこまでしてパソコンでゲームをしようと思う人は少ないだろう。

1880年頃までの写真術も同様だった。それでも、当時アメリカの銀行員だったジョージ・イーストマンは、不動産への投資に役に立ちそうだからと写真機を購入した。しかし、その操作方法のあまりの難しさから、わざわざ写真家にお金を払ってレッスンを受けて、写真術をマスターしなければならなかったそうだ。

イーストマンによる最初のイノベーション

さて、普通の人なら、いったんこうした写真の撮り方をマスターしたら「写真撮影とはそういうものだ」という考えに凝り固まり、わざわざそれを改良しようなどとは思わないだろう。

しかし、ジョージ・イーストマンは違った。彼は、ヨーロッパではウェット・プレートをゼラチンで覆った「ドライ・プレート（乾板）」なるものが使われているという記事を雑誌で目にし、自分でも作ってみようと思い立つ。

ジョージ・イーストマンは、昼は銀行員、夜はドライ・プレートの作成という生活を3年ほど続け、1880年に、ドライ・プレートそのものと、それを大量に生産する機械の両方の特許を取得した（注15）。彼の作ったドライ・プレートはすぐに評判となり、ニューヨークの大手写真店が扱ってくれるようになった。そして、重役の親戚が先に出世したことに腹を立てた彼は銀行を辞め、1884年にイーストマン・ドライ・プレート・アンド・フィルムを設立した。

このジョージ・イーストマンが起こしたウェット・プレートからドライ・プレートへの写真術のイノベーションは、クリステンセン教授の分類に則れば「持続的イノベーション」だ。なぜなら、ウェット・プレートの主要顧客が重視する性能のうち、まだ不十分だった「使い勝手」を改良したものであり、ユーザーもウェット・プレートと同じプロの写真家だったからだ。

ローラーホルダーで賞はもらったけれど……

写真の世界に破壊的イノベーションを起こしたのは、イーストマンの次のアイディア「ローラーホルダー」の発明だ。

それまでの写真撮影は、1枚撮影するたびに感光材料を塗ったガラス板をカメラから入れ替える必要があった。我々がレントゲン撮影をしてもらうときに、1枚撮るごとに技師の人がやってきて、何やら大きな四角い板を入れ替えるが、あんな感じだ。交換に手間はかかるし、ガラスプレートは重くてかさばり、壊れやすかった。

そこでイーストマンは、感光材料をガラス板ではなく何か柔らかいものの上に塗り、それをロール状に巻いてカメラの中に収めれば、撮影し終わったフィルムを巻き上げるだけで、何枚でも連続して写真を撮影できると思い付いた。

このアイディアは高く評価され、賞までもらった。

しかし、プロ写真家からの評価は散々だった。ローラーホルダーを搭載したカメラは「画質が粗く、使い物にならない」と酷評されたのだ。さて困った。どうしたものだろう。

正攻法のアプローチは、「何が何でも画質を改良し、プロカメラマンの使用に耐え得るものにする」というやり方だ。日本企業の多くはこのアプローチを採用するだろう。

しかし、ジョージ・イーストマンは、まったく別のアプローチを採った。「プロがダメなら、アマチュアに売れればいいじゃないか！」と考えたのだ。

「KODAK」という新しいブランドの誕生

イーストマンはこのアイディアを具現化するため、近所に住んでいたボシュとロムの2人の技師にレンズの作成を依頼し、細工師に木箱の作成を依頼し、機械工にシャッターの製作を依頼した。こうして、ローラーホルダーに納まった紙フィルムが内蔵され、レンズとシャッターが付いた、黒くて四角い箱「KODAK」が誕生した。

その黒い箱は、驚くほどシンプルだった。フィルムを巻き上げるためのつまみが一つと、シャッターをリセットするためのひも、それにシャッターの押しボタン。操作できるものはその3つだけだ。今のカメラでは当たり前になっているファインダーすら付いていないし、ピント合わせもできない。

利用者は、撮りたいものの大体の方向にKODAKを向けて、シャッターボタンを押す。たったこれだけ。

写真用語で「スナップショット」と言えば、あまり深く考えずにバシバシ写真を撮ることを指すが、元は狩猟用語で、よく狙わずに銃を素早く撃つことから来ている。このKODAKというカメラには、そもそも狙いをつけようにもファインダーがなかった。だから当てずっぽうで撮るしかない。こうして「スナップショット」は写真用語になったのだ。

誰でもシャッターボタンを押すだけの簡単な操作で、そのままでは消え去ってしまう思い出の瞬間を写真として残せるようになったことに、人々は驚嘆した。

勝利の方程式とも言うべきビジネスモデル

イーストマンの考え出したKODAKのセールスコピーは、「ユー・プレス・ザ・ボタン。ウィー・ドゥー・ザ・レスト（あなたはシャッターを押すだけ、あとは当社にお任せください）」であった。レンズ付きフィルム「写ルンです」が登場したとき、我々は「何て簡単に写真が撮れる斬新で画期的な製品なんだ！」と驚いたが、実は、100年も前の製品の復刻版に過ぎなかったのだ。

写真を撮り終わった顧客はカメラをイーストマン・コダック（1892年に社名変更）に送って10ドル払うと、コダックはカメラに入っている撮影済フィルムを現像し、印画紙に焼き付けた100枚の写真と、新しいフィルムを装填したカメラとを送り返す。

勘のいい読者はお気付きだろう。これは勝利の方程式とも言うべきビジネスモデルだ。ひとたび顧客が自社製品を購入してくれさえすれば、その後はサプライ品で永久に儲け続けることができるからだ。ひげそりと替え刃、コピー機とメンテナンス、インクジェットプリンタとカートリッジ、ジェットエンジンと交換用タービンブレードなど、この勝利の方程式に当てはまるビジネスは数多い。

中でもKODAKのビジネスモデルが強力なのは、技術が完全にこの「黒い箱」の中に密閉されていて、利用者からのアクセスがほぼ不可能な点にある。インクジェットプリンタなどの場合、形状やインターフェースが純正品と同一の互換カートリッジを安く提供することで、他社がプリンタメーカーのビジネスモデルを侵食できる。しかし、KODAKのように、中を開けるとこれまでに撮った写真がすべてダメになってしまうのでは、手も足も出ない。

KODAKは、これまで写真を「無消費」だった一般大衆に、自分で撮影して簡便に思い出を残すというかけがえのない便益を提供した。しかも、自社でしか現像焼き付けとフィルムの再装填ができないため、アフターサービスの利益を独占できる。極めてよく考えられた新市場型の破壊的イノベーションであった。

彼はまた、この黒い箱に「KODAK」という、世の中にこれまでなかった力強い名称を付けた。「誰でも簡単に思い出を記録に残す」という体験が**KODAK**というブランドと深く結び付いたのだ。これは、**ウォークマン**という珍妙な和製英語に「好きな音楽を好きなときにどこでも楽しむ」という体験が強く結び付いたり、**写メール**という言葉に「ケータイで写真を撮って共有する」という楽しい体験が結び付いたのと同様だ。

こうして、高校を中退して銀行の事務員として働き始めた工作好きの少年、ジョージ・イーストマンは、数々のイノベーションによって世界有数の億万長者となり、地元のロチェスター市に音楽ホールや図書館を、MITには多額の寄付をするまでに功成り名遂げたのだ。

世界の覇者、コダックを破壊したものは……

コダックはその後、世界大恐慌やセルロイドフィルムに関する特許紛争を乗り越え、1900年にはKODAKの廉価版とも言うべきカメラ「ブローニー」を1ドルで発売して大ヒットさせ、大いに発展した。カメラ本体の競争が激しくなるにつれて徐々にその事業の軸足を写真用フィルムに移していったが、写真用フィルムの世界シェアは90%以上と圧倒的だった。

しかし、盛者必衰の理ではないが、そんなイーストマン・コダックも2012年1月、米連邦破産法11条（日本の民事再生法に相当）の適用申請を行い、実質的に破綻してしまう。かつての「写真フィルムの巨人」は、今では大幅なリストラを経て法人向け商業印刷などを柱とする企業に生まれ変わり、昔日の栄光は見る影もない。

コダックを破壊したのは、実はコダックの社員だったスティーブン・サッソンが1975年に世界で初めて発明していた**デジタルカメラ**だ。クリステンセン教授の「新技術に積極的に投資し、顧客の声にも進んで耳を傾けていた既存企業が、正しい経営を行うがゆえに破壊されてしまう」という言葉が脳裏に蘇る。

一方、コダックと同じように写真用フィルムやカメラを作っていた富士フイルムはいまだにビジネスを続けている。なぜ両社の運命は大きく分かれてしまったのだろうか。

優良企業が陥りがちな「キャピタリストのジレンマ」

富士フイルムホールディングスの古森重隆代表取締役会長・ＣＥＯは、２０１３年の世界経営者会議の講演で、自社の経験を踏まえて、経営者にとっての「変化を受け入れ対応する勇気、変化を先取りする力」の重要性を強調した。

古森はライバルだった米イーストマン・コダックが米連邦破産法11条を申請した理由について問われると、Ｍ＆Ａ（合併・買収）に力を入れて技術を外から買おうとしていたコダックに対し、富士フイルムは「短期的には経営の数字を悪くしても、地道に自前の技術を育てるために経営資源を振り向けてきた」と語っている(注16)。

この「変化を受け入れ、先取り」して新しい市場を開拓することや、「経営の数字を悪くしても地道に自前の技術に資源を振り向ける」ことを、現代の経営環境で行うのは並大抵のこと

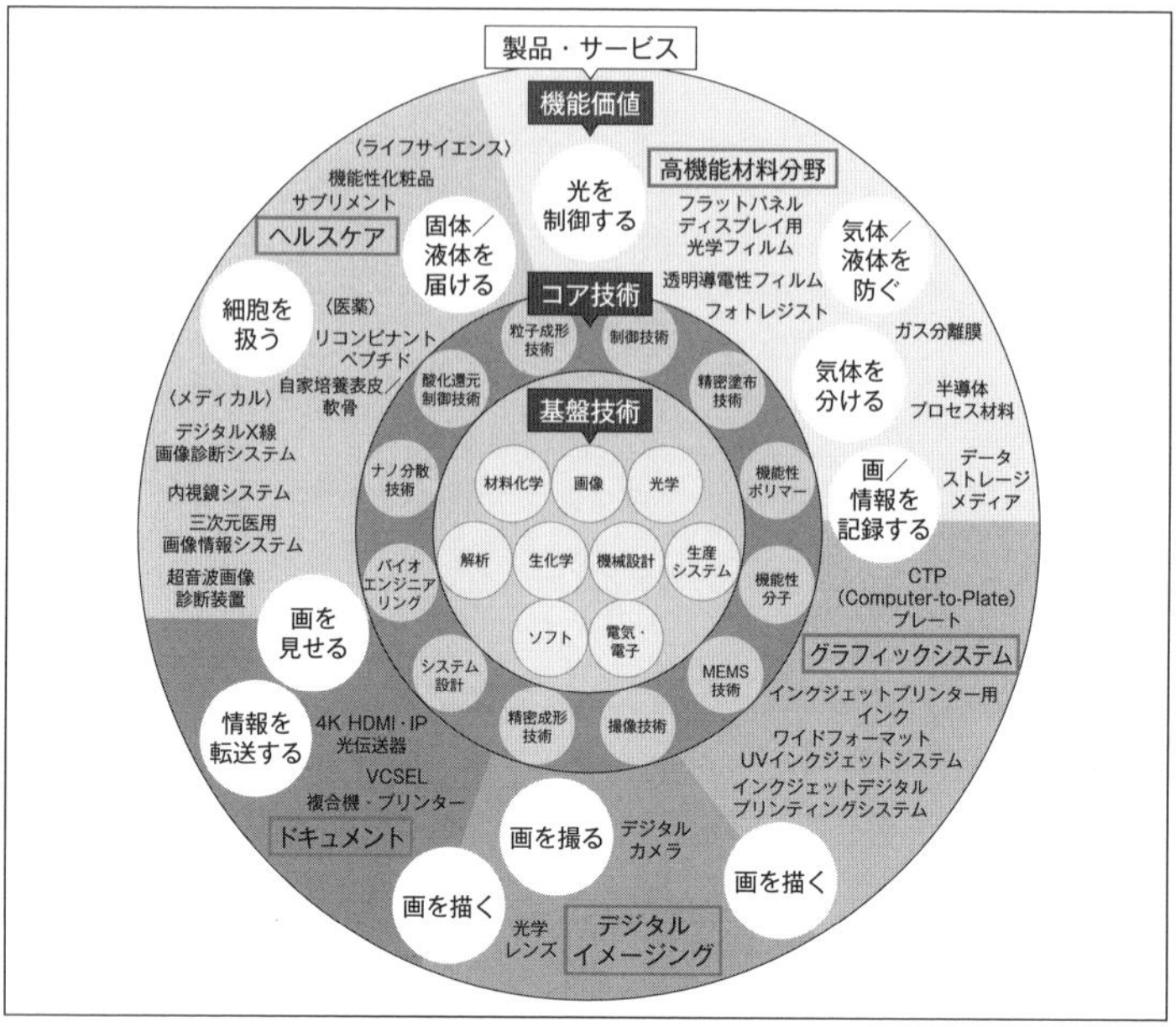

富士フイルムの技術群
出典：富士フイルムのホームページ

ではない。いずれも、短期的には収益を引き下げ、株主の意向に逆らうことになりかねないからだ。

　クリステンセン教授は、投資収益率に関するファイナンス指標が投資判断で幅をきかせるようになってから、「短期的に収益が見込まれる既存製品の改良＝持続的イノベーション」に企業の投資が偏り、「長期的には大きな市場を創り出すが、見通しが不確実な新市場の開拓＝破壊的イノベーション」に対する投資が行われにくくなっていると指摘する。彼は、この現象を「キャピタリ

「世界は資本であふれている。資本コストはゼロに近い状態だ。にもかかわらず、企業は純資産を増大させる市場創造の（破壊的）イノベーションに投資を振り向けるのに苦労しているようだ」（カッコ内は筆者）

キャピタリストのジレンマ

ストのジレンマ」と名付け、上のように述べている。

どうして現代の企業にとって、市場を創出する新市場型の破壊的イノベーションへの投資が難しくなってきているのだろう。

それは、無重力空間に浮かんでいて船長が自由自在に操れる宇宙船と違って、企業はＣＥＯが思うがままに操れるものではないからだ。

クリステンセン教授も指摘するように、ＣＥＯは、投資家や顧客が喜ばない製品やサービスの開発をするように経営の舵を切ることは極めて難しい。ちょうど、映画「２００１年宇宙の旅」で、宇宙船のコンピュータＨＡＬ（株主）が、船長たち（経営陣）を「（株主利益の最大化という）ミッション達成の邪魔者」と「合理的に」判断し、殺して排除しようとしたように、「合理的」な意思決定を重視する企業であればあるほど、投資家や既存顧客の要求に逆らうことは困難だからだ。

当初、主要顧客に見向きもされなかったデジタルカメラ

さて、世界で最初に「市販」された「電子カメラ」は、1986年にキヤノンから発売された「RC−701」*だと言われるが、それはシステム一式で500万円という価格で、とても一般向けの製品とは言い難いものだった。

1988年には、富士写真フイルム（当時）から世界初のデジタルカメラ「DS−1P」が発売される。このDS−1Pは、画素数が約35万画素で、電池でバックアップされた18メガビット（約2メガバイト）のRAMに、5枚から10枚の画像が記録できた。

ちなみに写真用35ミリフィルムの画質は、ASA100の低感度・高画質フィルムで約600万〜1000万画素に相当する（注17）ので、登場したてのデジタルカメラの35万画素という画質は、フィルムカメラには到底太刀打ちできない、まさに「オモチャ」のようなものであった。

だから、初期に購入したのは、デジタルカメラの「現像不要ですぐに見られる」「電送が可能」といった、画質とは別の特質にメリットを見出した一部のユーザーだった。例えば、羽田の整備工場に整備箇所の写真を電送して確認する必要があった航空会社の北海道の整備工場や、全国的なオークション・ネットワークなど、特殊なニーズを持ったビジネス顧客である。

* この「電子カメラ」は電気的に撮影した映像をアナログ方式で記録していた。

つまり、デジタルカメラは、フィルムカメラの主要顧客であるプロカメラマンやハイアマチュアには見向きもされなかったが、デジタルならではの特質によって、フィルムカメラとは別の新しい顧客を獲得したのだ。

どこかで聞いたような話ではないだろうか。そう、デジタルカメラは、「新市場型の破壊的イノベーション」だったのだ。

ちなみに初期のデジタルカメラの中には、1994年にコダックが製造し、アップルが販売した「Quicktake 100」という機種もあった。この製品はマッキントッシュ専用で、インターネットの普及もまだ十分でなかったためか、残念ながら大ヒットにはつながらず、コダックでデジタルカメラがメインストリームのプロダクトになることはなかった。

年が明け、Windows95が発売された1995年になると、メーカーの動きがにわかに慌ただしくなる。オリンパス、チノン、富士写真フイルム（当時）、ニコンといった光学機器メーカーだけでなく、カシオ計算機やリズム時計工業といったカメラ以外のメーカーが次々にデジタルカメラを市場に投入したのだ。

「闇研」から誕生したカシオのQV-10

中でもカシオ計算機が1995年に発売した「QV-10」は、当初月産3000台の予定が月産3万台になり、その年だけで20万台を売り上げる大ヒットとなった（注18）。

実はQV－10の開発を担当したカシオの末高弘之には「前科」があった。かつて、カシオも他社同様CCDの画像をフロッピーディスクに記録してテレビで観るという「電子カメラ」を発売したのだが、同じようなメカニズムで音声付き動画が撮れるビデオカメラに太刀打ちできずに惨敗し、開発グループが解散の憂き目に遭っていたのだ。

しかし、末高はへこたれず、他社の技術者仲間にも励まされて、通常業務のかたわら、「闇研」でデジタルカメラの開発を進めていた*。

1990年代初頭と言えば、画像のデジタル処理技術が大きく進歩した時期である。日本主導の画像データの標準規格であるExifはすでに国内標準となり、世界標準として提案されていた。画像の記録もフロッピーディスクではなく東芝の桝岡らによって発明されたフラッシュメモリを使うことでメディアの小型化が可能になった。デジタルカメラの開発は、こうした要素技術が成熟してきたからこそ可能になったのだ。

さて、カシオの末高はデジタルカメラの開発をこっそり進めていたが、闇研であるがゆえに実験や試作のための材料の入手は困難を極めた。およそモノづくりに最適とは言えない現場で実験を繰り返し、やっと試作機を2台完成させた。

汎用部品の寄せ集めで作った試作機は、「熱子（あつこ）」と「重子（おもこ）」というあだ名が付けられていたそうだ。その大きさは約10年前に発売した電子スチルカメラをも上回り、

＊ フラッシュメモリの発明も東芝の桝岡が、昼間はDRAMの製造の仕事をしながら夜や休日に自宅でアイディアを考え、特許の明細書を書いたそうだ。JVCケンウッドのウッドコーンスピーカーも同様に時間外の活動から生まれている。ただし最近は、勤怠管理や施設のセキュリティが厳しくなってきたため、こうした「闇研」はやりにくくなっており、勤務時間内で行えるようなマネジメント上の工夫が必要だ。

重さも約3キログラムあり、大量の電気を消費するために車用のバッテリーをつながなければならず、すぐに高熱になって10分ほどでオーバーヒートしていたためである。

QV−10は、デジタル版KODAK

当初、カシオのQV−10の試作品には、カメラと同じくファインダーが付いていた。だが、ファインダーを内蔵すると内部が熱くなりすぎて、ファンを内蔵しなければならない。そのため、開発途中でファインダーを外した。

ファインダーがないと、どんな写真になるかが撮影後でないとわからない。そこで、ちょうど発売したばかりのポータブル液晶テレビにつないで撮影した画像を映した。すると、モデルになった女性社員が液晶画面を見て、「すごい、すぐ見られるの!?」と感嘆の声を上げた。

「シャッターはきちんと下りるか」「バッテリーはもつか」など、技術のことしか頭になかったメンバーは、純粋なユーザーとしての女性社員の感想に驚いた。「変な顔だから消して」「この顔、面白い!」と撮った直後に液晶画面を見ながら、ワイワイ談笑する。開発した末高は「これは、新しいコミュニケーションツールになるかも」と実感したそうだ。

こうして、液晶モニター内蔵デジタルカメラQV−10の仕様は固まっていった。

末高らの「闇研」は商品企画担当者の知るところとなり、その人の尽力により、当時カシ

カシオＱＶ－10
提供：カシオ計算機

オが力を入れていたポケットテレビに付属させる案で、デジタルカメラの製品化が急浮上する。１９９３年、「カメラ付き液晶ポケットテレビ」の研究開発費として、ついにデジタルカメラの予算化が認められた。専用のＬＳＩ（大規模集積回路）を開発することで、３キロもあった試作品とは比べものにならないほど小型のデジタルカメラが完成した。

その頃ちょうど普及し始めたパソコンを家電店の店頭で見た別の元メンバーが、「パソコンと連動させてみてはどうだろう」と提案する。それを聞いた末高も「パソコンに画像を取り込むことができれば、可能性が広がる」とひらめくものがあった。そこで、デジタルカメラの端子から、撮影した画像を直接パソコンに取り込めるようにした。

紆余曲折の末、「液晶付きデジタルカメラ」が仕上がったのは、１９９４年のことだった。末高はパソコン大国のアメリカに飛び、コンシューマー・エレクトロニクス・ショー（CES）で反応を見ることにした。来場者の顔を持参したデジタルカメラで撮り、パソコンにつないで即座に見せた。すると客は驚きの声をあげ、「いつ発売するのか」と迫ってきた。発売前にQV－10を見たマイクロソフトのビル・ゲイツは「パソコンと対等なパートナー」とまで言ったそうだ。

デジタルカメラは、パソコンの周辺機器ではない。パソコンがなくても、それだけで商品として成り立つし、パソコンにつなぐと互いの利点を高める。ゲイツからのうれしい言葉などにより、日本での発売前に、パソコン大国アメリカでQV－10の注目度が急上昇したのだ。

発売に先駆けて行われたプレス発表後、いち早くパソコン関連雑誌が紹介記事を掲載した。大がかりなキャンペーンを打たなかったにもかかわらず、雑誌でその存在を知ったパソコンユーザーたちは1995年3月の発売開始直後に飛びついた。ユーザー同士の口コミやインターネットの「掲示板」で、瞬く間にその名が知れ渡っていき、店頭で売り切れ状態が続く。1987年の電子カメラの失敗を補ってなお余りある大ヒットとなった。

フィルムカメラを「破壊」したデジタルカメラ

1988年の発売当初、35万画素のデジタルカメラの画質は1000万画素相当のフィルムカメラに比べて圧倒的に劣っていた。撮影枚数も、最高画質では5枚と、最大36枚撮影できる35ミリフィルムより格段に少なかった。だから、既存のカメラの主要顧客であるプロカメラマンやアマチュアカメラマンの大半は、デジタルカメラに見向きもしなかった。

そんなデジタルカメラが捉えた初期の顧客は、速報性を何よりも重視する報道カメラマン*と、パソコンに画像を取り込みたいマニア層という、既存顧客とはまったく異なるニーズを持つ新しい顧客だった。

そして、クリステンセン教授の理論どおり、デジタルカメラで市場を牽引したのは、既存のカメラメーカーのニコンやキヤノンなどではなく、外部からやって来たカシオ計算機だった。

その後、国内外の多くのメーカーがデジタルカメラ市場に参入し、やがてCCDやCMOSなどの受光素子の性能が向上してフィルムカメラに追い付くにつれ、フィルムカメラメーカーであったニコンやキヤノンも本腰を入れてデジタルカメラ市場に参入する。そして、レンズ交換が可能な一眼レフを頂点とする「デジタルカメラピラミッド」が形成されたのだ。

ミラーレス一眼は破壊的イノベーションか？

日本メーカーが世界で圧倒的なシェアを占めているデジタルカメラ市場に異変が起きている。2012年以降、デジタルカメラの売上台数や金額が急激に落ちているのだ。

＊ 彼らにとってデジタルカメラは、画質こそ低いが速報性でフィルムカメラを上回る持続的イノベーションだった。

２０１１年頃までは年間1億台以上出荷されていたのが、２０１９年には、ピークだった２０１０年の2割程度にまで出荷台数が落ち込んでいる。レンズ交換式カメラの比率が増えたことで1台当たりの平均単価は上昇しているが、出荷金額で見ても4分の1にまで落ちている。

その原因は、スマートフォンにある。スマートフォンに搭載されているカメラの画質が劇的に向上してコンパクトデジカメに肩を並べ、ネットとの親和性や画像の処理能力、画面の大きさ・鮮明度などではコンパクトデジカメを大きく上回る水準になってきたからだ。

スマートフォンは､常時ネットワーク接続しているので、いつでもどこでも写真をＳＮＳサービスにアップしたりメールに添付したりして共有できる。今や我々は、写真を撮るのも、見るのも、友人と共有するのも、すべて「スマートフォンだけで十分」な状況になっているのだ。

スマートフォンの直撃を受けたレンズ一体型デジタルカメラの販売状況は悲惨で、２０１９年の出荷台数は８７６万台と２００８年のピーク時の94％減だ（ＣＩＰＡ調査）。

では、日本メーカーが世界でほとんどのシェアを持ち、デジタルカメラピラミッドの頂点に君臨するレンズ交換式一眼レフデジタルカメラは安泰なのだろうか。また、近年頭角を現してきたミラーレス一眼とはどのような存在なのだろう。

これらの問いに答えるため、デジタルカメラメーカーの将来を、クリステンセン教授の理論というレンズを通して予測してみたい。

一眼レフ市場参入が悲願だったパナソニックとオリンパス

デジタルカメラの重要な構成要素には、人体にたとえると「網膜」に当たるCCDやCMOSセンサー、その「頭脳」に当たる半導体素子やフラッシュメモリ、そして「眼球」に当たるレンズがある。レンズの設計・製造には非常に高度な技術が要求され、これが既存のフィルムカメラメーカーの大きなコア・コンピタンスであり、競争優位の源泉となっている。

キヤノンやニコン、ミノルタ（後にソニーに吸収）は、フィルム一眼レフカメラ時代に、レンズシステムのオートフォーカス化に成功しており、デジタル一眼レフカメラのボディにも、その膨大なレンズ資産がそのまま活用可能だ。そのため、すでにそれらのメーカーのレンズを何本も持っているユーザーにとっては、同じカメラメーカーのデジタル一眼レフボディに移行するのが最もコストパフォーマンスが良く、自然な流れだ。*

つまり、キヤノンやニコンといったフィルム用一眼レフオートフォーカスカメラを製造していたメーカーは、デジタルカメラ時代になっても、自らの顧客をしっかり捕まえて（ロックインして）おくことができた。キヤノンやニコンにとってデジタルカメラとは、フィルムカメラの既存ユーザーが重視する性能にデジタルカメラが追い付いて、フィルムカメラに対する持続的イノベーションが可能な水準に達するまで、本腰を入れて参入すべき対象ではなかった。

* 最初にあるメーカーの一眼レフボディを買う↓交換レンズをそのメーカーの規格で揃える↓そのメーカーのボディに買い換えざるを得なくなる……という蟻地獄のようなビジネスモデル。良い写真を撮りたいと夢見て次々にレンズを買い足してしまうユーザーの状況を「レンズ沼にはまった」などと言う。

一方、デジタルカメラで市場に新規参入したパナソニックや、フィルム一眼レフ時代には世界最小・最軽量の一眼レフOM－1を発売するなど一世を風靡しながら、フィルムカメラのオートフォーカス化の波に乗り損なっていたオリンパスには、上位市場であるレンズ交換式一眼レフデジタルカメラ市場に参入する強い動機があった。レンズ一体型の小型デジタルカメラこそ発売していたものの、オートフォーカス対応レンズ交換式デジタルカメラのラインナップは持っていなかったからである。

だが、キヤノンやニコンと同じような35ミリフルサイズ一眼レフデジタルカメラを市場に投入しても、レンズのラインナップやブランド力で勝ち目がない。そこでパナソニックとオリンパスが市場に投入したのが、一眼レフデジタルカメラにあったミラーをなくすことで、軽量化やコンパクト化を実現させた「ミラーレス」一眼デジタルカメラだ。

既存の一眼レフとミラーレス一眼の違いを一覧表にしたのが次の表である。いずれの規格のカメラでもレンズの交換によって魚眼、広角から超望遠、マクロ撮影まで様々な撮影シーンに対応可能だ。

パナソニック、オリンパスの両社はミラーレス一眼の市場投入に当たって、35ミリサイズより一回り小さい3分の4(英語読みで「フォー・サーズ」＝1・33)インチサイズの撮像素子を用いる、交換レンズの共通規格「マイクロフォーサーズシステム」を提案した。これは、「胸ポケットに入る」レンズ交換可能なデジタルカメラの登場を可能とした新規格だ(次図参照)。

	通常の一眼レフ	ミラーレス一眼
奥行き・重さ	ミラーが動くスペースが必要なため大きく、かつファインダー像を見るためにプリズムが必要となり、重い	ミラーとプリズムが不要のため小さく軽い
ファインダーのタイムラグ	レンズを通した光を直接見るためタイムラグはなく被写体の細部までよく見える	いったん受光素子で電気信号に変換された情報を処理してから液晶などに表示するためタイムラグがある
実際に写る画像の確認	実際の露光条件や被写界深度での画像を見るためには絞り込みボタンなどの操作が必要	実際の露光条件や被写界深度での画像を見られる
連写中や動画撮影中の確認	動画撮影時も含め、シャッターを切っている瞬間はミラーが上がるため何も見えなくなる	受光素子で電気信号に変換された情報を表示するため連写中や動画撮影中でも撮影対象を追いかけ続けることが可能
オートフォーカス速度	ミラーで反射した光を用いて位相差センサーで測距できるため高速	基本はコントラスト AF のため一眼レフの位相差 AF よりは遅い（最近は改善）

通常の一眼レフとミラーレス一眼の違い

通常の一眼レフはオートフォーカスが速く、またレンズから届いた光をそのまま見るために、決定的瞬間を捉えやすいカメラと言えた。一方、ミラーレス一眼は、オートフォーカスの速度や素早く動く被写体に対するファインダーの追従速度などでは一眼レフに一歩譲るものの、ミラーやプリズムがないために小型軽量化が可能であり、実際に受光素子に映っている光をディスプレイで見られて、露出や被写界深度（前後のどの範囲にピントが合うか）などを撮影前にファインダーで確認できたり、動画撮影にも向いていた。

こうして市場に投入された、フォー・サーズの撮像素子を搭載したオリンパスのＰｅｎやパナソニックのＧシリーズは、コンパクトデジカメには飽き足らないが、無骨で大きくて重い一眼レフは敬遠していた新たな顧客層を開拓し、

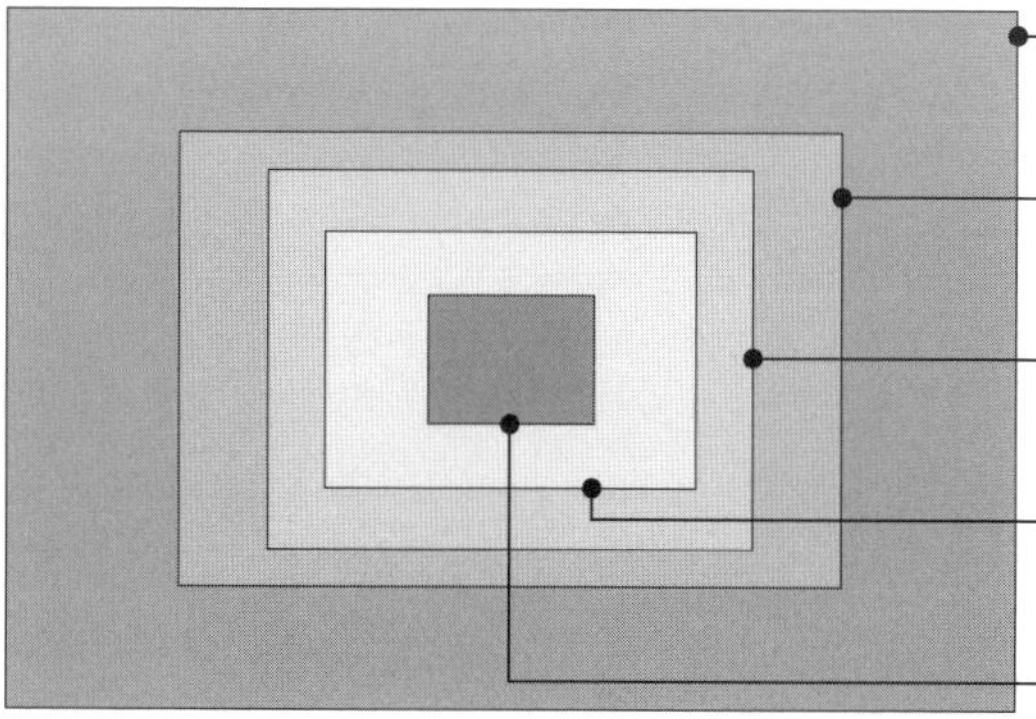

デジタルカメラのセンサーサイズ

「カメラ女子」などの新しいムーブメントを巻き起こした。

つまり、ミラーレス一眼は、コンパクトデジカメしか作っていなかったパナソニックやオリンパス、富士フイルムなどのメーカーにとっては製品の性能が向上する「持続的イノベーション」だったが、一眼レフメーカーのニコンやキヤノンにとっては「破壊的イノベーション」となる。そして、理論が予言するとおり、ニコンやキヤノンはミラーレスという破壊的イノベーションに、うまく対応できなかった。

理論どおり、自己破壊を避けたニコン

ニコンは第2次大戦中、戦艦大和の測距儀(敵艦までの距離を測定するための光学機器)を設計・製造していた老舗の光学機器メーカーだ。ニコンが作る

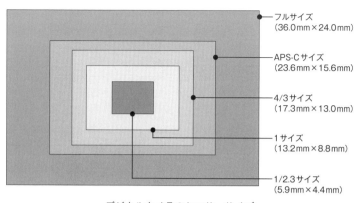

カメラは、プロカメラマンを中心に世界中で高い評価と信頼を得てきた。デジタル一眼レフの世界でも、キヤノンとニコンが世界シェアを二分している。

ニコンは、コンパクトカメラも作っているものの、その存在感は一眼レフカメラに比べると薄い。そこに、小型軽量のレンズ交換式カメラであるミラーレス一眼が登場した。新しいジャンルの製品であり、売上も伸びている。ニコン社内でも、この一眼レフ市場を下から攻めて来た（ニコンにとっての）破壊的イノベーションにどう対抗するか、議論されたそうだ。

当時ニコンは、デジタルカメラピラミッドの頂点である、35ミリフィルムと同じ大きさの撮像素子を持つ「フルサイズ一眼レフ」と、それよりは小さな「APS－Cサイズセンサーの一眼レフ」をラインナップに持っていた。

経営戦略的には、パナソニック－オリンパス連合のマイクロフォーサーズと同じ1・33インチのミラーレス一眼で打って出るというオプションも考えられるし、もっと積極的に、より大きなサイズのAPS－Cサイズのミラーレス機を発売する作戦もあったと思う。しかし、ニコンが選択したのは、マイクロフォーサーズよりもさらに小さな、対角線の長さがわずか1インチの撮像素子を搭載したレンズ交換式のカメラ「Nikon 1」だった。

ニコンのドル箱である一眼レフカメラと市場での共食いを避けるため、既存のラインナップと競合しないような製品を出したことは明らかだ。

しかし、この戦略は社内的には正解でも、市場に受け入れられたとは言い難いようだ。

「Ｎｉｋｏｎ １Ｊ１」は発売直後こそ、アメリカ、ヨーロッパ（11ヵ国合計）、中国で台数シェア1位と、スマッシュヒットとなったが、２０１５年以降はニューモデルが出ていない。

ニコンにおけるミラーレス一眼への初期対応は、一眼レフの持続的イノベーションでお金を稼いでいる同じ社内で、ミラーレス一眼のような破壊的イノベーションの企画に経営資源を投じ、本腰を入れて開発・販売することがいかに難しいかを示す例だろう。

破壊する側とされる側が同居しているソニー

ソニーのデジタルスチルカメラ（デジカメ）は、大ヒットしたムービーカメラレコーダー「ハンディカム」と比べると、必ずしも商品力が強いとは言えない時代が長かった。また、２００６年まではその商品ラインナップにレンズ交換式のデジタルカメラはなかった。

しかし、２００６年、実用的には世界初のオートフォーカス一眼レフ「α７０００」を開発したコニカミノルタのカメラ事業部門を取り込んだあたりから、にわかに活気づいてきた印象だ。おそらく、ソニーの持つエレクトロニクス技術と、ミノルタ技術陣が持つカメラ・レンズ技術が融合した結果なのだろう。ソニーは同年6月にソニーブランドとしては初のレンズ交換式デジタル一眼レフカメラ「α１００」を発売する。コニカミノルタの一眼レフの基本コンセプトであるａマウント（ソニーではＡマウントと呼ばれる）やボディ内手ぶれ補正機構に、

1020万画素のCCDセンサーや画像処理エンジンBIONZを搭載した、フィルム一眼レフカメラαブランドの正統進化モデルだった。これにより、ミノルタやコニカミノルタ時代のユーザーはレンズを買い換えることなく新しいボディの恩恵が受けられた。そう、持続的イノベーションだ。

次いで2008年にはソニー独自のCMOSイメージセンサーExmorを搭載したα100、コンパクトデジカメのようにレンズを通してセンサーが捉えた画像を「ライブビュー」可能な350など、徐々にソニーの独自色を強めていきながら進化していった。

そして、ミノルタ時代から続く「αの系譜」の頂点が、同じく2008年に発売された35ミリフルサイズの画像センサー搭載のα900だ。当時としては頭抜けた2460万画素というセンサーを搭載しており、画像処理も画像処理エンジンBIONZを2個搭載することで高速化し、5コマ/秒の連写を実現した。また、現在でもデジタル一眼レフ史上最高峰と言われる「光学ファインダー」も搭載されていた。被写体から多種多様な交換レンズを通して撮影者に至る「光」をミラーで反射させて、光学ファインダーを通して撮影者に「見せ」、シャッターボタンが押されることにより決定的瞬間を「切り取る」機械が一眼レフカメラであるとすれば、a900は19世紀から続く一眼レフカメラの歴史の一つの到達点だと言って良いだろう。

伏兵は身内から

しかし2010年、そこに伏兵が現れる。しかもそれは社外からではなく、ソニー社内からだった。ミラーレス一眼NEXシリーズである。

ソニーのNEXシリーズは、それ以前から発売されていたパナソニックやミノルタのミラーレス一眼が搭載していたフォー・サーズ（1・33インチ）の撮像素子よりも大きい、APS－Cサイズの撮像素子を搭載していた。それは、自社のαシリーズのローエンドモデルと真っ向からぶつかるサイズだった。しかも、ミラーがないため小型軽量という特徴を持つ。デザインも無駄なものを削ぎ落とし、エッジが効いて非常に斬新である。

このNEXシリーズは、αシリーズの既存顧客や他のカメラメーカーの既存顧客に対して行われた、ソニーの破壊的イノベーションだ。なぜなら、NEXシリーズではカメラとレンズのインターフェース（マウント）にEマウントという、これまでのAマウントとは異なった規格が採用されている。つまり、既存顧客の多くは「そんなものは要らない」と思うはずなのだ。*

カメラファンの間では、特定のマウント規格でレンズを揃えているのに、他の規格のボディを買うことを「マウントを増やす」と言い、やってはいけないこと、あるいは誘惑に負けてしまうことのたとえとして使われているそうだ。ソニーはあえて、ユーザーが「マウントを増や

＊ 別売の「マウントアダプター」を購入すれば過去のレンズも使えるが、かさばり、不格好である。

す」ことを求めて勝負に出たのだ。

このNEXに対するソニーの技術投入が半端ではない。執筆時点の最新モデルでは、受光素子の表面に425個もの位相差センサーを埋め込むことで、「位相差オートフォーカス」が可能となっている。位相差オートフォーカスとは、それまで一眼レフカメラの専売特許だった技術で、ミラーで反射した光を位相差センサーに導いてその距離を光学的に測り、高速でピント合わせをする技術だ。これにより、NEXは一眼レフよりはるかにコンパクトなボディで、一眼レフカメラ並みにスピーディーなオートフォーカスを可能にしたのだ。

その後、信号処理用半導体の性能向上によって、ミラーレスデジカメの宿命と言える、被写体とディスプレイとのタイムラグもほとんど解消された。NEXシリーズはαシリーズに統合され、Eマウントトレンズ群も充実してきており、今ではミラーレス機がソニーのレンズ交換式デジタルカメラのメインストリームとなっている。

キヤノンとニコンの「転進」は間に合うか？

キヤノンは、ミラーレス一眼の市場に最も遅く参入したメーカーだ。それもそうだろう。キヤノンは自動車メーカーにおけるトヨタのように、コンパクトデジカメから望遠デジカメ、レンズ交換式一眼レフのEOSシリーズに至るまで、ローエンドからハイエンドまで隙間なく商品ラインナップを持っている。既存の顧客を捨ててまでミラーレス一眼市場に参入する動機はほとんどなかったのだ。

しかし、オリンパスやパナソニック、富士フイルム、ソニー、ニコンなど、各社が相次いでミラーレス機を発売するにつれ、とうとうその重い腰を上げた。それが2012年に発売された「EOS M」シリーズだ。撮像素子のサイズはソニーのNEXシリーズや、キヤノンの一眼レフEOS kissなどと同じAPS－Cサイズである。独自に新設計したレンズマウント「Mマウント」を備え、小型軽量コンパクトなボディを実現している。その意味では、同社の稼ぎ頭である「EOS kiss」と真っ向からぶつかるモデルだ。

しかしその後のキヤノンは、前述のソニーの自己破壊衝動とすら呼べるような大胆な転進に比べると、動きが鈍かった。ソニーがミラーレス用に交換レンズ群を充実させているのと異なり[*]、キヤノンはミラーレス一眼のEOS Mシリーズの競争力を保つために必要十分な経営資源を投入できなかったようだ。おそらく、社内での資源獲得競争において、稼ぎ頭の一眼レフに勝てずにいたのではないだろうか。

翌2013年、ついにソニーのミラーレス機が一眼レフを破壊し始めた。α7の登場である。α7はミラーレスのNEXシリーズで使われていたEマウントに、これまでのAPS－Cサイズより大型のセンサーを搭載した、世界初の35ミリフルサイズ・ミラーレスカメラだった。ボディはミラーやプリズムがない分、非常にコンパクトであるにもかかわらず、フルサイズセン

＊ ソニーはミラーレス用に、高品質で知られるドイツのカールツァイス・ブランドのレンズまで投入している。

サー搭載によって画質にアドバンテージがあった。そのため多くの新しいファンを獲得し、人気シリーズとなったのである。この頃からソニーのフルサイズ対応Eマウントレンズのラインナップが一気に充実していき、レンズ性能も目覚ましい進化をし始めた。その結果、ニコンやキヤノンのフルサイズ一眼レフデジカメユーザーが、ソニーのEマウントへの移行を考え始めたのだ（注19）。

そんなソニーに対して、キヤノンが本気の反応を示したのは5年後だった。2018年秋になってやっと投入したフルサイズミラーレス機「EOS R」シリーズは、これまでのキヤノンのEマウントとは異なるRFマウントを持ち、対応レンズも一から開発せねばならなかった（マウントアダプターで過去のレンズを使うことはできる）。しかし、大型画像センサーの性能を活かせる専用レンズの品揃えが少なく、2019年の販売は想定を下回ったもようだ。イメージングシステム部門の19年1～6月期の営業利益は前年同期比7割減、19年12月期通期でも前期比5割減になりそうだという（注20）。

ニコンもキヤノンと同様、フルサイズミラーレス機を市場に導入したのはソニーのα7発売から5年後の2018年秋だった。「ニコンZ」と呼ばれるそのシリーズは、α7やEOS Rシリーズと同じ35ミリフルサイズのセンサーを持つデジタルカメラで、過去のニコンのFマウントと決別し、Zマウントという新しい規格を採用している。

だが、2019年11月7日に都内で開かれたニコンの決算説明会では、出席したアナリストから「(カメラ)製品そのものに競合と比較して問題があるのでは」といった厳しい質問が相次いだという。それもそのはず、ニコンが同日発表した2020年3月期の業績見通しは、従来予想から売上高を500億円引き下げて6200億円(前期比12・5%減)に、営業利益も320億円引き下げ、200億円(同75・8%減)へと大幅に下方修正したからだ。

業績の下方修正に最も影響を与えたのは主力であるカメラ事業の不振にあり、このときの修正で映像(カメラ)事業の業績見通しは前年比で611億円減収の見通し、損益は100億円の営業赤字になると見込んでいた(注21)。

調査会社のテクノ・システム・リサーチによると、一眼レフとミラーレスを合わせたフルサイズ規格の製品の2019年の出荷台数はソニーが75万5000台で、初めてキヤノン(56万台)を上回り首位となった。ニコンはさらに低い38万台だ。「フルサイズ×ミラーレス」だけ見るとソニーが3倍以上の台数を手がける(注22)。

ミラーレス技術の可能性を見抜き、自らを破壊する覚悟でいち早く新しいEマウントシステムへと舵を切ることができたソニーと、膨大な既存顧客とレンズ資産を抱え、「合理的経営判断」を繰り返すうちに手遅れとなってしまったかに見えるキヤノンとニコン。破壊的イノベーションの理論は、残酷なまでに正確に、企業の栄枯盛衰を予測する力があることを思い知らされる。

「カメラ専用機」を破壊しつつある「カメラアプリ」

そして今、カメラメーカーがその視野に捉えていなかった異形の商品が、カメラという商品カテゴリーそのものを破壊しようとしている。

スマートフォン内蔵カメラとアプリだ。

10年前なら、観光地で写真を撮るときには、皆コンパクトカメラや一眼レフを構えていた。だが今、観光地ではほとんどの人がスマートフォンを構えて写真を撮っている。このことからわかるのは、今や写真を「撮り」、「見て」、「共有し」、「残す」という「ジョブ」をこなすのに最も便利な機材は「スマートフォン」である、ということだ。

最近のｉＰｈｏｎｅには、１００グラムちょっとのボディに標準、広角、超広角と3種類のレンズが付いたカメラが搭載されている。撮影者はそれらを意識せずに切り替えて、あたかも4倍ズームレンズのように自分の好きな画角で写真が撮れる。しかもその写真には被写体までの距離の情報が記憶されており、さらには撮影後に背景だけをふんわりとぼかすこともできるし、スタジオで撮ったような光の当たり方をした写真に加工することも自由自在である。逆光などの難しいシーンでも、シャッターボタンを押す前後に異なる露出で撮影した9枚の写真の中から、最も相応しい部分を瞬時に切り貼りして1枚のバランスの取れた写真に仕上げてくれる。

これらのことをデジタルカメラでやろうとすると、とんでもなく高額の重くて大きいレンズを購入したり、写真撮影後に専用ソフトを駆使して、かなりの時間をかけて処理をしなければ不可能だった。それが今や、10万円前後の板チョコサイズのデバイス一つで、すべてのプロセスが完結するのだ。こんな時代に、誰が重くて大きく、交換レンズも含めると40万円近くするような「写真専用機」を購入しようと思うだろうか。

20年後には、私はおそらく教壇で、「今日は皆さんに、昔の人が写真を撮るのに使っていた『カメラ』という黒くて大きな機械の話をします。これは、皆さんのスマホの中の『カメラアプリ』とは違います。昔は写真を撮るのに、それ専用の機械が必要だったのです」と語っていることだろう。

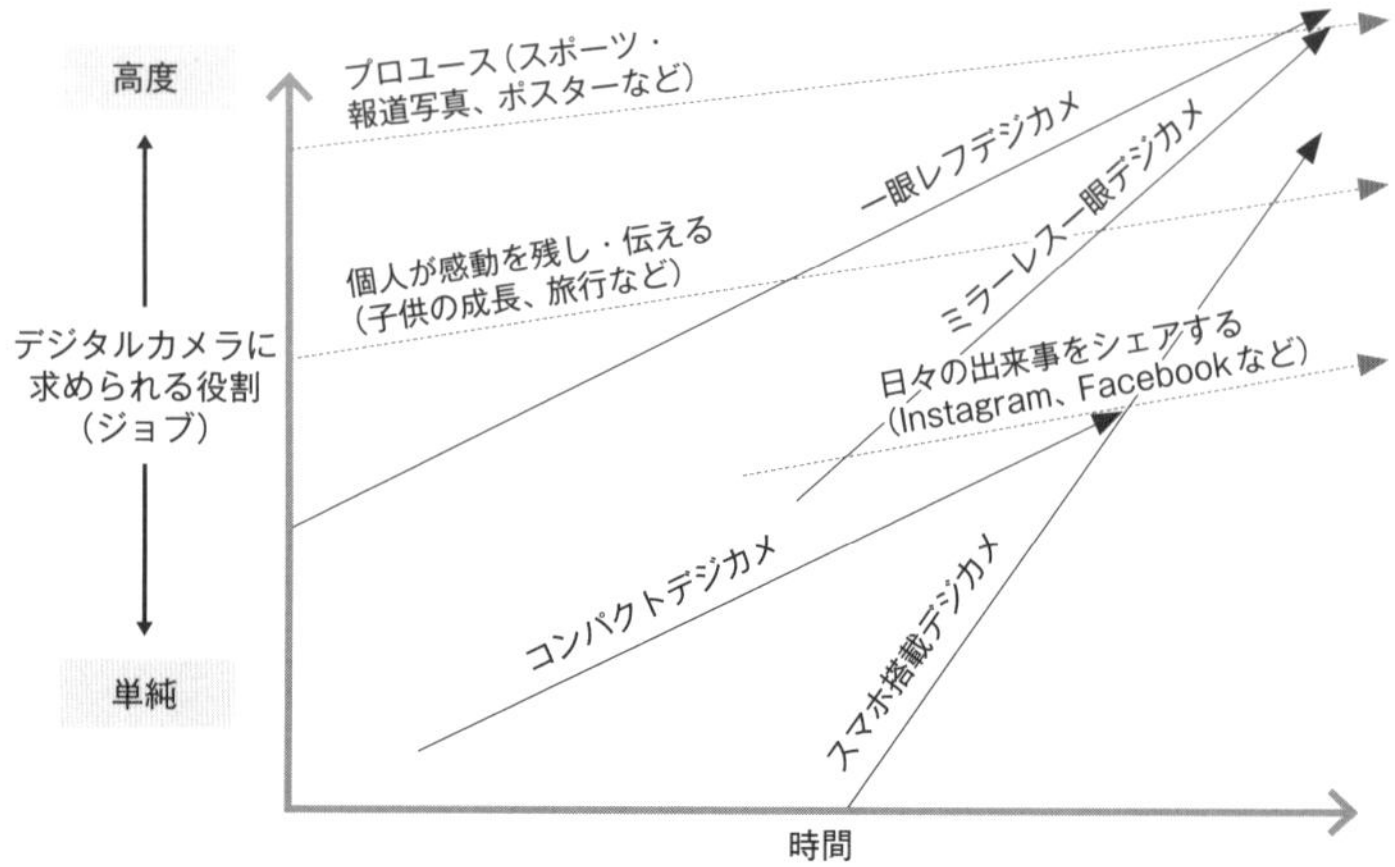

デジタルカメラにおける破壊

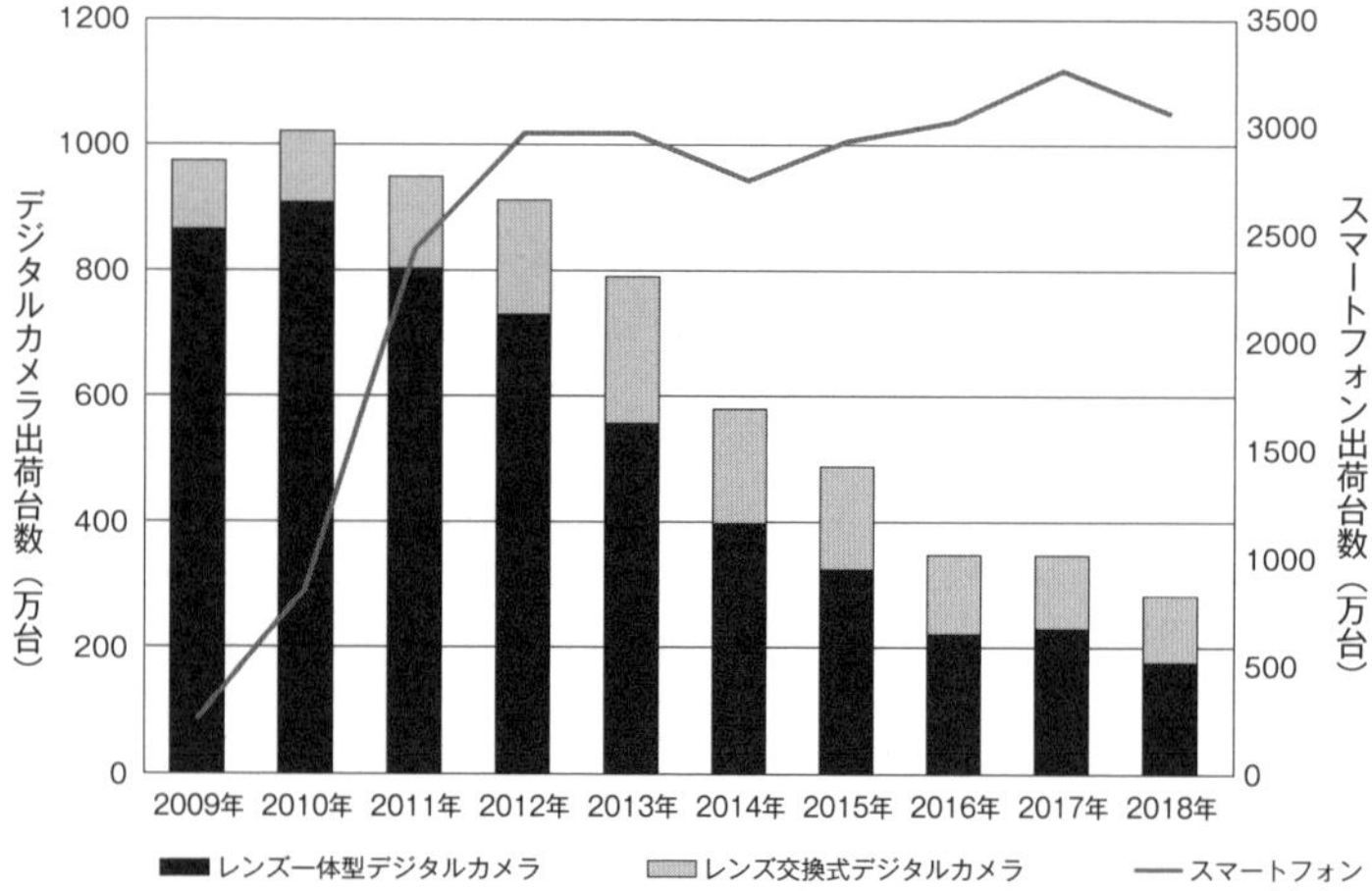

デジタルカメラとスマートフォンの出荷台数の推移

出典：一般社団法人カメラ映像機器工業会（デジタルカメラ）／MM 総研（スマートフォン）

※デジタルカメラの集計期間は暦年（1～12 月）、スマートフォンの集計期間は年度（4 月～3 月）

PART

III

破壊的イノベーターに
なるための
7つのステップ

Ⅰ部では日本企業も過去には破壊的イノベーションをいくつも起こしてきたこと、イノベーションは起きる場所によってプロダクト、プロセス、メンタルモデルの3種類に、さらに既存顧客との関係でその重視する性能が向上する「持続的イノベーション」と性能が低下する「破壊的イノベーション」との2種類に分類できることを解説した。

Ⅱ部では、破壊的イノベーションの理論というレンズを通してテレビ、スマートフォン、デジタルカメラの3つの製品を見て、一時期は高いシェアを誇っていた日本企業の多くが苦境に陥ってしまった理由を解明した。

そして、このⅢ部ではいよいよ、自ら破壊的イノベーションを起こすためには、どのような点に注意し、どのような手順を踏めばいいかを、7つのステップに分けて説明しよう。

8章 破壊的イノベーションを起こすための基本戦略

経営者には「両利きの経営」のマスターが必須

アンビデクステリティ（ambidexterity）という言葉をご存じだろうか？ これは「両方の手が器用に使える」、「非常な器用さ、多芸多才」を意味する言葉で、経営学では「両利きの経営」と訳されている理論だ。企業活動には、以下の2つの活動が高い次元でバランスが取れていることが必要であるという理論である。

①すでに知っていることを用いて収益を得たり、知識をさらに発展させる「知の深掘り（エク

スプロイテーション：exploitation)」(深化、活用とも訳される)

②既存の知識基盤やスキルからシフトする「知の探索（エクスプロレーション：exploration)」

いわば、「二兎を追う経営」であり、「二刀流の免許皆伝を目指す経営」とも言えよう。ただし、経営者が持つのは大小の刀ではなく、新しい知識をいち早く探し出す「望遠鏡」と、既存の知識の鉱脈からさらなる収益獲得を目指す「ドリル」だが。

①の「知の深掘り」は、探索などを通じて試したことの中から、成功しそうなものを見極めてそれを深掘りし、磨き込み、収益を得ていく活動だ。**持続的イノベーション**がこれに当たると言える。

②の「知の探索」は、自社の既存の認知の範囲を超えて、遠くに認知を広げていく行為だ。これにより認知の範囲が広がり新しいアイデアにつながるが、不確実性が高く、コストがかかる。**破壊的イノベーションを目指す活動**がこれに当たるだろう。

経営者を悩ますサクセス（コンピテンシー）・トラップとは？

企業活動は、コストとリスクを伴い、成果が不確実な「探索」よりも、社会的な信頼を確保できる「深化」に向かいやすい。まさに**キャピタリストのジレンマ**だ。ひとたび成功して「自分たちのやっていることは正しい」と認識する（サクセスする）と、自分の認知している世界に疑念を持たなくなり、そこから抜け出せなくなってしまう。これをサクセス・トラップ、あるいはコンピテンシー・トラップと呼ぶ。

一方、自分たちの認識の外に出ようと試みる探索は、「自分たちが考えていること、やっていることが間違っているかもしれない」と疑いを持つことに他ならない。サクセス・トラップにはまらずに両利きの経営を進めるために必要な要素として、次のようなものが挙げられている（注23）。

・「探索」と「深堀り」が必要であることを正当化する明確な戦略的意図
・新しい事業の育成と資金供給に経営陣が関与し、監督し、その芽を摘もうとする人々から保護すること
・新しい事業が無事に組織構造面で調整を図れるように、深堀り型事業から十分な距離を置くとともに、企業内の成熟部門が持つ重要な資産や組織能力を活用するのに必要な組織的インターフェースを注意深く設定すること

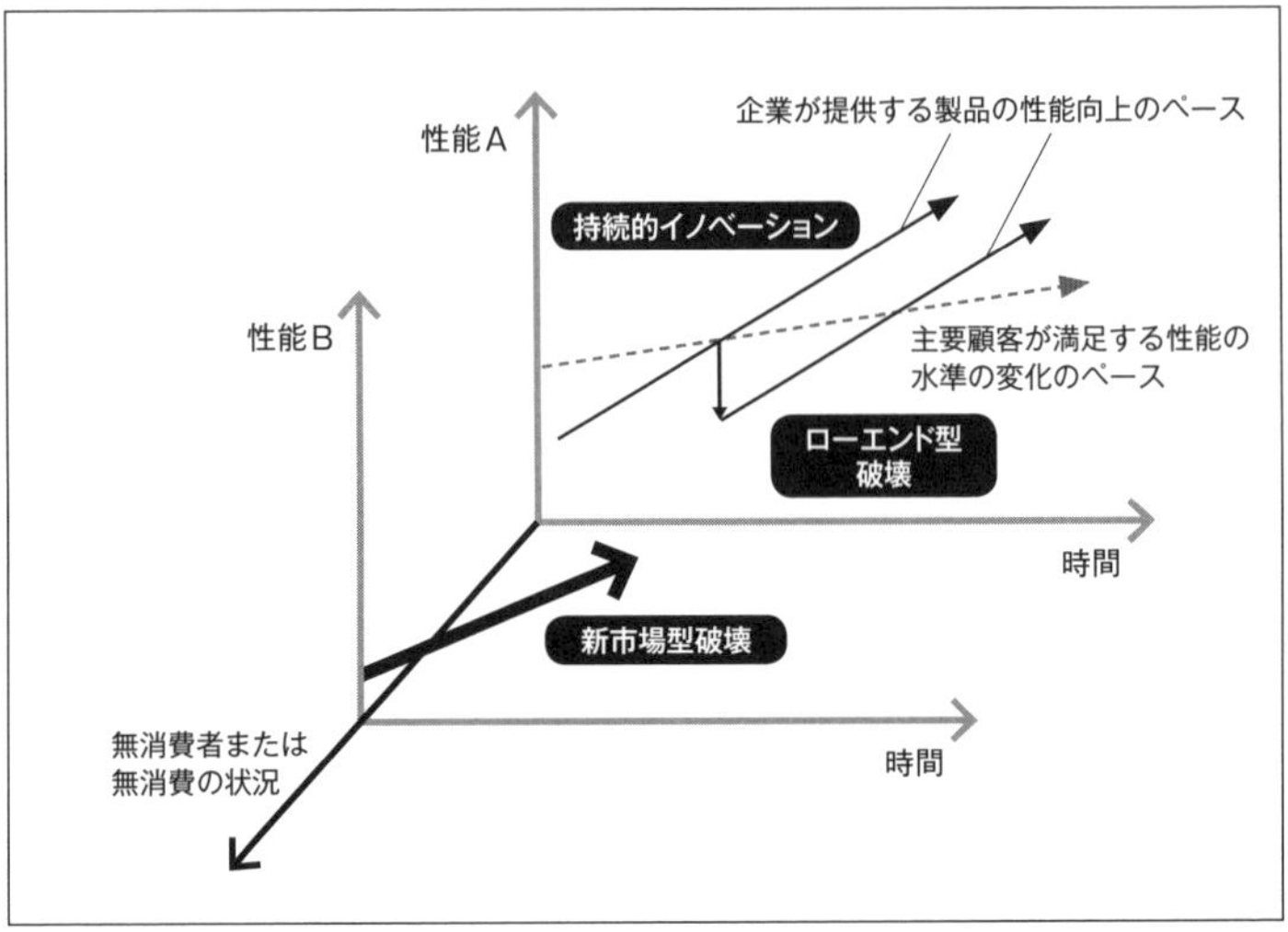

イノベーションに対する3種類のアプローチ
出典：『イノベーションへの解』

イノベーションに対する2種類の戦略

3章で述べたように、企業のイノベーションに対するアプローチは大きく分けて3つあるが、これを「両利きの経営」の観点から分類すれば、以下の2種に分けられる。

1つ目は、既存の製品やサービスを何も使うことができない**無消費の状況**にいる顧客に対し、これまでになかった簡便な製品やサービスを提供する「**新市場型**の破壊的イノベーション」と、既存製品の性能が多くの顧客にとって行きすぎてしまっている状況で、低価格で性能もそれほど高くないがコストパフォーマンスの良い製品やサービスを「満足過剰」の顧客に提供する「ローエンド型の破壊的イノベーション」だ。これらは企業が未知の市場に出て行く活動であることから**知の探索**に当たる。

２つ目は、既存製品の顧客の満足度をより高めるアプローチで、これまでよりも高性能・高品質な製品を開発し提供する「持続的イノベーション」だ。これは既存の市場のハイエンドを目指すイノベーションなので、**知の深掘り**と言える。

以下では、新たな成長を目指す企業が、知識の探索である破壊的イノベーションを目指す場合と、知識の深掘りである持続的イノベーションを目指す場合のそれぞれにおいて考慮すべき事項を説明しよう。

新市場型破壊では無消費者がターゲットに

クリステンセン教授が一番推奨するイノベーションのタイプは、これまでに何も使っていない「無消費」の顧客をターゲットにした**新市場型破壊**だ。教授によれば、これまでに何も使っていない顧客だからこそ、シンプルで低価格な製品やサービスが受け入れられる。

新市場型破壊の典型的な例がキヤノンのミニコピアだ。当時、コピー機と言えば、大企業のコピー室などにしか設置されておらず、コピーを取るにはわざわざその部屋まで行かなくてはならなかった。そのメンテナンスも、定期的に感光ドラムをきれいにしたり、トナーの粉をこぼさないようにコピー機に補充したりするにはかなりの熟練を要し、とても素人は手を出せなかった。

これに対し、キヤノンが発売したミニコピアは、大企業向けのコピー機に搭載されていたオートフィーダーや両面コピーといった機能は一切ないが、感光ドラムとトナーを一体化したカートリッジの採用によるメンテナンスの簡便さや低価格と省スペースで、家庭や少人数のオフィスに瞬く間に受け入れられた。

書類をコピーするという「ジョブ」を解消してくれるものが身近に何もなかった（無消費だった）ところに、自分たちの手の届く価格で使いやすいコピー機が突如現れたのだから当然だろう。

現在、ビジネスの世界では主流になっているパーソナル・コンピュータも、初期の顧客は、自宅ではいくら触りたくても触れなかった「コンピュータ無消費者」のホビイストたちだった。何もない状況と比べるからこそ、オモチャのような性能のマイクロプロセッサでも、彼らに受け入れられたのだ。

ローエンド型では満足過剰がターゲットに

新市場型の破壊の機会が見出せない場合には、「ローエンド型破壊のイノベーションのチャンスを探す」のが第2のアプローチだ。

現在供給されている製品やサービスの性能が、多くの消費者にとって十分以上に良い、「満足過剰」の状況にあるとき、この戦略は特に有効である。

飽和気味だった日本の湯沸かしポット市場に突如として現れたティファールの電気ケトルはローエンド型だ。この電気ケトルの機能は、「電気で素早く少量のお湯を沸かす」だけである。メール機能や省エネ機能、浄水機能はおろか、保温機能すら付いていない。

だが、この製品の登場で改めて我々が気付かされたのが、1人か2人でお茶を飲むぐらいであればお湯は少量で済み、水から沸かすのにもそんなに時間がかからないことだ。すぐにお湯が沸くのであれば、あらかじめお湯を沸かして、一日中電気代を払ってまで保温し続ける理由はない。

大手電機メーカーのハイエンド湯沸かしポットが1万円以上するのに対し、単純な機能しか持たない電気ケトルは3000円少々で売られている。単純で低価格、多くの顧客にとって「機能はこれで十分満足」で、デザインも洒落ている。

だから、既存の湯沸かしポットに「過剰に満足させられていた」多くの顧客がティファールの電気ケトルにシフトして大ヒットした。ティファールの電気ケトルは、「破壊的イノベーションの状況」にあった湯沸かしポット市場に対し、ローエンド型の破壊的イノベーションを起こしたと言えるだろう。

他にも、回転寿司、イケアの組み立て家具、ヘアカットのQBハウスなどがローエンド型イノベーションの例だ。身の回りの製品やサービスで、機能や性能、サービスが過剰になっているものはないだろうか。もしあれば、それが新たなビジネスチャンスにつながる可能性がある。

持続的イノベーションではメンタルモデルの変化を

さて、新市場型破壊のアプローチも、ローエンド型破壊のアプローチも見出せなかったとき、最後に残る道が、あくまでハイエンドを目指す持続的イノベーションのアプローチだ。だが、単に製品の性能を向上させたり、機能を増やしたりするのはお勧めできない。なぜなら、前述のように顧客が受け入れ可能な性能には上限があるからだ。

「客観的価値」が飽和状況であれば、顧客が製品やサービスを受けたときに価値を感じる「メンタルモデル」を変化させることで、「主観的価値」を向上させるのが良いだろう。

「ブレゲ」というメーカーをご存じだろうか。

ブレゲは高級腕時計で定評のあるスイスの時計メーカーの中でも、最も古い歴史を持つ企業の一つだ。実は「腕時計」という製品自体がブレゲによるイノベーションで、1810年にブレゲがナポリ王妃カロリーヌ・ミュラのために世界で初めて製作を開始したのだそうだ。

そんな長い歴史を持つブレゲの顧客リストには、マリー・アントワネット、ナポレオン、ビクトリア女王、サー・ウィンストン・チャーチルといった錚々たる人々が名を連ねている。そして、ブレゲの店員はあなたの耳元で、「ブレゲの時計をお求めになれば、あなたもナポレオンやチャーチルと同じように、我が社の顧客リストに名を連ねられますよ」とそっと囁くのだ。

こう言われてぐらっと来ない人は少ないだろう。逆に、そうでなければ、時針、分針、秒針のわずか3針のみの手巻き式ゼンマイ腕時計に、150万円近いプライスタグが付けられていることはなかなか正当化できない。

私見だが、もし、世界的に定評のあるシチズンの手巻きムーブメントに、これまた世界的に定評のある新潟県燕市で加工された金属ケースを組み合わせてブレゲのレプリカを作れば、同じ機能・性能を持つ腕時計が数万円〜十数万円で作れるのではないかと思う。実際、銀座の天賞堂では、機械式だと数千万円から数億円する高級複雑腕時計と同等の機能・外観のクォーツ式複雑腕時計が、十数万円で販売されている。

では、製品としての性能や機能、すなわち客観的価値が数万円の腕時計と同じなら、ブレゲの腕時計を買い求める顧客は、何のためにあと140万円近くも余計にお金を払うのだろう。

これを唯一説明できる理由は、ブレゲという企業の歴史を「知った」ことで、顧客のメンタルモデルが変わったことだ。すなわち、限られた人しか持つことが許されないブレゲ製品の所有に、湧き上がるような大きな喜び（主観的価値）を感じるようになったのだ。

同じくスイスの時計メーカーであるオメガは「アポロ計画のとき、厳しいNASAのテストにパスして初めて月に行った時計」というのが売り文句だ。また、「アンバサダー」と呼ばれる各界の著名人にオメガの腕時計を身に着けてもらうことで、「オメガを着ければ、俺もジェームズ・ボンドやジョージ・クルーニーのようにモテるに違いない」あるいは「オメガを買えば、私もニコール・キッドマンのようにきれいになれるのね」といった幻想（主観的価値）を顧客に与えている。

ブレゲやオメガだけでなく、グッチやフェラガモ、ロールス・ロイスやフェラーリなど、ヨーロッパには歴史と品質を兼ね備えたブランドが数多くある。こうしたメンタルモデル・イノベーションにおいては、世界最大の経済大国アメリカといえども、まだまだヨーロッパに太刀打ちできていないようだ。

日本にもメンタルモデル・イノベーションのチャンスが

では、日本にメンタルモデル・イノベーションでリーダーになるチャンスはないのだろうか。私は、やり方次第で大いに可能性があると思っている。

世界最古の会社はどこの国の何という会社かご存じだろうか。

「1600年にイギリスが設立した東インド会社だ」と答える方もいるだろう。だが正解は、「金剛組」という宮大工を抱える日本の建設会社だ。金剛組の設立は西暦578年、今からさかのぼること約1440年前の奈良時代だ。

同じ時代、アメリカ大陸はまだヨーロッパ人に「発見」されておらず、ネイティブ・アメリカンしか住んでいなかった。ブレゲが生まれたのは1747年、シテ島の時計河岸に独立開業したのが1775年だから、金剛組の歴史は、長い歴史が自慢のブレゲより、さらに1200年も古いことになる。

では、世界最古の王室はどこだろう。イギリス、スウェーデン、それともモナコだろうか。それらの王室よりもさらに長い歴史を持つ王室がアジアにある。それが、日本の「大和（やまと）王朝」だ。

長い歴史と独自の文化を活かしきれていない？

このように、世界最古の企業があり、世界最古の王室を持つ日本という国は、世界的に見てもかなり長い歴史と伝統を持つ国だ。アジアでは日本とタイだけが、ヨーロッパなどの植民地になったこともない。そして、重要なポイントは、後からキャッチアップできる工業製品の品質などと異なり、歴史は、タイムマシンでもない限り後から変えることはできないということだ。

私は、アメリカのハーバード大学に2年間留学した経験がある。ハーバード大学のあるボストンは、1620年にヨーロッパからの最初の移民船メイフラワー号がたどり着いたプリマスの海岸から近く、市内にはアメリカ建国の父たちが憲法の素案を起草した場所や、「代表なくして課税なし」で有名なボストンティーパーティー事件が起きた湾があり、当時のイギリス船のレプリカなども停泊している。

その船に行けば、「ダンプ・ザ・ティー！ イントゥ・ザ・シー!!」という韻を踏んだ掛け声とともに、茶箱を模したダンボール箱を海に投げ捨てて「ボストン茶会事件ごっこ」をさせてくれるので、とても楽しめる。*

そんな、アメリカでも最古の街並みであるボストンには、「ヘリテージ・トレイル」とか「ヒストリック・○○」などといった名前の場所が至るところにある。

しかし、それらの歴史をどんなにさかのぼっても、せいぜい16世紀が関の山だ。

「国の歴史が浅い」というのは、アメリカ合衆国が逆立ちしても克服できない決定的な弱点だ。逆に、日本はこれだけ長い歴史と独自の優れた文化を持ちながら、その価値に気付かず、十分に活かしきれていない。実にもったいない話だ。

岡目八目ではないが、かえって外国人の方が、日本文化の価値がよくわかっているようだ。例えば、ルイ・ヴィトンのモノグラム（組み合わせ文字）模様は、偽物に悩んでいた鞄屋の跡継ぎジョルジュ・ヴィトンが、日本の家紋からヒントを得て１８９６年に創作したと言われている。

また以前、ＵＡＥのアブダビ首長国のカリファ王子に招かれ、王族の方々と懇談する機会を得た際、彼らのサムライ文化への憧れには相当なものを感じた。フェラーリをまるでミニカーのようにぽんぽん買うことができる彼らにアピールするような、歴史と性能を併せ持った製

＊ 箱にはロープが付いていて後で回収する。

品を生み出すことができるのは、わずか400年程度の歴史しかないアメリカ企業ではなく、2000年以上の歴史と独自の文化を持つ日本企業ではないだろうか。

セイコーは、2012年、「アストロン」と名付けたGPSソーラーウオッチを誕生させた。この時計は、地球の周りを回るGPS衛星から出る電波を受信し、世界中のどこでも、その場所の正確な時刻をボタン一つで知ることができる優れものだ。このメカニズムは、腕時計というデバイスの到達点と言えるほどに完成度が高い。太陽電池を内蔵しているので、ゼンマイを巻く必要がなく永久に動き続け、人類がこれまでに手に入れた最も正確な時計である原子時計と、衛星の電波でシンクロする。

海外によく行くビジネスパーソンの悩みの一つが、タイムゾーンや夏時間などが複雑に絡まる各地での時刻合わせだが、アストロンならGPS機能によってボタン一つでアジャスト可能だ。にもかかわらず、この世界最高水準の精度と機能（客観的価値）を持つ腕時計アストロンの市販価格は、わずか20万円ほどだ。

こんな完璧なムーブメントの製造能力を持つセイコーに唯一欠けているのは、ブランドの歴史だろう。セイコーが、先述の金剛組や室町時代から続く刀鍛冶と合弁会社を立ち上げ、日本刀から削り出したケースにアストロンのムーブメントを内蔵した超高級腕時計を作り、「コンゴー・サムライ・ブレード」などといったブランドで販売してみたらどうなるか。

歴史と伝統が自慢のスイスの高級宝飾時計マニファクチュールたちよりも、さらに1200

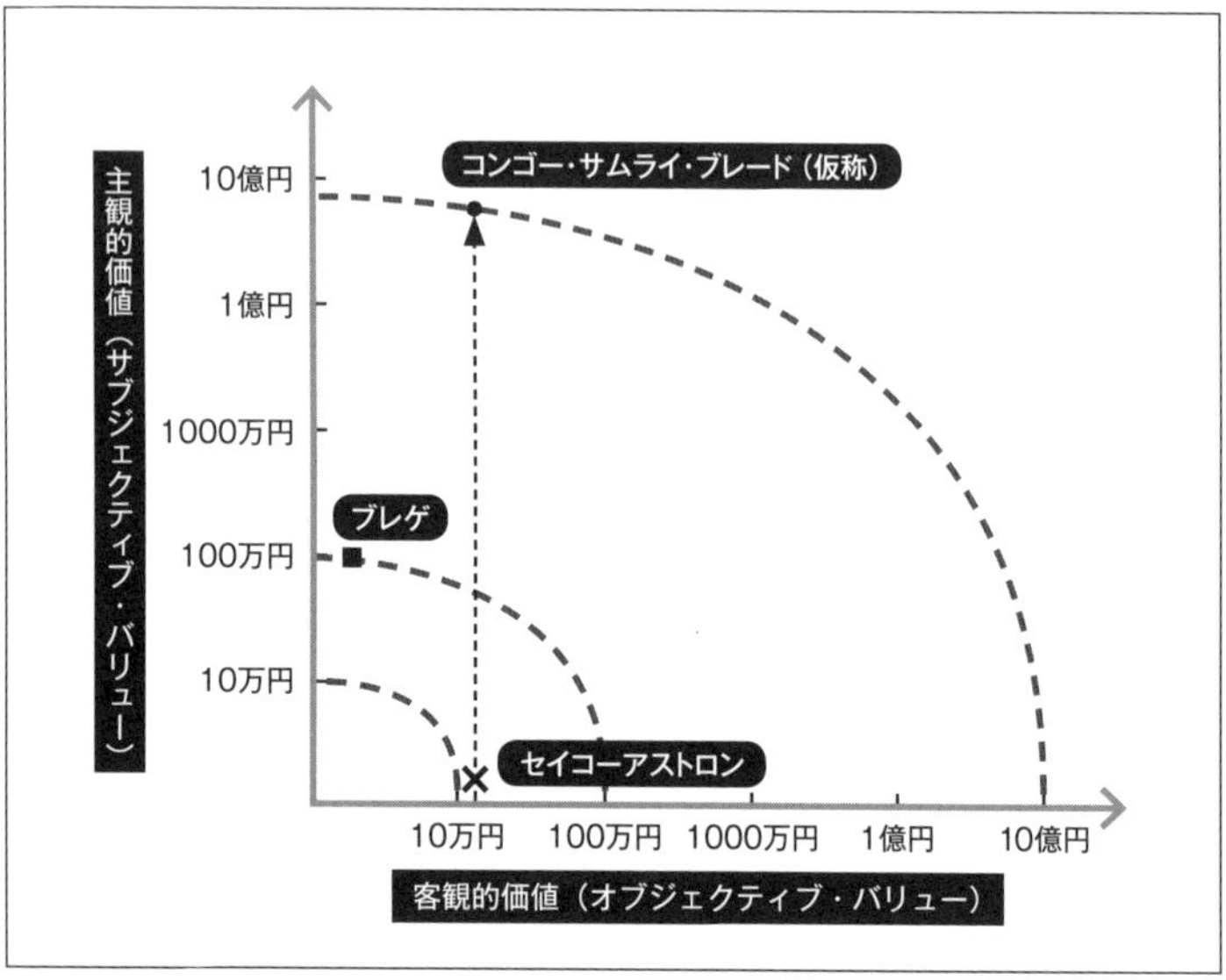

客観的価値と主観的価値

年近くも古いブランドとして、日本刀の様式美と、究極の精度を持ち永久に動き続ける世界時計との異次元コラボレーション・ウオッチが誕生するのではないだろうか。コンゴー・サムライ・ブレードのハイエンドモデルは、たとえば世界30個限定で1個10億円という値段を付けてみるのも面白いだろう。

これは私のジャストアイディアだが、こうした異分野との融合や歴史の再認識が、日本製品の価値を高め、メンタルモデルのイノベーションを起こすことにつながるのではないだろうか。

日本刀の魅力をベースにした製品がアメリカなどで大評判

実はすでに、ある日本企業の、日本刀の魅力をベースにした製品がアメリカなどで大評判となっている。

ニューヨークやサンフランシスコなど、アメリカの大都市に展開する「ウィリアムズ・ソノマ」は、上質でデザインの良いキッチン用品を取り揃えていることで有名なセンスの良い店だ。いるだけで楽しくなるその店で今、イチオシの包丁のブランドが「旬（Ｓｈｕｎ）」である。星付きレストランのシェフたちが、その切れ味とデザインに「一度使うと、もう他の包丁は使えない」「料理をするのが楽しくなる」とべた褒めだ。

まるで日本刀のような「波紋」が浮かんでいるその包丁には、ブランド名の「旬」の横に小さく「ＫＡＩ」の文字を見て取ることができる。そう、刃物の町、関市にある、カミソリなどで有名な貝印が製造しているのだ。旬の代表シリーズ「ｃｌａｓｓｉｃ」は、異なるステンレス鋼を何度も折り曲げては叩き、折り曲げては叩きという製造工程で作られている。だから、製品には日本刀のような波紋が浮き上がるし、切れ味が長く持続するという。

この旬は、抜群の切れ味（客観的価値）と、日本刀のような波紋によるミステリアスな魅力（主観的価値）が合わさって、その高価格にもかかわらず、全世界で累計出荷数が８００万丁を超

ウィリアムズ・ソノマで人気の包丁「旬」

えている（注24）。

もちろん、メンタルモデル・イノベーションを起こすのはそう簡単ではない。

そのためには、商品のストーリーをうまく消費者に伝えるため、マーケティング戦略の再構築やこれまで以上の広告宣伝費の投入、販売網の選択やサポート体制の構築など、「もの作り」以外の補完的な能力の獲得が不可欠だ。

しかし、レクサスのトヨタ、インフィニティの日産、アキュラのホンダなど、自動車メーカーはすでにグローバル・ブランド確立のために走り出している。ホンダのビジネスジェットは新技術と新素材による圧倒的低燃費という持続的イノベーションで、世界に向けて果敢に挑戦している。貝印は「旬」ですでに結果を出している。
他の日本企業にも、できない理由などないはずだ。

9章 アイディアを生み出す「苗床」とは

アイディアこそが重要な時代

本章以降では、既存優良企業が苦手とする「破壊的イノベーション」を起こすために、どのようなチームを作り、どのようにアイディアを出し、それをどのように破壊的ビジネスモデルへと落とし込み、どのような組織で実行するかを考えていこう。

グーグルのエリック・シュミットらは「かつては圧倒的なマーケティング力や販売力があれば、お粗末なプロダクトでも市場の勝者になれた。しかし今や、**企業の成功に最も重要な要素はプロダクトの優位性になった**」と述べている(注25)。アマゾン創業者兼CEOのジェフ・ベゾスは「古い世界では持てる時間の30％を優れたプロダクトの開発に、70％をそれがどれほど素晴らしいプロダクトか吹聴して回るのに充てていた。その比率が新たな世界では逆転した」と述べている（注19）。

つまり、世界の経営者たちは、21世紀にはイノベーションの能力の方がマーケティングの能力よりも重要になっていると異口同音に言っているのだ。

これまでの日本のイノベーションを巡る議論は、「日本の産業は成熟してフロントランナーになった。これまでのようにお手本となる製品を見習って、いかにより良い製品を安く作るかよりも、何を作るかについて考えることが重要になってきた」と指摘するにとどまっていて、実際にどうすれば価値あるアイディアが生み出せるかにまで踏み込んでいないものが多い。

そこでこの章ではまず、質の高い優れたアイディアを生み出すための「デザイン思考」と呼ばれる方法について、アメリカのスタンフォード大学におけるイノベーター育成教育の事例などを参考にしながら考えたい。

アイディアが生み出されるプロセスとは

『アイデアのつくり方』という本をご存じだろうか。この本は、1965年の初版刊行以来、現代に至るまで半世紀以上にわたり読み継がれている超ロングセラーである。著者のヤングは、

①資料集め
②資料の咀嚼
③腑化段階
④アイディアの誕生
⑤アイディアの具体化・展開

アイディアが生み出されるプロセス

実際のアイディアが生み出されるプロセスは、次の5つの段階を経ると述べている（注27）。

①の「資料集め」と②の「資料の咀嚼」は非常に重要だ。アイディアは資料（データ）から生み出されるからだ。たとえ一見何もないところからひらめいたように見えるアイディアでも、実は、普段の生活で得た科学や技術の知識、不便を感じた経験というデータが起因となっているものだ。＊

さて、この「資料」には、社内で開発された技術はもちろん、大学などで新しく得られた科学の知見や別の会社で生み出された技術的解決策のような「外部からのシーズ」、そして顧客となり得る人々や企業がどのような（潜在的）課題（クリステンセン教授の言葉で言えば「ジョブ」）を解決したがっているかという「ニーズ」についての情報も含まれていなければならない。

それがないと、とても困った事態が起きる。

ある日本のメーカーは「ナノレベルで粒子を吹き付ける技術」を持つ企業を買収した。そして買収完了後、経営者から同社のエンジニアに「この技術の使い道を見つけろ！」という指令

＊「ユーザー自らが感じた不便を解消しようとして新しいアイディアを思い付く」ことを、MITのヒッペル教授は「ユーザーイノベーション」と名付けている。

が下された。技術者たちは途方に暮れ、いまだに用途が見つけられないでいる。

このような技術主導のアプローチは、「テクノロジー・プッシュ」と呼ばれる。軍事技術の民間転用やNASAで生み出された宇宙技術の民生活用などがこれに該当するが、うまくいった例は少ない。

本来であれば、後に述べるスタンフォード大学のバイオデザイン・プログラムのように、初めに顧客の潜在ニーズを洞察し、その課題解決に向けた最適な技術の組み合わせを社内外から見つけるべきだ。その上で、プロトタイプを多数作って潜在ユーザーの意見を聞き、意見に基づいてビジネスモデルを組み立てるという「ニーズ・プル」型のアプローチが望ましい。

「技術が先か、ニーズが先か」は永遠のテーマ

「Ｐｒｏｊｅｃｔ ＳＡＰＰＨＯ」という、主に化学と精密科学機器産業の類似企業同士を比較して、イノベーションの成功と失敗の要因を調査した研究がある。この研究によれば、「ユーザーのニーズの理解」がイノベーションの成功・不成功を左右する最も決定的な要因であった(注28)。

この「技術が先か、ニーズが先か」は長い間議論が繰り返されてきたテーマだが、技術（シーズ）とニーズはいわばハサミの両刃のようなもので、どちらが欠けても物を切ることはできな

い。ニーズに合わない製品・サービスは買ってもらえないし、技術的卓越性がなければ他社と差別化できずに、価格競争に陥ってしまう。顧客の潜在的なニーズを的確に捉え、それに対して他にはない技術を用いてオリジナリティのある製品やサービスを開発するのが望ましい。そして、それを破壊的ビジネスモデルに落とし込むことができた企業だけが市場で勝利を収められるのだ。

③の「腑化段階」を個人で行う場合には、可能な限りのデータを頭にインプットした後、咀嚼したデータをいったん意識の外に出し、脳が無意識下でそれらを組み合わせるのに任せるのが良いという。課題を意識の外に出して寝かせながら、アイディアという名のウイスキーがまろやかに醸造されるのを待つわけだ。

だがこれは、非常に直感に反する、やりにくい作業だ。すぐにでもアイディアを出さなければならない切迫した状況下で、あえてそれを忘れろと言うのだから無理もない。しかし、人間の脳というのは不思議なもので、問題を意識の外に出した後でも、心の中ではその問題を常に考え続けていて、解決のアイディアをバックグラウンドで探索しているのだそうだ。

この「熟成プロセス」を経て、④の「アイディアの誕生」が起こる。アルキメデスがアルキメデスの原理を思い付いたのはお風呂の中だったそうだが、ほっと一息ついたときにアイディアは生まれやすい。古来、アイディアの生まれやすい場所として3つの物の上、すなわち「三上」がよく知られている。それらは、馬の上（馬上）、ベッドの上（枕上）、便器の上（厠上）

の3つである。

馬の上というのは、現代に置き換えれば旅行中あるいは散歩中となるだろう。京都にある哲学の道は、哲学者や文学者たちが散歩をしながらアイディアを生み出した場所ゆえにそう名付けられた。

また、眠ろうとしているときや夢の中でいいアイディアを思い付くというのもよく知られていている。ある学者は、いいアイディアを思い付いたときにすぐ書き留められるようにと、教え子の結婚式の際には必ずメモ用紙とペンを贈るそうだ。

3つ目の便器の上というのも、個室で他にすることもなく、ほっと一息つける場所だからこそ、アイディアが生まれやすいのだろう。

dスクールやバイオデザイン・プログラムにおける取り組み

近年、「いかにして素晴らしいアイディア（デザイン）を生み出すか」についての教育も盛んになっている。

スタンフォード大学はその筆頭格だ。有名な「スクール・オブ・デザイン」は、「dスクール」と呼ばれているにもかかわらず、実はそこに所属する学生は一人もいない。あくまでも、イノベーティブなアイディアの創出法を研究し、他の学部・研究科の学生に教えるための機関なのだ。ビジネススクールや工学部、医学部、理学部など、他に「専門」を持つ学生がdスクールで「アイディアのつくりかた」をも学ぶ。* 「アイディアを生み出すプロセスだけ学んでも、それを実現する土台となる科学技術やビジネスの知識がなければイノベーションは起こせない」という考え方がその背景にある。

スタンフォード大学にはまた、医療機器分野のイノベーター教育に特化した「バイオデザイン・プログラム」というフェローシップ・プログラム（給費生制度）も設けられている。バイオデザイン・プログラムは2001年の創立からまだ20年ほどしか経っていないにもかかわらず、すでにアメリカ国内外でイノベーション人材育成プログラムとしての評価を確立しつつある。バイオデザイン・プログラムを模したカリキュラムは、アメリカ国内のみならず、シンガポール、インドといったアジアのイノベーションに敏感な国々や、アイルランド、デンマーク、フランス、スウェーデン、フィンランド、スペインといったヨーロッパの国々においても展開され、日本でも2015年からスタートしている。

バイオデザイン・プログラムは14年間で40社のベンチャー企業を輩出し、400件以上の特許が出願された。2013年までに卒業した106名のフェローの43％が起業し、大学の教員や臨床医になった21％のうち多くがスタートアップ企業のコンサルティングをしている。バイオデザイン・プログラムで生み出された技術は270万人以上の患者の治療に貢献しているという。

＊ 私が奉職する関西学院大学のビジネススクールにおいても、デザイン思考やシステム思考を学ぶ科目が開講され、ビジネスの知識とアイディア創出のスキルが同時に学べるイノベーター教育を行っている。

このプログラムでは、「①メンバー選抜段階において意図的に多様な分野の人材を選ぶことで能力の異なるメンバーを一つのチームとして融合させる」「②臨床現場での徹底的な参与観察を通じて潜在需要を発掘する」「③思考の発散と収束を繰り返すことによってイノベーティブなアイディアを生み出す」というイノベーションを起こすための一連のプロセスを、実体験しながら学ぶ。以下で、詳しく見ていこう。

「人の見える手」で選抜される多様な人材のチーム

バイオデザイン・プログラムの大きな特徴の一つは、「多様な知識・考え方からなるメンバー（フェロー）を意図的に選抜し、人物属性に応じてチームを構成する」点だろう。そもそもバイオデザイン・プログラムは、血管内の診断を革新した超音波搭載カテーテル「アイバス（IVUS）」の発明者として世界的に知られる、スタンフォード大学病院心臓内科医のポール・ヨックと、ファイザーで医療デバイス開発に携わった後に複数のベンチャー企業を創業した経歴を持つジョシュ・マコウワーが一緒にランチをしていた際、バイオ医療領域におけるデバイス開発をリードする人材を育成する必要性で意気投合したことから始まった。*

彼らは、自身の経験から、イノベーションの創出に不可欠だと思われる4種類の人材属性として「ビルダー」「シンカー」「クリニシャン」「プロジェクト・マネジャー」を導き出した。

* このエピソード自体がとてもシリコンバレーっぽい。

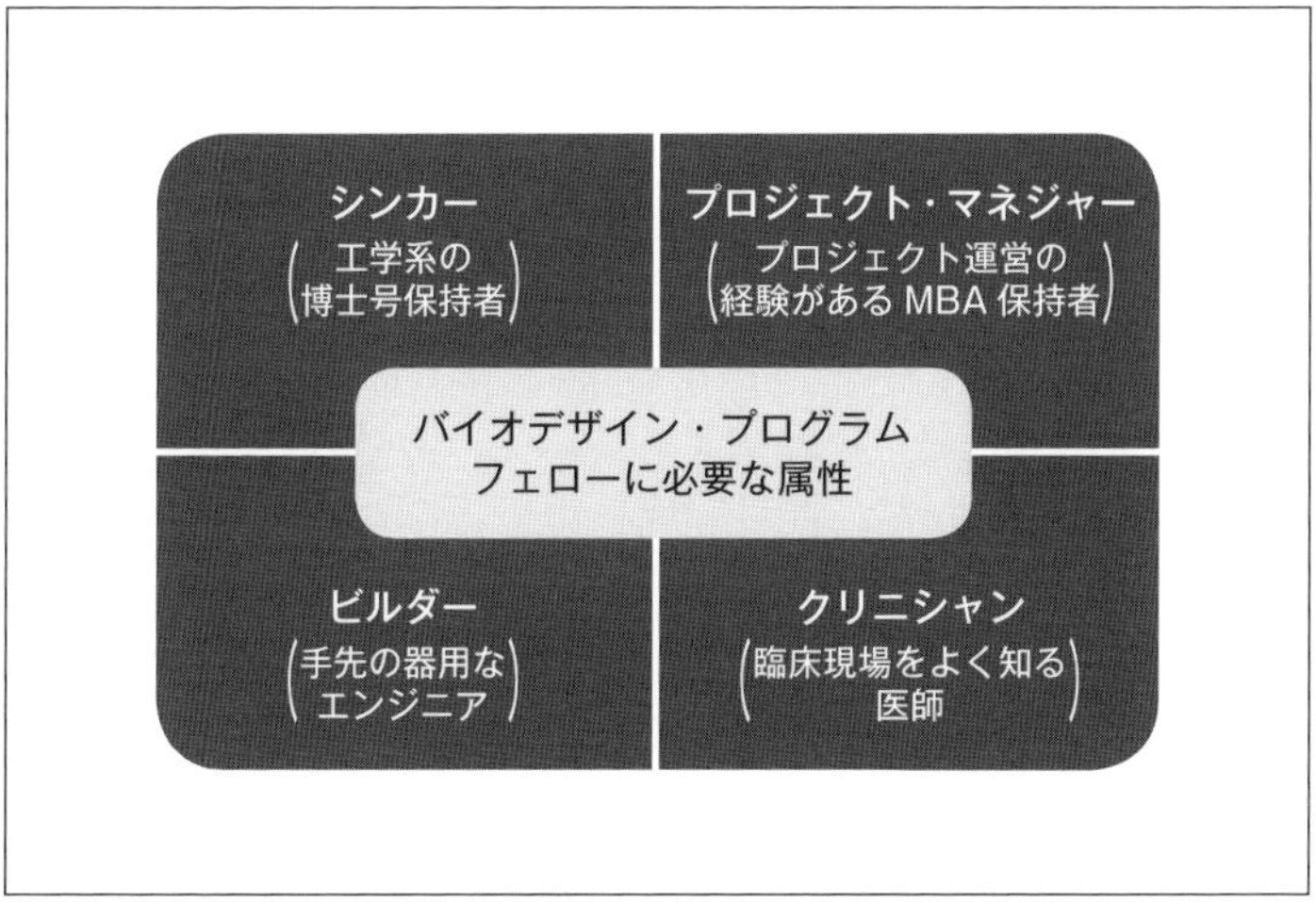

バイオデザイン・フェローの 4 属性

ビルダーとはプロトタイプが作れる手先の器用なエンジニア、シンカーとは既存の科学技術の知識を持ち、それを応用できる工学系の博士号保持者、クリニシャンとは臨床医療を経験し現場をよく知る医師、プロジェクト・マネジャーとは企業でプロジェクト運営の経験があるMBA保持者を想定している。一人のメンバーが2つ以上の属性を兼ね備えていることもあるが、これら「4つの属性を持つメンバーが揃っている」ことが、チームが機能し目的を達成するために重要だとしている。

たしかに、AT&Tのベル研究所で世界初のトランジスタが生まれるには、ノーベル賞を2度も受賞した理論物理学者ジョン・バーディーンと、手先が器用でクリップ一つあれば何でも作ってしまうと言われた老練な実験物理学者ウォルター・ブラッテンのコラボレーションが不可欠だった。そして、この2人を選んだショックレーの人材目利き力がなければ、あの「ドリーム・チーム」は誕生しなかっただろう。

同様に、聾唖者教育に力を注いできた家系に生まれ、人間の耳が音を聞く仕組みに造詣が深い一方、手先がとんでもなく不器用だったアレキサンダー・グラハム・ベルと、教育はないが器用で何でも試作品を作れたトーマス・ワトソンのチームワークがあって初めて、電話は完成した。

これらの例のように、イノベーションは基本的にチームワークの産物だ。個人がまったく独力でイノベーションを成し遂げられたケースは少ない。

発明王と言われるエジソンも、多様な能力を持った技術者たちを集めた「発明工房」とでも言うべき研究所をニュージャージー州メンローパークに設けていた。だからこそ、蓄音機、白熱電球、映画など、あれだけ多くの発明を次から次へと生み出すことができたのだ。

バイオデザイン・プログラムにおいても、様々なバックグラウンドを持つ優秀な人材を10倍以上の志願者の中から選び、人材属性に応じてチームを組ませているのだ。

留学生と日本人学生の自己紹介はこんなに違う

私が勤務する大学には、すべての授業を英語で行うフルタイム（全日制）のビジネススクールがある。そのビジネススクールにおける私の講義では、初回の授業で学生に、これまでの経歴と10年後の将来像を語りながら自己紹介するように求める。

日本人学生の典型的な将来像はこうだ。「私は……とりあえず一つでも多くの内定が欲しいです。会社に入ったら、一生懸命会社の役に立つように努力します」

いかがだろう。企業に「雇われる」ことが前提で、「自分が何をしたいのか」という目標意識がとても希薄だ。

一方、よくある留学生の自己紹介はこうだ。「そうだな、俺は映像を撮るのが趣味だから、10年後にはアカデミー賞の監督賞を取ってるだろうなぁ。それとももう一つ、映像関連のベンチャーを起こして成功し、大金持ちにもなってるだろうな……」

こちらは、先ほどの日本人とは逆に、過剰なまでに自分に自信を持ち、圧倒的なまでに将来を楽観し、リスクをまったく恐れていないことがわかる。

この2人のどちらから、より自由で大胆な発想が出てくるかは、自ずと明らかだ。こうした発想の自由度があって初めて、「人類がこれまでに出版した書物をすべて検索可能にする（グーグル）」「地球の周りに77個の通信衛星を打ち上げ、砂漠の真ん中であろうと南極大陸であろうと、地球のどこからでも携帯電話での通話を可能とする（イリジウム）[*]」「NASAの10分の1の費用で国際宇宙ステーションに物資を届けたり、火星への移住を可能にする宇宙船を作る（スペースX）」などの発想が生まれるのではないだろうか。

もちろん日本人にもいいところはたくさんある。例えば、私がビジネススクールの講義の準備で、互いの顔が見えた方が議論が活発になるため、黒板と平行に並んでいた長机を、教室中央に向けて並べ直していると、後からやってきた日本の学生たちは、私がやろうとしていることを察して、何も言わずに手伝い始める。

こうした、他者が何を望んでいるかを推し量り、協調して一つの目標を達成することにかけては日本人は世界最強レベルだと思う。だが、こうした協調性の高い日本人ばかりが集まったチームで、従来の発想の枠を超えたイノベーションが起こせるだろうか。

以前、ソニーエリクソン（現 ソニーモバイル）の携帯電話の開発風景を見たとき、肌の色も性別も様々なメンバーが、どんどん多様なアイディアを出し合っていたことに強い印象を受けた。日本企業が今後、多様なアイディアを生み出していく上で、人材の多様性はますます重要になっていくだろう。

＊ 実際に打ち上げられたのは66個で、ビジネス的には失敗した。

均質性より多様性――高級官僚集団と愚連隊ではどちらが上？

実際、ＮＡＳＡのアポロ計画に携わったチームを分析した結果では、**高い能力を持った同質の人材からなるチームよりも、平均的な能力の異質な人材からなるチームの方がより高いパフォーマンスを示した**そうだ（注29）。

たとえて言えば、東大法学部を出て国家公務員試験に優秀な成績でパスした者ばかりの高級官僚集団よりも、マンガ「サイボーグ００９」に見られるような、日米混血で少年院を脱走したところを捕らえられた問題児ジョー、アメリカ白人の不良ジェット、アフリカ人のピュンマ、ネイティブ・アメリカンのジェロニモ、中国で飢え死にしそうだった張々湖、フランス人女性のフランソワと、人種も性別もバラバラで、年齢も下は赤ん坊の００１から上は老境に差し掛かったギルモア博士まで、多様なメンバーで構成される愚連隊の方が、高いパフォーマンスを示したということだ。

社会学者のセドリック・ヘリングによれば、企業における人種やジェンダーの多様性と、売上高・顧客数・市場シェア・利益といった業績指標との間には正の相関がある。すなわち、様々な人種のメンバーや女性が活躍している会社は、より高いパフォーマンスを発揮したという結果が出ている（注30）。

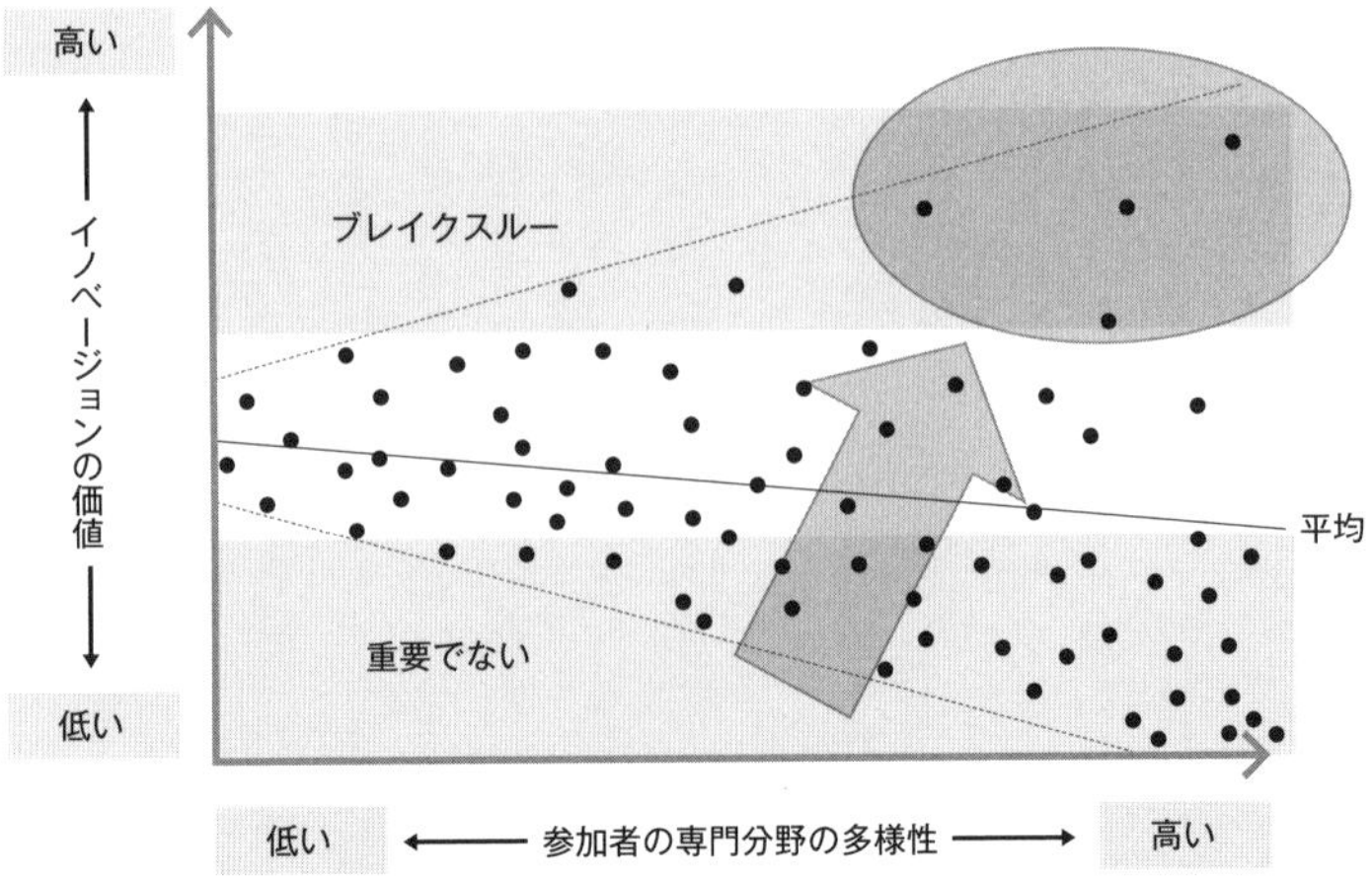

多様性はイノベーションの価値を高める

※慶應義塾大学SDM研究科作成資料のタイトルを著者改変。原典はLee Fleming, "Perfecting Cross-Pollination", Harvard Business Review, Vol. 82, Issue9, Sep. 2004

政府が今、必死に女性活躍の旗を振っている。だが、残念ながら我が国においては、企業経営者や国会議員における女性の割合は、世界でもビリから数えた方が早いほど低い。だから、経団連の賀詞交換会などは、背広を着た初老の男性ばかりという異様な風景になる。さらに問題なのは、それを異様だとすら思わない日本人のセンスである。*

2004年、『ハーバード・ビジネス・レビュー』に掲載されたフレミングの論文によれば、非常に似通った学問分野の人々で構成されるチームから生まれるイノベーションは「平均値」こそ高いが、飛び抜けて価値の高い「ブレイクスルー」は生まれにくい。一方、多様な学問分野の人々で構成されるチームは、価値の低いイノベーションも多く生み出すためにその「平均値」

* アメリカ留学中、床屋でNHKの国際放送を観ていて、言いしれぬおぞましさを感じたことがある。画面の中でテレビ体操をしていた女性3人が3人とも、まったく同じ服装と化粧と髪型で同じ動きをしていたからだ。アメリカ暮らしになじんだ目には、その没個性的な映像が、まるでどこかの独裁国家の一糸乱れぬ軍事パレードのように映ったのだ。

は低いが、飛び抜けて価値が高いブレイクスルーもまた生み出すそうだ（図参照）。

こう書くと、「いくらブレイクスルーが生まれるとは言え、平均値が低いのでは意味がないのではないか」と反論する方もいるだろう。たしかに、木に生った実を残らず食べなければいけないのであれば、まずい実が多いと困る。しかし、美味しそうな実だけを選り好みして良ければ、まずい実がいくらたくさん生っても何ら問題ない。飛び抜けて美味しい実だけを選んで食べればいいからだ。

アイディアを生み出すに当たっても同様で、大切なのは平均点ではなく、たった一つでもブレイクスルーが生まれることだ。価値のないアイディアは捨てればいい。

ちなみに、クリエイティブなアイディアを生み出すことが死活的に重要な博報堂では、**粒ぞろいより、粒違い**という言葉を大切にしている。同じような高い能力を持った社員がたくさんいるよりも、多様な社員がいる方が重要であることを、短い言葉で表現した良いフレーズだと思う。

10章
「ジョブ」と「制約」を探すニーズ・ファインディング

ニーズ・ファインディングとニーズ・ステートメント

多様な人材で構成されるチームができたら、次は、「顧客がどんなジョブを片付けたいか」を見つけ、「それを妨げるものは何か」を洞察しよう。

破壊的イノベーションを起こす上で最も重要なステップの一つであるこのプロセスは**ニーズ・ファインディング**と呼ばれる。本章では、スタンフォードのバイオデザイン・プログラムなどを例に、ニーズ・ファインディングの方法論を学んでいこう。

スタンフォード大学バイオデザイン・プログラムに所属するフェローのチームは、オリエンテーションが終わるや否や、2人1組のペアに分かれ、2ヵ月間にわたって臨床現場に入り込む。医師、看護師、病院スタッフ、入院・外来患者とその家族といった医療の現場にかかわる様々な人々を参与観察するのだ。

こうした人々と経験を共有することで、「こんなデバイスがあったらいいのに」という潜在的なニーズを発掘する。参与観察の場は、病棟や診察室はもちろん、手術室や集中治療室にまで及び、チームのメンバーは医師が患者を治療する臨床の「現場」を徹底的に観察する。

続いてフェローたちは、専門家への聞き取りや文献調査などを通じて医療現場に関する知識を増やしていく。ときには現場に戻って関係者からフィードバックをもらい、見つけ出したニーズの重要性を査定する。チームは「どういった状況」が「どのように改善されるべきか」について意見を出し合い、発掘したニーズの特徴を、簡略かつ明確な一行のステートメント（記述）にまとめる。こうすることで、**それぞれのニーズの本質が浮き彫りにされていく**のだ。

このプロセスは**ニーズ・ステートメント**（潜在的なニーズの明文化）と呼ばれている。* 現場に潜在するニーズが持つ事業化価値と重要性とを見極め、明瞭に関係者に伝達するための有用な方法である。ちなみにクリステンセン教授が創設したコンサルティングファーム「イノサイト」のメンバーたちも、このような「特定の状況」における「ジョブ」にフォーカスし、「欲求の背後にある真の要因を理解する」必要があると述べている（注32）。

この異質で多様な属性を持つメンバーからなるチームによる徹底的な参与観察と文献調査、

* この潜在的なニーズを技術開発の課題にまで翻訳するという一連のプロセスは、児玉文雄東京大学名誉教授の言う「需要表現（ディマンド・アーティキュレーション）」の概念に非常に近い。先生は、需要表現を「潜在需要を製品概念として統合化し、この製品概念を個々の要素技術の開発項目へ分解するという、2つの技術的活動の動学的『相互作用』」と1991年に定義している。バイオデザイン・プログラムにおいて教育されているこのニーズ・ステートメントとは、まさにこの「需要表現」の一連のプロセスそのものだと言える。慧眼である（注31）。

議論を通じて、様々な解決すべきニーズが発見される。1回のプロジェクトで、少なくとも200、多いときには600以上もの具体的なニーズがリストアップされるという。多様な専門性や異質な属性を持つメンバーがチームになっているので現場を観察する際の視点が広く、また医療従事者が持つ「こういうときにはこうするもの」といった先入観もないため、医師や患者自身が認識していなかった潜在的なニーズを見出し、取り組むべき課題を発見することができるのだ。

ちなみにこのユーザーが実際に製品を使っている現場を参与観察し、ユーザー自身も気付いていない潜在需要を発掘する手法は、マーケティングの世界では「エスノグラフィ（文化人類学的）・マーケティング」と呼ばれている。例えばP&Gでは、小売店や家庭などの観察を基に「言われてみれば欲しかった」と消費者が思う新商品を生み出している。ファブリーズは「家の中の布から漂う、何となく気になるニオイ」を解消する商品だが、この「何となく」という漠然とした不満はアンケート調査には表れにくい。P&Gでは、マーケターによる家庭訪問によってこうした不満を見出したという（注33）。

また、国際的なイノベーション支援企業であるフロッグデザインでクリエイティブ・ディレクターを務めたルーク・ウィリアムスは、すぐに見つかる**ペイン**（痛い）**ポイント**よりも、小さくて一見支障がない**テンション**（緊張）**ポイント**、つまりイライラがたまっている点を探して改善することに、イノベーションの可能性が豊富に眠っていると述べている（注34）。

テンションポイントの解決——ウーバーのケース

この、**消費者が何となく不満に感じていながら、我慢してある製品やサービスを使っている**（＝テンションポイント）という一種の「無消費」の状況を、見事なアイディアで解決して急成長を遂げているのが、２００９年３月にアメリカのサンフランシスコで創業したウーバー（Ｕｂｅｒ）というサービスだ。

このサービスは創業５年で世界58ヵ国３００都市以上に広がり、10人でスタートした契約運転手は１００万人を超えた。２０１５年までに走った営業距離は地球と土星の往復に匹敵する24億キロメートルに及ぶ（注35）。

読者の皆さんの中にも、仕事などでアメリカを訪れ、タクシーを利用したことがある方がいるだろう。アメリカでタクシーに乗るには、大きなホテルの前などタクシーが集まっているところまで歩くか、（３台に１台は壊れている）公衆電話などで呼ぶ必要がある。

イライラしながら待っていると、やっとタクシーがやって来る（遅れることもしょっちゅうだ）。さて荷物を入れようと、黄色く塗られた時代遅れの大柄なボディのトランクを開けると、スペアタイヤがど真ん中にどっかりと居座っていて、荷物がまともに入らないのにまず驚かされる。

車内に入れば、まるで刑務所の面会室のようにドライバーとの間がアクリルの板で仕切られていて、行き先を告げるのもままならない。運転手とまともな英語で会話ができることもまれだ。目的地を告げてもわかっているんだかわかっていないんだかはっきりせず不安になる。車のシートは汚く、ところどころ裂けて中綿が飛び出していたり、それをガムテープで適当に修理してあったりする。きれいな服を着て来たことを少し後悔するが、後の祭りだ。

やがて、車が走り始めると、走りすぎてダンパーがスカスカになっているためか、妙にぶよぶよした最悪の乗り心地だ。フロントガラスも泥だらけで、よくこれで前が見えるなと思う。運転手好みのやかましい音楽ががなり立て、およそ客のことなど考えてもいない。知らない土地では、どこへ連れて行かれるかもわからないし、遠回りされていても気付きようがないので降りるまでずっと料金が心配で仕方がない。到着地に近づくと、メーターの金額を素早く1・15倍にしてチップ込みの支払料金を計算し、これ以上メーターが上がって計算し直す羽目にならないよう神に祈る……。

このように、アメリカでタクシーに乗るのは、目的地まで行くという「ジョブ」に対して、使いたくないが他に選択肢がないので仕方なく「雇って」いたテンションポイント満載のサービスだったのだ。

タクシーよりも便利で快適、しかも安価なサービス

そんなテンションポイントに目をつけて、ウーバーは2009年にサービスを開始した。iPhoneが発売された2年後の、ちょうどスマートフォンが普及し始めた頃である。ウーバーは顧客に、タクシーよりも便利で、快適で、しかも安価なサービスを提供しただけではない。ドライバーにはフレキシブルな働き方と収入の機会を、運営企業には投資コストが少ないスケーラブルなビジネスモデルを提供している。

ウーバーを使いたいと思う顧客は、まずはウーバーのアプリを自分のスマートフォンにインストールして、クレジットカード番号などを登録する。

登録後、アプリを立ち上げると、現在地の地図とともに4種類の選択肢が示される。アメリカでは顧客は自分のTPOに応じ、「コストが安い小型車のウーバーX」「コストがやや高い中型車のウーバーXL」「パーティーなのでキメて出かけたいときのハイヤー」「荷物が多いときのSUV」のいずれかを選ぶ。

あとは地図が自分のいる地点を指していることを確認して「乗車場所を指定」し、「ウーバーを依頼する」ボタンを押せば、一番近くにいて条件に合致する車が選ばれ、車種、ドライバーの名前と顔写真、ドライバーのレーティング（後述）などが表示される。「今その車がどこに

いて何分後に到着予定か」も地図上にグラフィカルに示されるので、いつ来るかわからないタクシーを待っているときのようなイライラ感もない。もし料金が心配なら、依頼前に行き先を入力すれば、おおよその料金も確かめられる。

また、必要に応じて、運転手とのテキストメッセージのやり取りや電話での会話もできるので、細かい場所を指定したいときや待っている場所を変更したときでも安心だ。

ウーバーXでやって来る車は、フロントガラスに黒地に白抜きのU字シールが貼ってある以外は、至って普通だ。それもそのはず、この車はウーバーではなくドライバー自身が所有しているのだ。そのせいか、通常、車内はチリ一つないぐらい掃除が行き届いている。客用にペットボトル入りの水やガム、キャンディーなどが備え付けられていることも多い。

ドライバーの多くはフレンドリーで「英語が通じる」人たちだ。面白いことに、小型のウーバーXを頼んだ場合、3台に2台ぐらいの割合でトヨタのプリウスがやってくる。ガソリン代はドライバー持ちらしく、その圧倒的な燃費の良さがアメリカでも受けているのだろう。

ウーバーと契約しているドライバーの車の中には、ウーバーから支給されたiPhoneが据え付けられている。ドライバーは、そのiPhoneを使って、客が待っている場所や目的地までの経路を確認し、客が乗り降りしたときの入力作業を行う。

車が目的地に着くと、「ご乗車ありがとうございました！」「こちらこそ、あなたと話せて楽しかったよ!!」と明るく挨拶を交わしてそのまま車から降りればミッションコンプリートだ。

・いつでも、どこでも、来てほしい場所に呼ぶことができる
（日本のように、呼び出してからその場所までの料金を請求されることも、別途呼び出し料金を取られることもない）
・自動車のサイズ、荷物の積める量、高級感などを選べる
・呼んでから来るまでの時間や目的地までの料金があらかじめわかる
・呼んだ車がどこまで来ているか、スマートフォンで確認できる
・目的地をスマートフォンであらかじめ入力できるので、会話の行き違いによるトラブルがなくなる
・車内は清潔で、水などが備え付けられていることも多く、サービスの満足度が高い
・現金や小銭を用意する必要がない
・チップの計算をしなくて良い
・タクシーより安い
・詳細な経路地図が付いた明朗会計のレシートがもらえる

ウーバーのメリット

ウーバーのサービスでは、ドライバーと客の間で現金のやり取りもチップの支払いも一切ない。すべてウーバーの料金に含まれていて、顧客のクレジットカードから自動的に引き落とされる。それの一定割合を会社が差し引いて、１週間に一度、売上がまとめてドライバーに振り込まれる仕組みだ。

顧客には降車後、乗った地点から降りた地点までの経路地図の付いた詳細なレシートが電子メールで届く。これまで海外出張でタクシーを利用したときは、タクシーの領収書をもらう必要があったが、書くのを嫌がるド

ライバーも多く、空白のレシートを渡されるならまだしも、一度などレシートではなく名刺を渡されたのに気付かず降りてしまい、その分が自腹になってしまった苦い経験もある。ウーバーならそんな心配も無用だ。

ウーバーのメリットをまとめると右の表のようになる。

ウーバーは既存タクシーに対する持続的イノベーション

私が思うに、ウーバーのビジネスモデルで一番優れているのは、車を保有しているのがウーバーではなくドライバーである点だ。だから、大きな資本が必要なく、ビジネスのスケールアップや国際展開がすぐにできる。自動車を購入しないので、金利なども発生しない。つまり、「資産を持たない」ビジネスモデルなのだ。

アメリカで暮らすには、通常、車を持たざるを得ない。しかし、その車は1日24時間ずっと稼働しているわけではない。多くの場合、個人が所有する車は、1日の大半は稼働せずに車庫に眠っている。だから車を持っている個人から見ると、ウーバーは、自分の遊休資産（車）や遊休時間をお金に換えられるチャンスなのだ。

実際、ドライバーにインタビューしたところ、ウーバーのドライバーの多くは月3000ドル（約33万円）ぐらい稼ぐそうだ。1日16時間ドライバーとして働いている人は月に9000

ドル（約99万円）稼ぐという。結構、いい収入ではないだろうか。

インタビューしたドライバーたちは皆前向きで、修士課程の学費を稼いでいたり、映画産業に就職するまでのつなぎだったり、子育てを終えて社会復帰する女性の助走期間だったりする。普段はリムジンでホテルと空港との送迎をやっていて、帰り道だけウーバーに「変身」するドライバーにも何度か出会った。たしかに、顧客を送った帰り道は空気しか積んでいないので、そのスキマ時間と遊休資産（車）をお金に換えようという気になるのも頷ける。

また2回目以降、ウーバーを呼ぼうとアプリを立ち上げると、前回利用したドライバーを評価する画面が立ち上がる。評価しないと先に進めないので、ドライバーの満足度情報が自然と蓄積される。* 評価の悪いドライバーが自然と淘汰される仕組みなのだ。だからこそ、ドライバーは、車内をぴかぴかに清潔に保ち、丁寧な言葉遣いを心がけ、人によってはミネラルウォーターやガムのサービスを提供し、ドアまで開けてくれるのだ。

このウーバーというサービスは、顧客から見るとタクシーより利便性も快適さもコストパフォーマンスも向上しているので、既存のタクシーに対する「持続的イノベーション」だ。そしてその優れたビジネスモデルによってタクシーの顧客を着実に奪い、アメリカではタクシー業界を静かにかつ確実に滅ぼしつつあるようだ。

＊ 実は、顧客もまたドライバーから評価されているらしい。評価の悪い顧客はドライバーにスキップされ、車がなかなか来なくなるのだそうだ。「お前のレーティングはすごく高いぜ！4・9だ！」とスマートフォンを見せられたときには、複雑な気持ちになったが。

ノン・コンシューマーを探せ！

新市場型の破壊的イノベーションを起こす上で重要な考え方に、3章でも触れた「無消費（ノン・コンサンプション）」と「無消費者（ノン・コンシューマー）」がある。

無消費とは、**製品やサービスの消費が何らかの「制約」によって妨げられている状況**であり、無消費者とは**無消費の状況にある潜在顧客**である。

無消費者は、既存の製品やサービスがまったく使えないか、あるいは既存の製品やサービスをなんとかやりくりして「ジョブ」を片付けている。これは、無消費者がフラストレーション（テンション）を感じている状況だ。

「すでに多くの人が我が社の製品やサービスを使っているので、無消費者などいない」と考える人もいるだろう。例えば、アメリカの大手ケーブル放送事業者の社員であれば「すでにアメリカ世帯の90％以上がケーブルテレビに加入している。無消費の概念が当社に当てはまるとは思えない」と言うかもしれない。

これに対する、クリステンセン教授の答えは「視聴者がテレビの前に座って**いない**とき、御社の番組を観る機会はどれくらいありますか？」だ。そう、答えは０％である。

たとえ普及率が１００％に近い業界であっても、見方を変えれば、無消費という名の未開の沃野が目の前に広がっているのだ。例えば、ガラポンTVという機器や、最近のソニーやパナソニックのハードディスクレコーダーは、テレビ番組を録画できるだけでなく、録画した番組をインターネット経由でスマートフォンなどに配信できる。外出先でちょっと空き時間ができたときに、常に面白いテレビ番組がオンエアされているとは限らないし、テレビ電波の入りが悪い地下街などにいることもあるだろう。

そんなとき、スマートフォンとこれらのハードさえあれば、録り溜めておいたニュースやドラマの続きなどを観ることができて便利だ。

こうした製品は、「テレビの前」以外では録画したテレビ番組を観られないという「無消費の状況」を解決し、新たな市場を拓いている。

スキルによる制約とは

無消費の状況では、製品やサービスの消費が何らかの「制約」によって妨げられている。では、消費はどのような制約によって妨げられるのだろう。

クリステンセン教授は、「スキル」「資力」「アクセス」「時間」の4つを挙げている。

スキルによる制約では、人々は適切なスキルがないために製品やサービスを消費できない。1970年代までのコンピュータが、まさにそうだった。大型コンピュータはトレーニングを受けた専門のオペレーター数人からなるチームが使うものであり、一人で扱えたミニ・コンピュータPDP－1も、基本ソフトはなく、高級言語は使えず、機械語で一からプログラムを書く必要があった。PDP－1はディスプレイこそ備えていたものの、図形や文字を描くにはいちいちX座標とY座標を指定し、点の明るさと明滅時間を指示しなくてはならなかった。文字を1文字書くのにもとんでもなく手間がかかり、およそ素人が扱える代物ではなかったのだ。

もし、なじみのある業界で、専門家の手助けが必要な製品やサービスがあれば、それはすなわち、ユーザーのスキルによる障壁が存在しており、そのために無消費という名のチャンスが生じている可能性があるのだ。

資力による制約とは

資力による制約とは、平たく言えば、消費者が「欲しいけど高くて買えない」状態である。イノベーションの歴史を振り返ると、イノベーションによって製品やサービスの劇的なコストダウンを達成した企業は、価格を引き下げても利益を確保できるようになり、一部の富裕層や大企業だけでなく一般消費者や中堅中小企業など、はるかに大きな市場、多くの顧客を手に入れて利益を増大させることができた。

例えば、ヘンリー・フォードは、ベルトコンベアによる流れ作業方式などによって自動車生産のイノベーションを起こし、自動車の大量生産で低価格化を実現した。* 貴族や大富豪などが道楽で所有するものだった自動車を一般の人でも購入できるようにしたことで、自動車は庶民の日常生活の足となり、リヤカーの代わりに荷物を運ぶ役割を担うようになった。

最近であれば、「格安スマホ」も資力による制約を解消した例だろう。OCNやイオンなど、移動体通信網を自社で持たずに通信キャリアから回線を借りて通信サービスを提供するMVNO事業者は、ほどほどのサービスを安い月額料金で提供している。これにより、スマートフォンは欲しいが月々の支払いの高さに二の足を踏んでいた年金生活のお年寄りや子供たちなどの「無消費者」を開拓したのだ。

* T型フォードが黒色だったのは、黒色のペンキが一番安かったからだそうだ。

アクセスによる制約とは

アクセスによる制約とは、その商品やサービスが特定の場所や状況に「閉じ込められて」おり、そこでしか使えない状況だ。ウォークマンが登場する前のステレオ、ノートパソコンが登場する前のパソコン、携帯電話が登場する前の電話機、ミニコピアが登場する前のコピー機などは、ある特定の場所（自宅や大企業のオフィス）に**行かなければ**利用できなかった。

かつてはゲームセンターに行かなければビデオゲームで遊べなかったし、写真屋で現像しなければ写真は見られなかった。ノマド（遊牧民）ワーキングスタイルも、ノートパソコンの高性能化と無線インターネットサービスによって、仕事はオフィスに行かないとできないというアクセスの制約を取り払った働き方のイノベーションだ。

アクセスによる制約を見つけるための質問は2つある。一つは**既存の製品やサービスを消費したいが、現時点ではできていない状況があるか？**である。

僻地の消防署の宿直室、災害の被災地、山の頂上近くのテントなどは、温かい食事をしたくても、レストランは遠くにあって近くに調理場もないので食事を作ることもできない「無消費の状況」だ。こうした状況を解決する手段として登場したカップヌードルは、災害救助隊や警察官、消防団員などに大いなる福音をもたらした。

もう一つの質問は、**顧客が求めているにもかかわらず、アクセスできない製品やサービスが存在するか？**というものだ。

以前であれば、自衛隊の演習ビデオを観たいと思っても、大都市にしかないミリタリー専門店に行かなければ入手が難しかった。しかし今や、ＹｏｕＴｕｂｅやニコニコ動画で、極めてニッチな映像も自宅で観られる。こうした、ニーズが存在するにもかかわらず、薄く拡散しているために、顧客がアクセスしにくくなっている状況を見つけ、その制約を解決すれば、新市場型の破壊的イノベーションを起こせるだろう。

時間による制約とは

時間による制約は、消費できるだけのスキルもお金もあり、提供されている場所にアクセスできるにもかかわらず、消費するのが面倒だったり時間がかかりすぎたりする場合に生じる。

時間による制約を見つけるための質問も2つだ。一つは、**かつてはそれを消費していたのに、それをするのに時間がかかるせいでやめてしまった消費者はいるか?**である。

私が時間による制約のために消費をやめてしまったことの一つが「映画を観ること」だ。WOWOWを契約しているので、録り溜めた映画でレコーダーのハードディスクはどんどん膨れ上がっていく。だが、時間による制約のせいでそれらをなかなか消費できないでいる。

映画は1本観るのに2時間ほどかかる。2時間という長さは、2000円近い入場料を取って劇場に観客を集めて上映するために決められたフォーマットなのだろう。だが、自宅で楽しむ娯楽としては、2時間はどうにも長すぎる。他に何も邪魔するものがない映画館でならともかく、自宅で映画を観ていると、つい仕事が気になったり、宅配便が来たりなど気が散って、2時間ずっと画面の前に座っていることができない。つまり、映画という娯楽を消費するための能力もお金も場所もあるにもかかわらず、時間がボトルネックになって消費が進まないのだ。

時間による制約を見つけるためのもう一つの質問は、**その製品を使いこなせるようになるのに、何時間ぐらいかかるか?**である。

私のマッキントッシュパソコンにはアップル製のプレゼンテーションソフト「キーノート」が無料でインストールされている。出来上がるプレゼンテーションの見栄えはマイクロソフトの「パワーポイント」よりもキーノートの方が良さそうだ。しかしその使い方を学ぶ時間が取れないため、渋々パワーポイントを使い続けている。こうした人は、私以外にも結構多いのではないだろうか。

満足過剰の顧客を探せ!

いくら多様なメンバーを集めて無消費の状況を探しても見当たらなかった場合には、**満足過剰の顧客を探す**のが有効だ。見つけたら、その人たちに向けてシンプルで低価格で「必要十分」なソリューションを提供すればいい。ローエンド型イノベーションを起こすのだ。

満足過剰の状況とは、ある顧客グループにとって、ある特定の性能がこれ以上向上しても、それが満足度の向上につながらない状況である。これは「高性能化=高付加価値化」と信じて疑わないエンジニアにとっては、非常に受け入れ難いだろう。しかしI部で述べたように、自動車の最高速度やパーソナル・コンピュータのクロックスピード、湯沸かしポットの機能や床屋のサービスなど、顧客がすでに「お腹いっぱい」でそれ以上「盛り付け」られても満足度が向上しない状況にある製品やサービスは結構多い。

身の回りの製品やサービスに、性能が十分以上になってしまっているものはないだろうか。メーカーは一生懸命性能を向上させ続けているのに、ユーザーにとってはちっともありがたみが増さない性能（評価軸）があれば、既存企業をローエンドから攻めるチャンスだ。QBハウスや回転寿司、ティファールの湯沸かしポットやワンコイン健診のケアプロなどはいずれも、他社にはない技術やノウハウを結集してローエンド型のイノベーションを起こしている。

仮説設定能力が鍵になる

アメリカの哲学者パースによれば、人間の思考は「演繹」「帰納」「創発（仮説設定）」の3種類に分類できる。

これらのうち、演繹と帰納は、おそらくコンピュータでも代用可能だ。演繹はコンピュータが得意とする論理演算そのものだし、帰納も多くのデータから近似式を求めればできそうだ。しかし、最後の仮説設定、すなわち起きていることの因果関係を類推して仮説（理論）を考え出すことは、今のところ人間にしかできないようだ。

『アイデアのつくり方』を著したヤングが**アイディアを創り出す才能は事物の関連性を見つ**

け出す才能に依存するという趣旨のことを言っているが、「顧客がどんな用事を片付けたいか（ニーズ）」を見つけ、「それを妨げているものは何か（スキル・資力・アクセス・時間）」を洞察することは、今のところ人間にしかできない。

21世紀を生き抜くために、企業はこの**創発力**を一層鍛える必要がある。そして、他人のわずかな振る舞いから、その人が求めていることを感じ取る、すなわち「空気を読む」ことが得意な日本人こそ、実は最も創発力に富んだ民族なのかもしれない。

11章 破壊的アイディアを生み出すブレインストーミング

「正しい」ブレインストーミングとは

「無消費の状況」や「満足過剰の状況」に気付いたら、次のステップはそうした制約を取り除くためのアイディアを出すために、多様なメンバーを集めて「ブレインストーミング」することだ。

制約が「資力」によるものなら価格を劇的に下げられるようなアイディアを、「スキル」によるものなら素人にでも使えるような解決策を考えよう。「アクセス」によるものならポータブルにしたりインターネット経由で提供したりできないか、「時間」によるものであればインターフェースをシンプルにしたり、機能を必要最低限にしたり、遊びながら使い方を学べるようにしたりできないかを検討してみよう。「満足過剰の状態」に陥っているのなら、よりシンプルで低価格な代替案はないか話し合ってみよう。

ブレインストーミングは、現在、多くの企業に導入されている。寛いだ雰囲気でアイディアをポストイットに書いて出し合う「ブレインストーミング風の会議」に参加したことがある人も多いはずだ。だが、日本の喫茶店のナポリタンスパゲッティが本場ナポリのスパゲッティと似ても似つかないように、ブレインストーミング風の会議と「正しいブレインストーミング」では、その背景にある思想からしてまったく違う。

本章では、ブレインストーミングの思想的背景から、正しいブレインストーミングを実際に行う際のルールまでを確認しよう。

そもそも、ブレインストーミングとは、「グループによる創造力に期待し、それを信頼するアイディア形成のための手法」だ。だからブレインストーミングで重要なのは、**一人では出せないような発想を、グループの力で出す**ことである。異なる知的背景を持つ多様な参加者の創造力を結集することで、一人でアイディアを考えるときよりも「解の空間」を広げ、革新的なアイディアを多く生み出せるのだ。

最も広く認知されている「ブレインストーミングのルール」は、プロダクトデザイン会社ＩＤＥＯのものだ。ここでは、ＩＤＥＯによる7つのルールと、スタンフォードのｄスクールにおける実践例などを見ていこう（注36）。

①価値判断は後回しに

価値判断を後にすることは、すべてのブレインストーミングのルールの中でも最も直感に反し、それゆえに守るのが最も困難なルールだ。このルールのポイントは、ブレインストーミングが終わるまで、出されたアイディアを批判したり論評したりするのを一切やめることにある。

ブレインストーミングの目的は、個人の創造力を活発にするとともに、チームによる創造的プロセスも同時に活性化することだ。そのためにはまず、どんなアイディアをも受け入れる「安全な環境」をつくる必要がある。実行不可能なアイディア、あるいはどんなに馬鹿げた提案でも、それを受け入れ、次の新たな発想へとつなげるよう促すことが大切なのだ。

価値判断を後にすることが7つのルールの最初に書いてあるのには大きな意味がある。**正解しか口にしてはならない**と考えながらアイディアを考えるのは、ブレーキを思いっきり踏みながらアクセルを踏むようなものだ。発想の枠が狭く縮こまり、出てくるアイディアは量が少なく、その質も凡庸で貧弱になる。

業界経験が長い人ほど、無意識のうちに既存の解決策にとらわれていることが多い。そういう人が、得てして上司だったりするので始末が悪い。彼らに「それは過去のあれの焼き直しだ」とか「そのやり方は前にやったけどダメだったね」などと言わせないようにすることが、クリエイティブなアイディアを出す上で極めて重要になる。

②ワイルドなアイディアを促す

「シンク・アウト・オブ・ザ・ボックス」、つまり既成概念の外に出て、今までとは異なった「ワイルドな（自由奔放な、無謀な、的はずれな、並外れた、狂気じみた）」考え方を奨励することも重要だ。

ブレインストーミングで出たアイディアは、その後のプロセスで改めて評価・選別される。だからブレインストーミングの段階では、アイディアがいくらワイルドでも問題ない。面白い馬鹿げたアイディアには、チーム全体の創造力を刺激するという重要な効果がある。そこから、新しいインスピレーションが生まれるのだ。

ＩＤＥＯでは、メンバーのほとんどが**素晴らしいアイディアは馬鹿げたアイディアの後ろに隠れている**ことを共通認識として持っているそうだ。だがこれも、「空気を読んで場の雰囲気を乱さない」ことを最良の価値とする日本人にはなかなかなじめないかもしれない。手を挙げたからには正解を言わないとばつが悪い思いをする教室で育った我々にとって、一見でたらめに見える馬鹿げたアイディアを口にすることは恥ずかしく、憚られるからだ。

しかし、ワイルドなアイディアを奨励する企業でなければ、グーグルのように「何も話さず、何も入力しなくても、パソコンの前に座るだけで知りたいことや聞きたいことが画面に出てくる世界をつくる」(注37)とか、「人が運転しなくてもいい自動車を開発する」といったアイディアは生まれない。

効果的なブレインストーミングのセッションには、リズムやスピード感がある。これらのリズムやスピード感は、ブレインストーミングの参加メンバーたちが非現実的なアイディアをどんどん出し続けることで生まれる。このことは、クリエイティブなプロセスでは極めて重要なのだ。

③他人のアイディアの尻馬に乗る

他人が出したアイディアに乗り、それをレバレッジ(てこ)として活用するのも、新しいアイディアを出す上では有効だ。メンバーのあるアイディアが、他の参加者を刺激し、新たな発想が生まれ、思いもかけなかった新しいアイディアへと発展していくのだ。

ブレインストーミングになじみのない参加者は、他人のアイディアに乗ることがアイディアの盗用のようで受け入れにくいかもしれない。だが、自分の考えだけに頼るのでは、部屋に籠もって一人で考えているのと何ら変わらない。

多様な参加メンバーのワイルドな意見に刺激されて、知らず知らずのうちに自らを縛っていた目に見えない「解空間」の呪縛を解くからこそ、まったく思い付かなかったソリューションが生まれるのだ。

そもそも、まったくの無からアイディアは生まれない。カメラの発明は、その前身のカメラ・オブスクラなしにはあり得ず、ラジオの発明もマルコーニの無線通信がなければ不可能だった。万有引力の法則を思い付いたアイザック・ニュートンも、「私がより遠くまで見渡せたとすれば、それは巨人（先人たち）の肩の上に乗ることによってです」と述べているではないか。

④数を求める

うまくいっているブレインストーミングのセッションでは、グループの足かせが取り払われ、ぐいぐいと進む推進力が得られ、豊かなアイディアが次々と生まれる。そのためには、アイディアの良し悪しを気にせずに**できるだけ多くのアイディアを出す**という目標を課すことだ。

「下手な鉄砲も数撃ちゃ当たる」という諺は、実は正しい。アイディアの質は何らかの統計分布に従っており、大量のアイディアが生まれれば質の高いものも一定の確率で出現する。そもそも、アイディアの良し悪しは市場が判断するものだ。発案者自身が最高だと思ったアイディアでも、それが市場で受け入れられなければ（売れなければ）、それは悪いアイディアだし、逆もまた真なのだ。コナン・ドイルは後に彼の代表作と評されるシャーロック・ホームズを駄作だと思ったそうではないか。

ブレインストーミングのセッションは通常、60分から90分程度で、90分以上になると、非生産的になる。通常、この程度の時間でも、少なくとも60個は新しいアイディアが生まれる。目標を高めに設定すれば、100個以上のアイディア創出も可能だろう。

短い時間内にそれだけたくさんのアイディアを生み出すには、グループのメンバーは一つの特定のアイディアにこだわらず、素早く切り替えていくことが求められる。

⑤一度に一人が話す

創造的プロセスにおいて聞くことは話すことと同じくらい重要だ。このルールを確実に実行する役割は通常、ファシリテーター（進行役）に託される。ただし、参加メンバーも、全員が一つの議論に集中できるように助力するべきだ。

このルールが破られたときには、皆が受け入れやすい、高圧的でないやり方でルールを守らせる。例えば、ファシリテーターが「本気ではない罰」を使ってもいい*。

これら一連のブレインストーミングのルールを部屋の目立つところに貼っておくこともルールを遵守する上で有益だろう。

⑥テーマに集中する

いくらブレインストーミングのルールに忠実であろうとしても、ときには議論が横道にそれてしまうこともある。横道にそれた話題から価値あるアイディアや情報がもたらされることもあるが、多くの場合、ブレインストーミングの生産性を下げ、流れを止めてしまう。

＊ 例えば、「こら！ もう一度やってみろ！ 今度はこの輪ゴムをぶつけるぞ！」など。

①議題に対して注意散漫になる
②雑談する
③その場でアイディアの価値を分析する
④アイディアを選別する

テーマに集中させるために避けるべきこと

グループをあるテーマに集中させるためには、上に掲げた4つのことを注意深く避けなくてはならない。

注意が散漫になる状態を最小限にするため、議論中に気になったものの、テーマとは関係ない提案や質問などを記入しておくためのフリップチャートやホワイトボードを用意しておくといい。後に議論するときまで忘れないように、記録しておくのだ。

また、議論が低調になってきたら、ファシリテーターは、テーマの範囲内で新しい分野へと話題を変えるべきだ。ひどく失速したら、短い休憩を取っても、セッションを次の日に持ち越してもいい。ブレインストーミングは、繰り返し行うことも可能だ。重要なテーマであれば、2回以上実施してもいい。

ワイルドなアイディアも、テーマの範囲内であれば有益であることを意識しよう。ただし、ワイルドなアイディアとテーマからの逸脱を区別する明確なルールは存在しない。ファシリテーターは、逸脱かそうでないかの違いをあまり厳格に管理しすぎてはならない。今日、テーマからそれたことが、明日には素晴らしいアイディアにつながるかもしれないからだ。

dスクールで使われるツール

⑦可視化する

　シリコンバレーの中心に位置し、ヒューレット・パッカードやヤフー、グーグルを生んだスタンフォード大学。そこでイノベーティブなアイディアの創出法を教えるdスクールなのだから、さぞやハイテク機器で満載だろうと多くの人は想像するかもしれない。

　しかし、実際に訪れてみると、イノベーティブなアイディアを生み出すプロセスで、コンピュータやタブレット端末はほとんど使われていない。上の写真のとおり、アイディア出しのブレインストーミングに使われるのは、アナログなホワイトボード、大きなメモ帳、ポストイット、サインペンなどだ。

　現時点ではまだ人間が生み出すアイ

バイオデザイン・プログラム用の壁一面がホワイトボードの部屋

ディアの奔流に付いていけるほど、デジタルデバイスが成熟していないということなのだろう。何でも、IT化、デジタル化し、バーチャルな世界で済ませた方が良い結果につながるわけではないようだ＊。

ブレインストーミングでは、今何が議論されどんな意見が出ているのかを全員がわかるようにしておく必要がある。そのための現時点における最適なツールは、ホワイトボード（机の上に置いた白い模造紙でも可）とサインペンとポストイットなのだ。

セッションを通じて出てきたすべてのアイディアを可視化し、メンバーが共有する上で「書記」の果たす役割は重要だ。アイディアがよく出るブレインストーミングでは、ときに書記が2人必要なこともあるだろう。

アイディアをメンバーが共有するためには、できるだけ少ない単語でアイディアを明確に記述する必要がある。簡単なイラストもコミュニケーションの速度と効率性を向上させるだろう。大切なのは、可視化することでアイディアの流量を増やすことだ。

出てきたアイディア同士を関連付ける場合、アイディアを分野ごとに分ける（クラスタリング）のも有効である。矢印でアイディアが出

＊ アメリカ海軍は、離発着する航空機やそれらを支援する兵員でごった返して危険な航空母艦の甲板の状況を解決しようと、ものすごい額の予算をかけてIT化を試みた。しかし、結局使い物にならず、今でも甲板を模した板の上に飛行機の模型を置き、それを動かしてどの機材がどこにあるかの情報を共有しているそうだ。

てきた順番を見せてもいい。アイディアが活発に出るように、部屋中にメモ帳をテープで貼り付けることもあるだろう。こうすることで、メンバーの理解度を深めるのだ。

典型的なブレインストーミングでは、ホワイトボードが数回は埋め尽くされるので、広めのスペースを用意すべきだ。四方の壁が床から天井までですべてホワイトボードになっている「集中訓練」ルームが最も望ましいだろう。

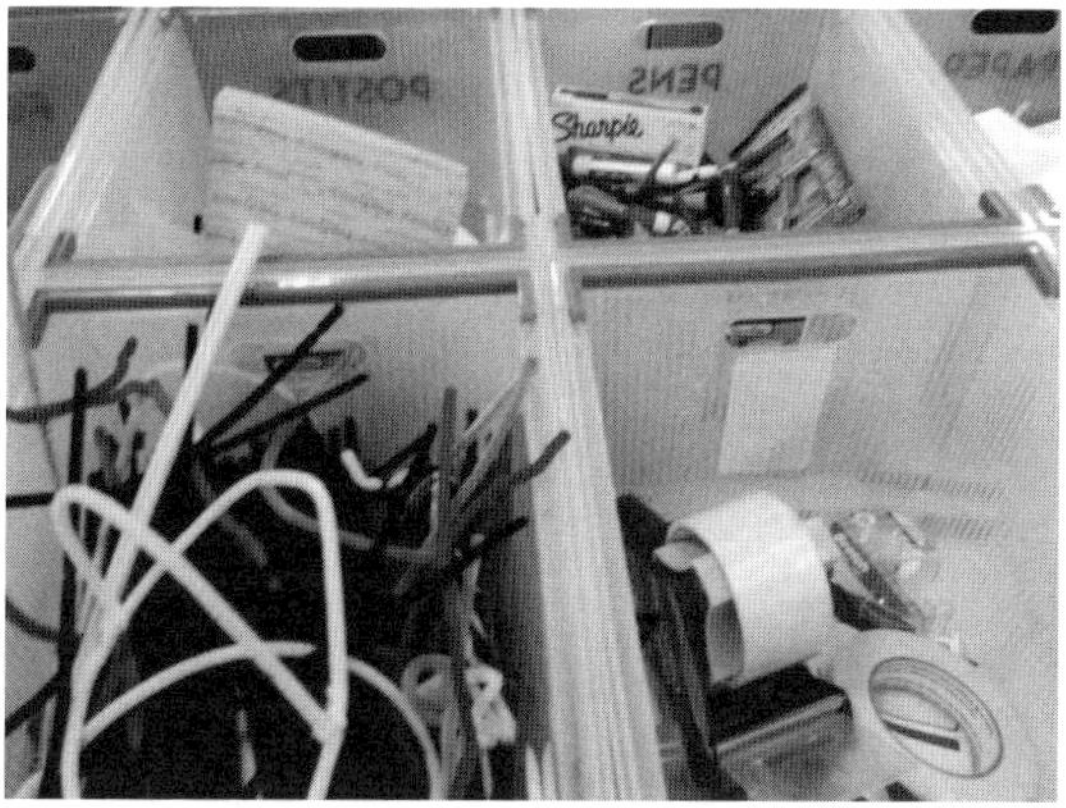

dスクールにおけるラピッド・プロトタイピング用の素材

とは言え、専用に設計された部屋が必須なわけではない。生産的なブレインストーミングセッションは、大きなメモ帳とポストイットとサインペンがあれば、どんな空間でも実施可能だ。

ブレインストーミングのための小技

ブレインストーミングのセッションで生まれた100個以上のアイディアをきちんと記録しておくことは、アイディアを方向付け、体系化していく上で非常に重要だ。

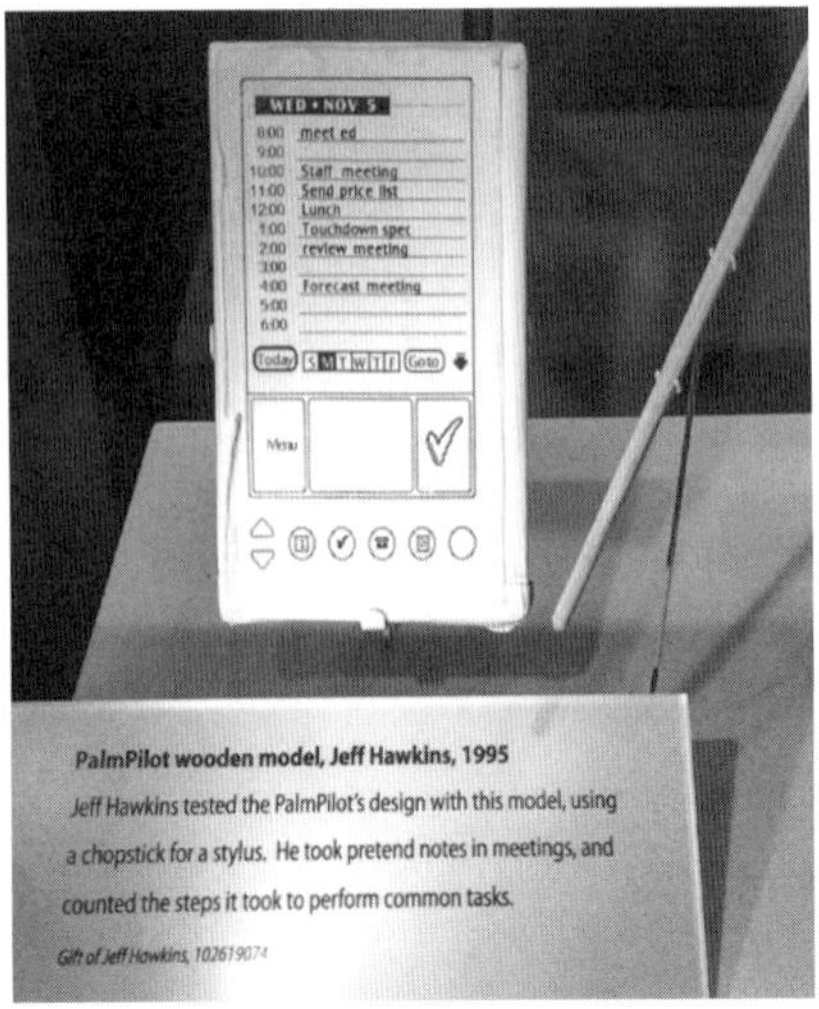

パームの木製モックアップ

最もシンプルな記録の取り方の一つが、コンセプトに基づいてアイディアを組み立てるときに簡単に参照できるように、すべてのアイディアに番号を振っておくことだ。

小道具の利用も、新しい連想を促し、洞察を得る上で有効だ。ブロックや粘土、ボールやチューブのようなシンプルな小道具は、セッションでの対話のキャッチボールや実り多いアイディアが出そうな雰囲気を生み出すのに役立つ。小道具はまた、アイディアを立体的に可視化する上でも活用できる。テープやホチキスやねじりひもで、急ごしらえのプロトタイプを作ってもいいだろう。

ものまねやロールプレイングなどで、製品の利用シーンをシミュレーションしてもいい。メンバーが新しいアイディアを理解する上でも、新しいアイディアを引き出す上でも有効である。

ジェフ・ホーキンスは、今のスマートフォンの先祖とも言える携帯情報端末「パーム」を開発する際、ベニヤ板で本体を、割り箸でスタイラスの模型を作り、議事録を取ったり、スケジュールを管理したりする上での使い勝手を繰り返し確かめたそうだ。

可能な限り、記録を残す

ブレインストーミングの成果は、できる限り確実に、可能な限り多く拾い上げて記録に残しておく必要がある。大きな紙、またはポストイットを利用すれば、集めやすいし保存もしやすい。ポストイットを集めて保存するときには、空間的な配置も同時に記録しておくといい。特定のメモがどこに記されたかを記録しておけば、後々記憶を詳細に呼び起こす際に大いに助けになる。最近は、スマートフォンのカメラも高性能になり、デジタル写真をたくさん撮ってクラウドで共有することも容易になった。こうした、デジタル機器の利点はどんどん活用すべきだろう。

ブレインストーミングを続けて実施するなら、2回目のセッションでは、ホワイトボードなどを1回目のセッション終了時の状態に戻してから始めてもいい。あるいは、ホワイトボード全体をデジタルカメラで撮影しておいて、2回目のセッションの最初にそれをプロジェクターで壁やスクリーンに映し、メンバーに見せながらセッションを始めることも有効だ。

セッションの成果は、たとえ紙に書き写すといった愚直な手法でしか記録できなくても、ブレインストーミングが終了したらすぐに、何かの方法で記録を取っておかなくてはならない。

12章

破壊度と実現可能性による破壊的アイディアの選定

イノベーションのプロセスは「発散」と「収束」の繰り返し

前章までで、顧客が片付けたいと思っているジョブ（ある状況における潜在ニーズ）を見出し、イノベーションのアイディアを生み出すためのブレインストーミングの方法論を身に付けた。本章では、「いかにしてアイディアを選ぶか」について説明しよう。

そもそも、イノベーションのプロセスは思考の発散と収束の繰り返しだ。

良いアイディアを生み出すには、①できる限り多様な参加者を集め、②「無消費の状況」や「満足過剰の状況」を可能な限り多く発掘し（発散）、③それらの中から自社が価値を提供でき

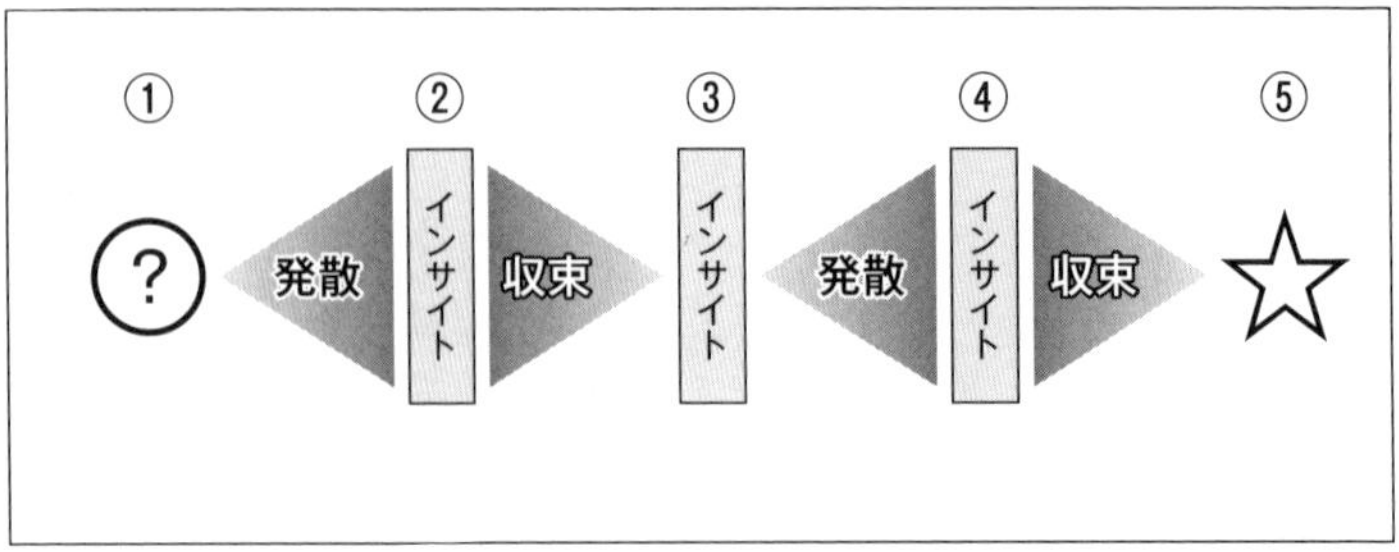

イノベーションのプロセス
（慶應義塾大学SDM研究科講義資料に筆者加筆）

るものを抽出し（収束）、④ブレインストーミングによってアイディアの数を求める（発散）ことが重要であった。そして、⑤多くの中から取り組むべきアイディアを選ぶことは、再び「収束」の作業になる。

ブレインストーミングで出てきた膨大な数のアイディアをすべて商品化するのはリソースの面から不可能だし、賢明でもない。数百のアイディアの中から、「適切な」アイディアを「選ぶ」ことは極めて重要なプロセスだ。

これができない組織は、ブレインストーミングセッションでどんなに良いアイディアが出てきても、「宝の持ち腐れ」となる。一歩間違えれば、一見魅力的に見える大きな市場をターゲットにして、ライバル企業ひしめくレッド・オーシャンに迷い込み、血みどろの戦いを繰り広げることになりかねない。

アイディアを選ぶに当たっては、ブレインストーミングで生み出された多くのアイディアを「アイディア・レジュメ」にまとめ、「チェックリストに照らし合わせてふるいにかけ」、

「スコアリングして**破壊度**を計測し」、「破壊度と自社での実現可能性、見込まれる長期的な利益、その判断に対する確信度を1枚の図にマッピングして評価する」のが有効だ（注38）。順に見ていこう。

スクリーニング前にアイディアの明確化を

アイディア・スクリーニングとは、**出されたアイディアが破壊的イノベーションのパターンにどの程度合致するか**を比較・評価するための一連の手法だ。そのプロセスはちょうど人事の面接に似ている。最初にやるべきは、出されたアイディアを関連するグループごとに分け、それらを「レジュメ（身上書）」の形にまとめることだ。

この作業は、アイディアを評価する前に、すべてのアイディアについて「本質が正確に把握できるか」を確認するために行う。そのため、ブレインストーミングのセッションが終わるや否や直ちに実行しなくてはならない。アイディアに何かしら不明瞭な点があれば、提案したメンバーからその場で明確な答えを引き出せるからだ。

アイディアの明確化が不十分なために解釈を誤ると、間違った価値判断の原因となり、せっかくの良いアイディアが却下されてしまうことにもなりかねない。また、どのアイディアが誰の貢献かをすぐに思い出せれば、後でアイディアをもっと深く掘り下げることも容易だ。

①マニア層以外の幅広い家庭に向けて、
②バッテリー駆動可能なディスプレイ付きの本体と、体の動きを捉えることができる取り外し可能なコントローラが２個付いたゲーム機を開発することで、
③いつでも、どこでも体を動かして家族や友人と遊べる新しいゲーム体験を提供する

Switchのアイディア

アイディア・レジュメを作成する上では、書記が作成した議事録だけでなく、ブレインストーミングの最中に作られたノート、写真、イラスト、そして立体模型といったすべてのものを残しておくことが重要だ。

ブレインストーミングから生まれた生データを正確に見極め、適切に解釈できれば、誰もが容易に理解できる短い文章（ステートメント）で記述することが可能となる。その文章には、「①ターゲットとする市場」「②何をしようとしているか」「③成功のために何を行うか」を簡潔に述べる。

任天堂のＳｗｉｔｃｈであれば、上記のような文章になるだろう。

次に、アイディアをレジュメの形にまとめる。

アイディア・レジュメには、「①戦略的意図」「②戦略的意図達成のために使用するイノベーションの手段」「③最初の足場とするターゲット顧客」「④製品・サービスの最初のバージョンの概要図」「⑤考慮すべき既存もしくは潜在的競合他社」「⑥競合を最小化あるいは排除する手段」「⑦収益源」「⑧収益モデ

①戦略的意図	
②戦略的意図達成のために使用するイノベーションの手段	
③最初の足場とするターゲット顧客	
④製品・サービスの最初のバージョンの概要（図を使用）	既存製品・サービスと比較して「必要にして十分」である点
	既存製品・サービスと比較して優れている点
⑤考慮すべき既存・潜在的競合他社	
⑥競合を最小化・排除する手段	
⑦収益源	
⑧収益モデル	
⑨５年目までに大規模な事業となり得る理由	
⑩固定費を低く抑える手段	
⑪製品・サービスを生み出す手段	
⑫製品・サービス提供の手段	
⑬製品・サービスのマーケティングの手段	

アイディア・レジュメのフォーマット

ル」「⑨5年目までに大規模な事業となり得る理由」「⑩固定費を低く抑える手段」「⑪製品・サービスを生み出す手段」「⑫製品・サービス提供の手段」「⑬製品・サービスのマーケティング手段」の記述が含まれている必要がある。

このフォーマットをすべて記入するのに必要な時間は、通常4時間以内と見込まれる。

アイディアのチェック

アイディア・レジュメができたら、次は面接の時間だ。アイディアを評価する1次面接でチェックすべき質問項目は次に上げる12個である。

いきなり質問を示されても理解しにく

	質問項目	望ましい答え
①	見出された「ジョブ」はターゲットとする顧客にとって重要か？	Yes
②	既存のソリューションが持つ何らかの阻害理由により、顧客が「ジョブ」を適切に片付けることができないでいるか？	Yes
③	提案されているソリューションは「必要十分」であるべき点では必要にして十分であり、優れていなければならない点では優れているか？	Yes
④	顧客は提案されたソリューションを、自身の「ジョブ」を片付けるための、より良い手段だとみなしてくれそうか？	Yes
⑤	足場となる市場に比較的迅速に、かつ比較的低い投資額でリーチできるか？	Yes
⑥	選択したパートナーも、我々と同じ目標の追求に積極的か？	Yes
⑦	強力な競合他社が即座に対抗する動機はないか？	No
⑧	この製品やサービスを提供するには、ほとんどの競合他社が保有している能力、あるいは模倣できる能力とは異なる能力が必要とされるか？	Yes
⑨	この機会は、長期的に大きな価値をもたらす可能性があるか？	Yes
⑩	この機会は全社的な戦略に適合しており、暗黙の境界条件を越えていないか？	Yes (No の場合は別組織で行う)
⑪	このソリューションの実行を担当する組織が持つプロセスで、この新規事業が成功するために必要な課題を克服できるか？	Yes
⑫	選択された組織の価値基準が、この戦略を優先し、支持しているか？	Yes

アイディアの1次面接でチェックすべき質問項目と望ましき答え

いかもしれないので、以下でそれぞれの質問の意味と、なぜその質問が重要かを順に説明していこう。

質問①：見出された「ジョブ」はターゲットとする顧客にとって重要か？

「言わずもがな」のことかもしれないが、既存製品の機能の改良・追加そのものを主眼に開発を進めると、この本質的な問いがおろそかなまま商品化がなされてしまうことがある。見出された「ジョブ」が重要でなければ、ターゲットとする顧客が新しいソリューションを採用してくれる可能性は低い。

例えば、某社が発売したスマートフォン対応洗濯機は、製品発売以降に売り出された洗剤や柔軟剤をどの程度投入するべきかについての情報を、スマートフォン経由で確認し、洗濯機に転送できる機能を備えていた。しかし通常、そうした情報は洗剤や柔軟剤のボトルを見ればわかる。わざわざスマートフォンを取り出さなくても顧客は同じ「ジョブ」をより簡便にこなせる。「スマートフォンで洗剤投入量の設定をする」という「ジョブ」がこなせる洗濯機は、通常の機種より3万円ほど高価だったが、顧客の多くは価格上昇に見合う価値を感じることができなかったのではないだろうか。

質問②：既存のソリューションが持つ何らかの阻害理由により、顧客が「ジョブ」を適切に片付けることができないでいるか？

これは、何らかの阻害要因のために現在のソリューションでは「顧客が用事を適切に片付けることができないでいること」、すなわち、「顧客がフラストレーションを感じている状況であることと」を確かめる質問である。阻害要因は「高価すぎる」「使いにくい」「不便な場所に行かなければならない」「時間がかかる」など様々だ。その阻害要因のために、消費者は「不満足の状況」や「無消費の状況」になって、何らかの代替行動をしている。例えば、「自宅でコピーが取れないのでコンビニに行く」「肩こりが取れないので週に一度はマッサージに通っている」などがこれに該当する。

質問③：提案されているソリューションは「必要十分」であるべき点では必要にして十分であり、優れていなければならない点では優れているか？

破壊的イノベーションのソリューションは、従来とは根本的に異なる「性能の束」を提供する。従来の主流市場において重要だった特性では「必要十分」な性能を提供する一方、利便性、アクセスの容易さ、カスタマイズの容易さ、価格といった従来は見逃されていた特性では優れた性能を提供するのだ。

例えば、ヘアカットのＱＢハウスは、髪を切るという、従来の市場で重視されていたサービスの品質では「必要十分」だが、カットが10分で済む利便性、駅のホームにもあるアクセスの容易さ、1000円ちょっとという求めやすい価格設定によって多くの顧客に受け入れられた。

質問④：顧客は提案されたソリューションを、自身の「ジョブ」を片付けるための、より良い手段だとみなしてくれそうか？

提案するソリューションが破壊的イノベーションとなるには、そのソリューションが従来と異なるというだけでは不十分だ。顧客がそれを、既存のソリューションを「解雇」してそちらを「雇いたい」とみなしてくれる必要がある。

QBハウスは、既存の床屋よりも髪を切るという用事を片付けるのにより良い手段とみなされたから多くの顧客に選ばれた。キヤノンのミニコピアやインクジェット複合機は、わざわざコンビニまで出かけてコピーを取るよりも便利だから多くの顧客に受け入れられたのだ。

質問⑤：足場となる市場に比較的迅速に、かつ、比較的低い投資額でリーチできるか？

新規事業では、最初の戦略が間違っている可能性が高い。だから、最初に「足場」となる市場に迅速かつローコストで到達できることは、新たな方向性を探る上で極めて有利となる。「比較的」迅速に、かつ「比較的」低い投資額でと言ったのは、他のプロジェクトと比較する必要があることを強調するためだ。最初に投入する市場は、テスト市場であっても、地域限定の小規模市場であってもいい。

ウーバーのビジネスモデルが優れているのは、車を所有するのがドライバーなので、事業の拡大に大規模投資が必要なく、比較的少ない投資額で迅速にスケールアップが可能な点にある。

質問⑥：選択したパートナーも、我々と同じ目標の追求に積極的か？

破壊的イノベーションの提供に既存の取引先（特に販売チャネル）を利用するのは、既存企業がしばしば陥る罠である。現在のパートナーが、破壊的な製品やサービスも、これまでの製品やサービスと同様積極的にサポートしてくれる保証はない。

例えば、ミニコンの雄であったDECは、ミニコンの営業マンにパソコンも売らせようとして失敗した。トヨタは、既存の販売網で軽自動車も販売しているが、クリステンセン教授の理論からすると、既存チャネルが軽自動車を熱心に販売してくれる見込みは薄い。

質問⑦：強力な競合他社が即座に対抗する動機はないか？

出されたアイディアが「強力な」競合他社にとって、利益率が低すぎたり、市場規模が小さすぎたりするように見えることは重要である。「監視レーダーの範囲外にある」などの理由で、競合他社が、破壊的イノベーションに「即座に」対抗して**こない**のが理想的である。この「強力な」と「即座に」という言葉は重要である。任天堂のファミコンがそうであったように、市場にはすでに小規模な競合他社がいるかもしれない。しかし問題になるのは、「強力な」対抗策を仕掛けてくる可能性がある「大規模で資本力のある」企業である。魅力的な市場は常に競合他社を引きつける。だから、競合他社が対応してくるまでに十分な時間的余裕があることが重要なのだ。

低い出店コスト、フレキシブルな従業員の雇用形態などによりヘアカットのみを低廉な価格で提供できるQBハウスのビジネスモデルは、コスト構造の高い既存の理髪店には対抗が困難だ。そして、他社が同様のビジネスモデルで参入してきた頃には、良い立地の場所にはあらかたQBハウスが出店してしまっていた。

質問⑧：この製品やサービスを提供するには、ほとんどの競合他社が保有している能力、あるいは模倣できる能力とは異なる能力が必要とされるか？

積極的に対抗してくる競合他社に打ち勝つには、模倣困難な能力を自社で持っている必要がある。模倣困難な能力とは、すなわち知的財産や企業秘密によって保護された技術、製造能力、ブランド力、チャネルとの関係性、サポートネットワークなどである。

「アレキサンダー・グラハム・ベルの最大の功績は電話を発明したことよりも、その特許を書いたことだ」と言われる。とてもうまく書かれていて、誰も付け入る隙がなかったからだ。これにより、ベルはウェスタン・ユニオンとの特許紛争に勝利し、ベル電話会社の株価は一夜にして3倍になり、のちにトランジスタを発明する巨大企業AT&Tの礎を築いた。

質問⑨：この機会は、長期的に大きな価値をもたらす可能性があるか？

成功したイノベーションは、他のイノベーションの先導役となり、広く社会に行き渡ることで関連する製品やサービスの売上を伸ばす。一方、「一発屋」のイノベーションは、競合他社の対抗を招き、魅力的な利益率や成長を維持することが困難になる。一つのイノベーションが、新たな製品の呼び水となり、製品の拡張性を生み出し、ビジネス・プラットフォームの構築につながるのが理想的である。古くはIBMの「システム360」、ボーイングの「737型機」や「777型機」、近年ではマイクロソフトの「Windows OS」、英ARMのモバイル用低消費電力「RISCプロセッサ」、アップルの「iPhone」など、世界には長期にわたって企業に利益をもたらすイノベーション・プラットフォームの例がいくつも見られる。

質問⑩：この機会は全社的な戦略に適合しており、暗黙の境界条件を越えていないか？

企業の境界条件（バウンダリー・コンディション）を超えた戦略は、取締役会で承認されて資源を得られる可能性が低い。戦略が境界条件を超えている場合には、境界内に収まるように変更するか、上級役員の積極的な支持を得て別組織で取り組む必要がある。

ソニーはスーパーファミコン用にCD-ROMドライブを供給する契約を結んでいたが、それを任天堂側から一方的に破棄された。任天堂との契約が破談になってから1年後、ソニーはゲーム事業進出の可否を決める会議を大賀社長主催で開いた。しかし家庭用ゲーム機進出は、当時のソニーの暗黙の境界を踏み越えていたため、役員のほぼ全員が沈黙という形で反対の意思を示した。そこで、当時ゲーム事業担当だった久夛良木は勝負に出た。大賀に向かって「任天堂から顔に泥を塗られて、黙っておられるつもりですか！」と言い放ったのだ。参加者はみな、驚いて何も言えなかった。「そこまで言うならやってみろ！Ｄｏ ｉｔ！」と大賀は机を叩いて言い返した(注39)。こうして、トップである大賀の支持の下、ソニーはゲーム事業の子会社をつくり、ゲーム事業に参入することになったのだ。

質問⑪：このソリューションの実行を担当する組織が持つプロセスで、この新規事業が成功するために必要な課題を克服できるか？

これは、新規事業の事業化を担う組織の「標準的なプロセス」が、破壊的イノベーションの成功を助ける要因となるのか、あるいは阻害する要因となるのかをチェックするための質問だ。ここで言うプロセスとは、「仕事を進めるために協力したり、相互作用を及ぼしたりする際のやり方」である。製品化の承認、製品開発、マーケティング、製造、販売などにおけるプロセスが、既存の製品やサービスに対して最適化されている場合は、新しい破壊的イノベーションの実行に当たって新たなプロセスを導入したり、事業を別組織で行ったりする必要がある。

ソニーが家庭用ゲーム機に進出したとき、他の家電メーカーなどからもゲーム事業への新規参入が相次いだ。しかし、それらの多くは失敗に終わった。多くの家電メーカーのハード主導のプロセスにより、ソフトメーカーを下請けのように扱ったため、積極的な協力が得られなかったからだ。*

「これでゲームを作ってくださいとカネを渡されても、いいソフトはできない。期日までに適当なものを渡すだけ」だったそうだ（注40）。

だが、ソニーと音楽会社であるCBSソニーとの折半出資により設立された「ソニー・コンピュータエンタテインメント」は、音楽業界での経験からクリエイティブな人との仕事のやり方がわかっていたので、「ソニーのゲーム機向けにソフトを作れば儲かると思えばやってください」と言い続けたという。「一緒になって良いものを作り顧客に喜んでもらう」という対等の立場で互いを尊重する関係を築こうとしたことが成功につながったのだ。

質問⑫：選択された組織の価値基準が、この戦略を優先し、支持しているか？

この質問は、提案されたイノベーションのアイディアが、それを担当する組織において適切な優先順位が与えられるかをチェックするものだ。利益率が低すぎたり、初期の市場規模が小さすぎたりするために、破壊的イノベーションのアイディアが社内のテストに合格できないこともあり得る。そのような場合には、上級役員の深い関与や、後述する適切な別組織の構築が

＊ ハードウェアで利益を出そうとしたために、ゲーム機の本体価格が高止まりし、機器の普及がなかなか進まなかったという指摘もある。

破壊度測定器を使うには、検討対象の戦略に関する質問に回答する。

「まったく破壊的ではない」なら0点、「ある程度破壊的である」なら5点、「最も破壊的である」なら10点を加算する。

そして、以下の破壊度測定器の目盛りにおいてその戦略がどこに位置するかを把握する。

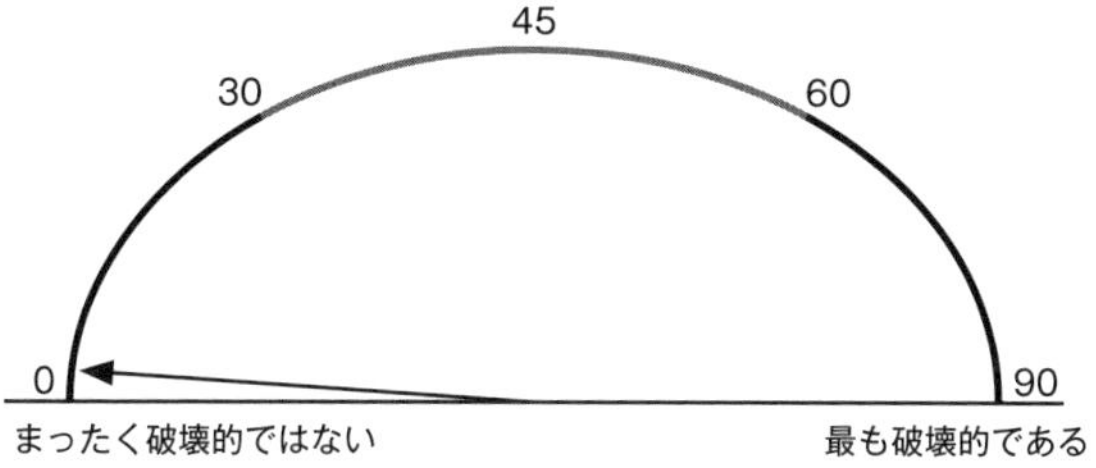

破壊度測定器

必要となる。

アイディアの「破壊度」の評価

レジュメとチェックリストによって1次選抜をくぐり抜けた破壊的イノベーションのアイディアは、次に**破壊度測定器**にかけられる。

これは、「それぞれのアイディアが競合他社にとってどの程度破壊的か」を大まかな点数にして測るものだ。測定項目は9項目からなり、それぞれの項目は「まったく破壊的ではない（0点）」「ある程度破壊的である（5点）」「最も破壊的である（10点）」の3段階で評価され、その合計点（90点満点）で、そのアイディアの破壊的イノベーショ

①初年度のターゲットは？
（マス市場［0点］・大規模市場［5点］・ニッチ市場［10点］）

②顧客はターゲットの「ジョブ」をどう片付けたいと考えているか？
（もっとうまく片付けたいと考えている［0点］、もっと安く片付けたいと考えている［5点］、もっと容易に片付けたいと考えている［10点］）

③顧客は製品やサービスをどう考えているか？
（完璧である［0点］、優れている［5点］、必要にして十分である［10点］）

④価格はどのようになるか？
（高価格［0点］、中程度［5点］、低価格［10点］）

⑤競合他社のビジネスモデルはどのようになるか？
（従来どおり［0点］、多少の変更［5点］、根本的に異なる［10点］）

⑥競合他社の市場へのチャネルはどうなるか？
（すべて既存のチャネル［0点］、少なくとも半分は新規チャネル［5点］、まったく新しいチャネル［10点］）

⑦競合他社はこの戦略をどう考えているか？
（すぐにでも対応したい［0点］、注目しておきたい［5点］、気にしていない［10点］）

⑧初年度の収益はどうなるか？
（多額［0点］、平均的［5点］、少額［10点］）

⑨今後１年間に必要な投資は？
（平均以上［0点］、平均的［5点］、平均以下［10点］）

破壊度測定項目

ンの度合いがわかるというものだ。

破壊度測定器の測定項目と選択肢を前頁に示した。

第1次選抜で用いたチェック項目に似ているものもあるが、こちらはより競合他社との関係性やチャネルとの関係性に重点が置かれている。

注目してほしいのは、常識的な選択肢よりもそうでない選択肢の配点が高くなっている点だ。例えば①の初年度のターゲットとして、マス市場を狙うものは0点、大規模市場を狙うものは5点、ニッチ市場を狙うものは10点と、配点が常識的な回答と正反対になっている。

利用者は、アイディアそれぞれについて、測定項目に対する回答をチェックし、その点数を合計して、**90点満点に最も近いものが最も破壊的なアイディア**となる。

最終試験——自社で実現可能か？

さて、いよいよイノベーションのアイディアの最終面接だ。

ここでは、最終候補に残ったアイディアを、複数の評価軸から比較することになる。第1の評価軸は、各アイディアの破壊的イノベーションとしての可能性だ。これはすでに、チェックリストや破壊度測定器によって評価ができているだろう。この「アイディアの破壊度」を横軸に取る。

第2の評価軸は、それらのアイディアと自社の戦略との適合性、すなわち**企業にそのアイディアを追求する能力および必然性がどの程度あるか**である。入社試験に例えると、大学野球で華々しい活躍をした候補者も、会社に野球部がなければ能力を活かしようがない。同様に、いくら優れた破壊的ビジネスモデルのアイディアであっても、自社にそれを実現する能力や動機がなければ、アイディアをイノベーションへとつなげることは不可能だ。

　第3の評価軸は、それぞれのアイディアの潜在的な収益可能性を大まかに（1億円なのか、10億円なのか、100億円なのか、といった桁数で）見積もったものである。これを、図の中の円の大きさとして表す。

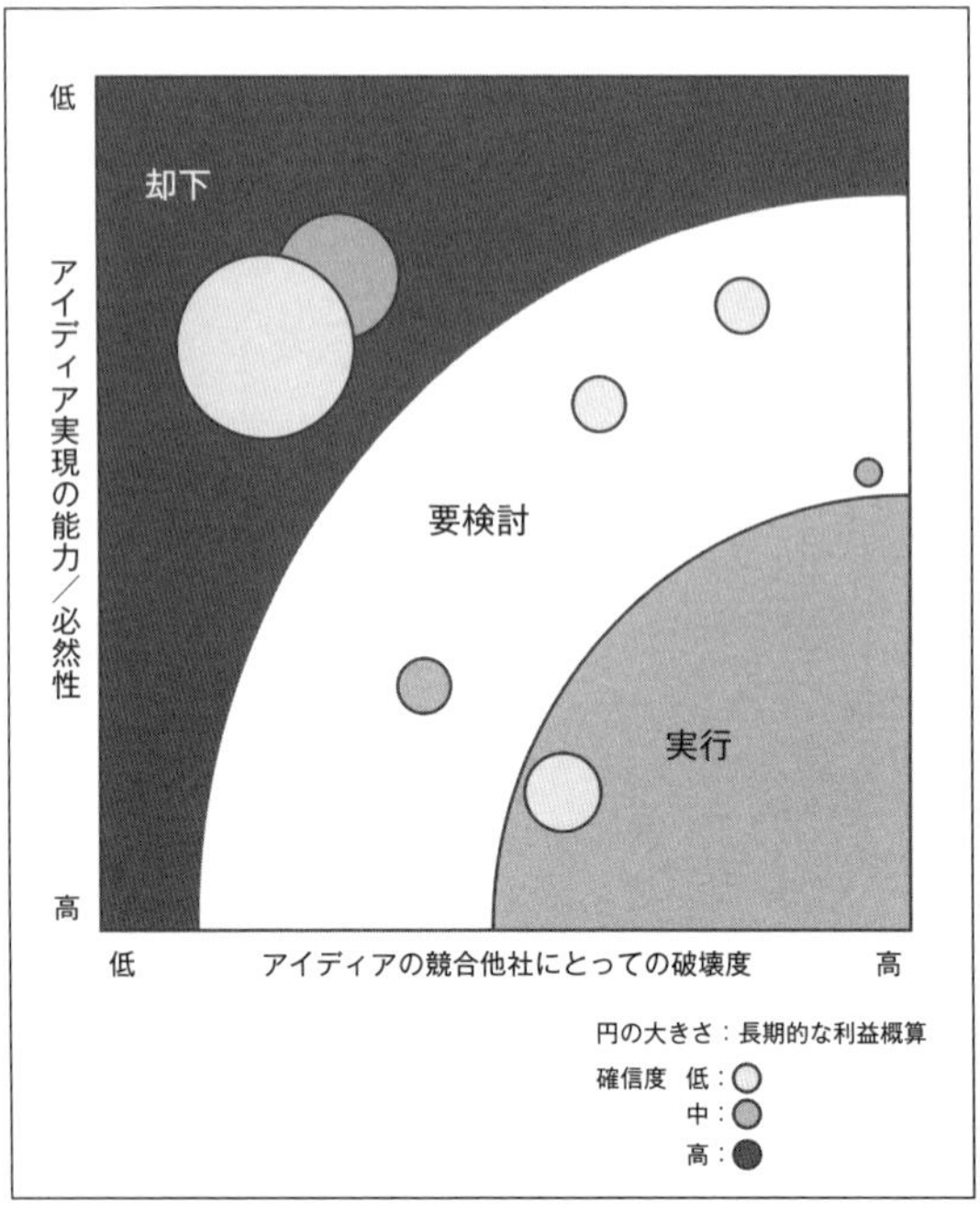

破壊的イノベーション潜在可能性マップ

最後に、各評価者が、それぞれの次元の評価についてどの程度自信があるかを円の色の濃さで表現すれば「破壊的イノベーション潜在可能性マップ」の出来上がりだ。あとは、なるべくマップの右下に位置（破壊度が大きく自社の能力や動機と整合）し、円が大きくて色が濃いものを選べば良い。

見出された「片付けるべきジョブ」が一つでも、それを解決するアプローチがいくつも考えられる場合には、それぞれの解決策を別々に、この破壊的イノベーション潜在可能性マップの上にプロットすれば、どれを実行すべきかが一目瞭然となり、社内外のコンセンサス形成に役立つだろう。

13章 破壊的イノベーションを起こす組織とは

既存組織が無能力になるとき

本章では、前章までで絞り込んだアイディアを、実際に破壊的な製品やサービスとして実現していくには、どのような組織が相応しいかについて学んでいこう。

クリステンセン教授の理論から導かれる「定跡」のうち、最も重要なものの一つが**破壊的イノベーションは独立した別組織に任せよ**というものだ。

既存顧客の要求をより満足させるように最適化された持続的組織に「破壊的イノベーションを起こせ」と言うのは、空高く速く飛べるように進化した鳥に向かって「地下に潜れ」と

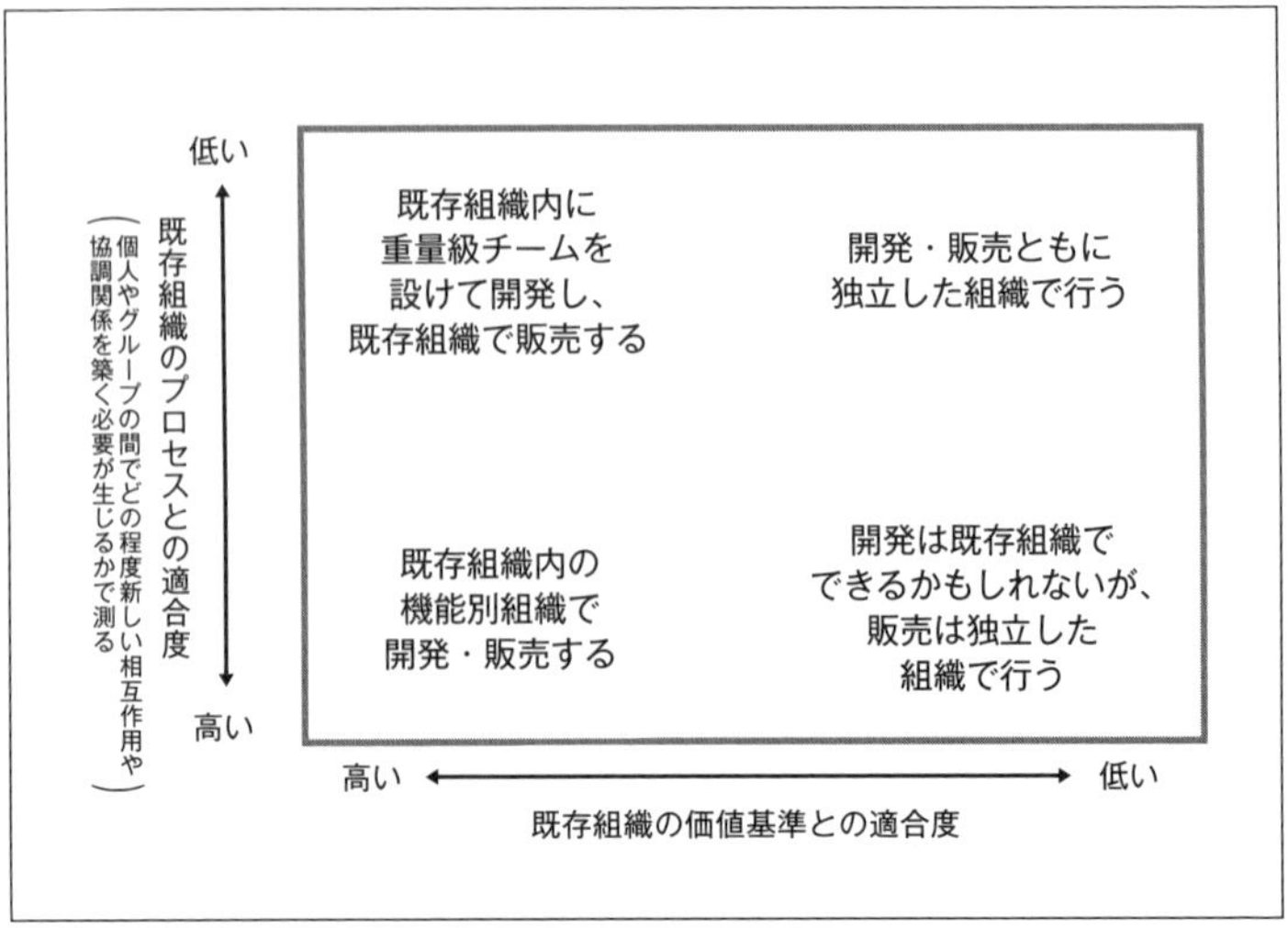

組織選定のフレームワーク

言っているのと同じで、どだい無理な話だ。組織は、技術・人材などの「資源」を、組織の構成員が日々の行動を決定する際に用いる「価値基準」を通じて配分し、グループや個人が組織の中で協調したり相互作用したりする「プロセス」によって製品やサービスへと変換している。

そして、経営者が意図的に変えない限り、価値基準やプロセスは変化しない。だから、持続的イノベーションを起こす上ではうまく働いた組織の価値基準やプロセスが、破壊的イノベーションを起こす上では阻害要因になってしまうのだ。

これを、図を用いて説明しよう。

上は、クリステンセン教授が来日した際の講演で用いた図である。

図の横軸は、ある製品やサービスを開

発・販売する際の「既存組織の価値基準との適合度」だ。図の左側のビジネスであれば、既存組織の価値基準と適合度が高いため、既存の組織に販売も含めて任せることができる。逆に、右側の「既存組織の価値基準との適合度が低い製品やサービス」の場合には、少なくとも販売は別組織に任せないとうまくいかない。

図の縦軸は、「既存組織のプロセスとの適合度」を示す。もし、ある製品やサービスの開発プロセスと既存組織のプロセスの適合度が高ければ、図の下側のように既存の組織において開発を進められる。だが、製品やサービスのアーキテクチャがまったく異なり、仕事のプロセスを変えなくてはならない（既存組織のプロセスとの適合度が低い）場合には、図の上側のように独立性の高い新しい組織で開発を進める必要がある。

この議論はかなり抽象度が高いので、以下では仮想的なケースも用いながら、「どのようなタイプのイノベーションはどのような組織で行われるべきか」を確認していこう。

クラウンをマイナーチェンジするケース

最初のケースは、トヨタにおいて「クラウンをマイナーチェンジするプロジェクト」である。このプロジェクトはどのような組織に任せるのが良いだろう。

このプロジェクトの開発チームが行う作業は、エンジンの改良、車の外観の洗練、装備の見直しといった事柄で、アーキテクチャの大幅な変更はない。したがって、チームメンバーが他のチームと協調・協働するやり方（プロセス）は、これまでどおりで大丈夫だろう。図で言えば、縦軸の下側、機能別組織に任せて良いことになる。

また、既存のセダンのマイナーチェンジなので、既存販売網は喜んで新モデルの販売に協力してくれるだろう。既存の価値基準との適合度も高いことになる（図の横軸の左側）。

したがって「クラウンのマイナーチェンジ」というプロジェクトは、図で言えば左下、「既存組織内の機能別組織」に任せて良いことになる。

トヨタで軽自動車を開発・販売するケース

ではトヨタが軽自動車を開発・販売する場合、どのような組織に任せるのが良いだろう。

軽自動車といえども、車輪が4つある、ガソリンを燃料とした自動車であることに変わりはない。したがって、軽自動車の開発に際しては、エンジンやトランスミッション、サスペンションやボディといった既存の開発組織が、これまでどおりにうまく協調すれば開発は可能だろう。

しかし、販売面はどうだろう。毎月の売上で評価されるトヨタのセールスパーソンが「どうせ1台買ってもらうなら、より高額な車を買ってもらいたい」と思うのは人情だ。そこに、「価格も利幅も少ない軽自動車を新たに販売せよ」と命じても、既存ディーラーのセールスは積極的に売る気にはなれないだろう。つまり、「トヨタが軽自動車を売る」というプロジェクトは、既存組織の価値基準との適合度が低いということになる。したがって、こうしたプロジェクトは、図で言えば右下に該当し、「開発チームは既存組織内でいいが、販売は別組織に任せる」べきだろう。

DECがパソコンを販売したケース

この「定跡」を無視してパソコン事業に進出し、5回も失敗した企業がある。ミニ・コンピュータ・メーカーの雄、DECだ。ミニコンで大きなシェアを獲得していたDECのCEOは、パーソナル・コンピュータの出現に脅威を感じていた。そこで何度もパーソナル・コンピュータを自社内で開発し、市場に参入しようとした。まずかったのは、その際販売に用いたのがDECの既存組織だったことだ。

DECのセールスパーソンは売上高に応じて報酬を受け取る仕組みになっていた。仮に、皆さんがDECのセールスパーソンだったとして、これからコンピュータを購入しようと考えている客に、1台数百万円のミニコンと、1台数十万円のパソコンのどちらを薦めようと思うだろうか。私だったら、可能な限り高額な商品を買ってもらい、自分の歩合を増やそうとするだろう。

また、ＤＥＣの既存顧客は大学の研究者などが中心で、コンピュータに求める「ジョブ」も当時のパソコンでは実現困難だった。

つまり、ＤＥＣは、既存組織の価値基準に合わない「パソコン」という破壊的商品を、無理やり既存の販売網で売ろうとしたため、パソコン市場進出に5回も失敗したのである。こうした場合、トヨタが軽自動車を販売するケース同様、図の右下、販売は別組織に任せる方がうまくいく。実際、低価格パソコンの販売で勢力を伸ばしたコンパックでは、セールスパーソンは売上高ではなく「販売台数」によって評価されていた。

トヨタでハイブリッド車を開発・販売するケース

今度は、トヨタがハイブリッド車を開発・販売するケースを考えてみよう。このプロジェクトは、どのような組織に任せるのが適切だろう。

よく誤解されているが、ハイブリッド車は破壊的イノベーションではない。エンジンと電気モーターとバッテリーなどが複雑に組み合わされた革新的な製品ではあるが、顧客にとっての価値で見ると、ハイブリッド車は「燃費が非常に良く、やや高額なガソリン自動車」である。つまり、自動車の既存顧客の主要ニーズである「燃費」を、ガソリン自動車の倍近く向上させる「持続的で画期的なイノベーション」なのだ。

ハイブリッド車の主要販売先は、ガソリン自動車ユーザーの買い換え需要が中心なので、トヨタの既存ディーラーの顧客とも重なる。販売単価も上がるため、ディーラーのセールスの価値基準とも合致する。既存ディーラーは、ハイブリッド車を喜んで売ろうとするだろう。

つまり、「ハイブリッド車開発・販売プロジェクト」は、トヨタの既存組織の価値基準と適合度が高いので、図の左側の領域であると判断できる。

一方、ハイブリッド車の内部構造は、既存のガソリンエンジンで走る自動車とはかなり様子が異なる。例えば、ハイブリッド車には、加速する際にはモーターとガソリンエンジンが協調して全力で加速し、減速する際にはその力で発電してバッテリーを充電する回生ブレーキのメカニズムが必要だ。そのため、既存のガソリン車開発で培われたプロセスとは適合度が低く、強いリーダーシップを持ったプロダクト・マネジャーの下に、エレクトロニクスやバッテリー、モーターやエンジンといった様々な技術的知識・能力を持つメンバーを結集することが不可欠で、既存の開発プロセスとは適合度が低い。

つまり、ハイブリッド車の開発・販売プロジェクトには、図の左上の「既存組織内に重量級チームを設けて開発し、既存の販売網で販売する」体制が必要になる。*

それを率いるべき重量級プロダクト・マネジャーとは、ある車種の企画、設計、開発、製造、販売までを一気通貫に監督し、その車種に関しては取締役以上の権限を持つという。こうしたプロダクト・マネジャーのことを多くの自動車メーカーでは「主査」と呼んでいる。

＊　この「重量級チーム」とか「重量級プロダクトマネジャー」という用語は、藤本隆宏東大教授による日本の自動車開発の研究から生まれたマネジメント用語である。「体重の重い人だけを寄せ集めてチームを作れ」と言っているわけではもちろんない。

ホンダがジェット機を開発・販売するケース

次のケースは「ホンダがビジネスジェット機を開発・販売する場合」だ。まずビジネスジェットの顧客だが、自動車のように個人顧客ではなく、法人顧客が中心だ。主要市場は、国が広く、空港の整備されているアメリカになるだろう。つまり、既存顧客とは大きく異なるため、ビジネスジェットの販売というプロジェクトは既存のホンダの価値基準との相性が悪い。

ビジネスジェット機のアーキテクチャも、自動車とは大きく異なる。部品点数も多く、部品に求められる信頼性などの特性も違う。何より空を飛ぶ航空機は軽量であることが求められるため、素材もアルミニウムや炭素繊維などが中心だ。推進機関もピストンエンジンではなく、ガスタービンエンジンの一種、ターボファンエンジンである。安全審査も日本の国土交通省ではなく、アメリカの連邦航空局（FAA）がそのカウンターパートとなる。このように、ビジネスジェットの開発プロジェクトは、既存組織の価値基準との適合度が低く、既存の開発プロセスとも合わないため、図の右上の「開発・販売ともに独立した組織で行う」に該当するだろう。

事実、ホンダのビジネスジェット開発・販売は、ホンダ本体からは独立したアメリカにある航空機事業子会社、「ホンダ エアクラフト カンパニー」が行っている。ホンダは独立した子会社をつくることで、ビジネスジェットの分野でも飛躍しつつあるのだ。

ソニーが家庭用ゲーム市場に参入したケース

ソニーが、家庭用ゲーム市場に「プレイステーション」で参入したケースはどうだろうか。ゲーム機は、本体価格が安くなければ買ってもらえない。子供は「ゲーム機」を買うのではなく「様々なゲームで遊ぶ」という「ジョブ」のためにゲーム機を「雇う」のだ。ゲームソフトの品揃えを豊富にするためには、ゲーム機本体をなるべく早く大量に普及させる必要がある。大胆な設計や部品調達で製造コストを大幅に下げ、販売価格を圧倒的に安くしなければならない。

これらのことから考えると、既存の家電と同じ感覚で十分な利益をコストに乗せて値付けをし、既存の家電ルートだけで販売していたのでは、ゲーム機の普及は到底おぼつかないことがわかる。

つまり、このプロジェクトは、既存組織の価値基準（ハードで儲ける）との適合度が低く、ビジネスのためにゲームクリエイターなどの新しい知識を持った人たちと新しいプロセス（協調・相互作用）が必要となる。ホンダジェットと同様、図の右上に該当する「開発・販売ともに独立した組織で行う」必要があるプロジェクトだと判断できるだろう。

だからソニーは、コンピュータグラフィックの専門家をソニーの研究所から、ソフトのプレス（製造）と販売の専門家をＣＢＳソニーから呼び寄せ、ソニーの社員と合わせた混成チームをソニー社外の「ソニー・コンピュータエンタテインメント（当時）」という新しい革袋（別会社）に入れて、プロジェクトを進めたのだ。

ＩＢＭがパーソナル・コンピュータ事業に進出したケース

現在、パーソナル・コンピュータ（ＰＣ）と言えば、ＩＢＭが最初に設計・開発・販売したＩＢＭ ＰＣをその祖先とするＩＢＭ ＰＣ互換機のことを指すのが一般的だ。では、ＩＢＭはどのようにしてそのプロジェクトを成功させたのだろう（注41）。

１９７０年代後半、パーソナル・コンピュータが誕生した当時のＩＢＭは、２３０億ドルの売上を誇っており、ＩＢＭの入門機と言えば、価格9万ドルのＩＢＭシステム／38ミニ・コンピュータか、９０００ドルで販売されていた重さ約22キロの持ち運ぶには重すぎるポータブル・コンピュータＩＢＭ５１００であった。こうしたマシンの主要顧客は企業や研究機関であり、付属のソフトウェア、そしてサポートサービスから得られる利益率は20％から60％と非常に高かった。

一方、パーソナル・コンピュータの顧客として想定される個人やスモールビジネス相手の商売は、当時のＩＢＭの価値基準とは相容れない価格と低い利益率に甘んじる必要があった。

しかし、ＩＢＭのシステム・マネジャーだったビル・ロウは、ミニ・コンピュータでＩＢＭ

のメインフレームが痛手を負ったように、放っておけばこの電卓に毛が生えたようなゲーム用のマシンが、ＩＢＭのビジネスをさらに打ちのめしそうな「予感」を持っていた。そしてＣＥＯのケアリーに「こうした新しいマイクロ・コンピュータを作っている企業のどれかを買収する」か、「ＩＢＭ社内で独自に構築し、１５００ドルというＩＢＭ的に見ると周辺機器より安い店頭価格で売り出す」必要があると提言する。

そのプロジェクトは、ビル・ロウからドン・エストリッジへと引き継がれ、彼には、通常のＩＢＭの設計・開発プロセスを外れて作業を行う許可が例外的に与えられた。つまりＩＢＭは、パーソナル・コンピュータ事業への進出に当たり、ドン・エストリッジ率いる「エントリー・システムズ」部門にその開発を全面的に委任したのだ。

当時までの70年にわたるその歴史の中で、ＩＢＭは、販売する製品のほぼすべての設計・生産を社内で行っていた。しかし、エストリッジのチームは白熱した議論を何度も戦わせた後、１５００ドルで販売できるコンピュータを迅速に生産するには、他社の既製品をパーツとして使用する必要があるという結論に達する。*

彼らは、オペレーティング・システムには創業間もないマイクロソフトの「ＱＤＯＳ」を、プロセッサにはインテルの８０８８を、ディスプレイには日本ＩＢＭの既存のモニター・ディスプレイを、プリンタにはエプソンのドット・マトリックス・プリンタをそれぞれ採用した。

ＩＢＭ社内でパソコン用に新たに設計したものは、キーボードとシステム装置だけだった。

＊
元ＩＢＭエンジニアのルイス・ブランスコム現ハーバード大学名誉教授によれば、当時のＩＢＭの社内には、パソコンに使える基本ソフトの技術もプロセッサの技術もあったという。

さらに衝撃的だったのは、開発チームがIBM PCを「オープン・アーキテクチャ」製品にし、システムの回路設計とソフトウェアのソース・コードに関する技術情報を公開したことだ。この情報を基に、他の企業はソフトウェアの開発や周辺コンポーネントの設計ができるようになり、IBM PCを中心としたエコシステムが生まれる起爆剤となった。*

チームにとって幸運だったのは、エントリー・システムズ部門がニューヨーク州のIBMの本社からはるか遠く離れた、フロリダ州ボカラトンに置かれていたことだ。つまり本社の支配から組織的にも地理的にも独立して、その時点でベストな技術を自由に選択し、オープンなアーキテクチャを用いて開発できたのだ。これは、図の右上の位置付け、すなわち「開発・販売ともに独立した組織で行う」に該当する。

このIBMの経営判断が、パーソナル・コンピュータのデファクト・スタンダードであるIBM PCを作り上げることに成功した大きな要因だと言えるだろう。

その反面教師が、IBM PCの成功を受けて本社が乗り出して開発した、IBM PCの後継機「PS／2」というパーソナル・コンピュータとそのオペレーティング・システム「OS／2」だ。これらは、価格も高く、クローズドなシステムだったためか、まったくと言っていいほど普及しなかった。

* ただし、オープンにしすぎたせいで、IBM PCクローンと呼ばれる互換機が台頭し、2005年にはIBMはパソコンのハードウェア販売から撤退することになってしまう。

14章

破壊的買収 4つのハードル

破壊的イノベーターの買収

破壊的イノベーションに対抗する方法には、これまで述べてきたような自ら別組織を作って取り組む方法以外に、もう一つ選択肢がある。それは、「破壊的イノベーションを起こしつつある企業を買収する」ことだ。そうすれば、将来、その破壊的事業が自社の既存事業を浸食し、自社の持続的ビジネスモデルが破壊されてしまっても、買収した破壊的ビジネスモデルからの収益が見込める。リスクをある程度ヘッジできるわけだ。

しかし、これを成功させるには、次頁に示した4つのハードルをすべてクリアする必要がある。

ハードル①：資源を買うのかビジネスモデルを買うのかを明確にする
ハードル②：買収先企業の価値を正確に見極める
ハードル③：妥当な条件で買収契約を結ぶ
ハードル④：買収した企業を適切にマネージする

破壊的買収 4つのハードル

破壊的イノベーションに対抗するためのＭ＆Ａ（破壊的買収）は、資源獲得やコスト削減を追求する通常のＭ＆Ａとは異なるマネジメントが求められる。この破壊的買収を使いこなせるのは企業経営の達人だけだろう。だが、ソフトバンクによるボーダフォンやＡＲＭの買収、トヨタによるダイハツの子会社化など、日本企業にも例がないわけではない。

本章では、破壊的買収の４つのハードルについて学んでいこう。

ハードル①：資源を買うのかビジネスモデルを買うのかを明確にする

キャッシュは潤沢にあるが自社の既存事業の成長は踊り場に来ている、そんな企業の下には、しばしば一見魅力的に思える買収案件が持ち込まれる。そんなときによく用いられるのが「御社と買収先企業とが一緒になれば、シナジー効果が期待できます」というセリフだ。

この「シナジー」という言葉が出てきたら要注意だ。シナジーは、日本語では「相乗作用」などと訳され、薬物などを同時に用いた場合に、作用方向が同じで相互の効力を増強し合い、1足す1が2以上になる現象のことを指す。

企業経営においてシナジーが可能となるのは以下の2通りしかない。

一つは、新たな資源（従業員、顧客、技術、製品、設備、キャッシュ、ブランドといった、企業が顧客に価値を提供する際に用いるもの）を獲得することによってコストが削減できたり、より高い価格での販売が可能となったりする場合だ。本書ではこれを**持続的買収**と呼ぶ。

もう一つは、新たなビジネスモデルを獲得することによって、自社ではアプローチできない市場において価値を提供できるようになる場合である。本書ではこれを**破壊的買収**と呼んでいる。

そして、M&Aの目的が、「資源を得たいのか」「ビジネスモデルを得たいのか」によって、買収後のマネジメントで重視すべきポイントが異なってくる。

シナジーという言葉は、持続的買収も破壊的買収も（あるいは実は効果がない場合も）すべて一緒くたにしてしまう魔法の言葉だ。特にそれが、買収を成立させさえすれば報酬が得られる社外の人々から発せられている場合には要注意だ。企業は、下手な買収をすれば長期間にわたって重荷を抱えることになる。だから、企業経営者は、その買収によって既存事業のオペレーション効率を向上させるための「資源」が得たいのか、既存事業とはまったく異なる顧客に価値を提供できる「破壊的ビジネスモデル」が得たいのかを、今一度しっかりと見極めてから、次のハードルに進むべきだろう。

ハードル②：買収先企業の価値を正確に見極める

既存事業のオペレーションを効率化するために買収先企業の資源を得たい場合（持続的買収）、一般に最も効果が出やすいのは「顧客基盤」だ。例えばインターネット証券の（旧）マネックス証券が同じくインターネット証券の日興ビーンズ証券を事実上吸収合併してマネックス・ビーンズ証券となった事例では（その後（新）マネックス証券となる）、両社の顧客が使う証券システムは統合された。これによりマネックスは顧客基盤を増大させ、顧客一人当たりのシステムコストを低下させるとともに、より高度な分析ツールを安価に提供することで顧客満足度を向上させた。

資源を目的とした持続的買収のうち、自社の持っていない技術の獲得を目的としたものは、高度な目利き能力が買い手に求められる。その技術を用いることで「どのような顧客のどのようなジョブを片付けるのに役立ち、どのような価値を提供できるようになるか」、つまりその技術の「自社ビジネスにとっての相対的な価値」を見極めなければならないからだ。

例えば、小型民間航空機ＭＲＪを開発し、製造・販売に乗り出した三菱航空機にとって、低燃費航空機エンジンの設計・製造・販売の技術や技術者を保有するプラット&ホイットニーは、技術獲得を目的とした持続的買収の対象となり得る。プラット&ホイットニーを保有することで、機体とエンジンのより稠密な制御や機体全体としての一層の低燃費化が可能になるかもしれないからだ。また、親会社の三菱重工の持つ航空機エンジン事業と併せることで、エンジン製造コストの削減や三菱重工が製造販売するジェットエンジン事業の付加価値向上も見込める。

だが、インターネットを事業基盤とするグーグルが、同じプラット&ホイットニーの高効率ジェットエンジン技術を得たところで、事業へのプラス効果は何ら見込めない。1足す1は2にしかならず、相乗効果はゼロである。だから、プラット&ホイットニーはグーグルの買収対象にはならないだろう。要するに、技術の価値は、買い手によって異なる相対的なものであり、「定価」などないのだ。

破壊的買収——ソフトバンクのケース

破壊的買収、すなわち新たなビジネスモデルを獲得する場合にはどう考えたらいいのだろう。クリステンセン教授は、2011年に『ハーバード・ビジネス・レビュー』で発表した論文の中で、企業買収により成長軌道を劇的に上向かせるためのチェックポイントとして、次の5つを挙げている(注42)。

✔	買収先企業の製品やサービスは、買収元企業のものよりもシンプルで安価か？
✔	このシンプルさや安さによってより多くの人々がその製品やサービスを利用することができるようになるか？　また、多くの多様な顧客にとって、その製品はニーズを満たすものか？
✔	買収先企業のビジネスモデルは、徐々に高い能力の商品やサービスを生み出して上位市場へスケールアップすることが可能か？
✔	既存企業は買収先企業の提供する商品を模倣することで十分利益を上げられるか？（注：この問いの答えだけはノーでなければならない）　それとも、買収先企業は既存企業が無視しようとしているローエンドの市場を対象としているか？
✔	買収先企業はあなたの企業を、将来最も魅力的な利益を生み出すバリューチェーン内のポジションへと導いてくれるか？

企業買収により成長軌道を劇的に上向かせるためのチェックポイント

これらの質問の多くにイエスと答えられれば、破壊的ビジネスモデルである可能性が高い。

ソフトバンクは、創業者の孫正義がアメリカ留学中に発明した電訳機の特許をシャープに売ることで、事業立ち上げのシードマネーを得た会社だ。孫社長は、これからはパソコンがブームになると見定め、1981年にパソコンソフトの流通業を開始する。当時はパソコンもソフトも黎明期で、ソフトを作る人はいてもパソコンショップなどに流通させるためのネットワークが未整備だったことに目をつけたのだ。これは、スタンフォード大学を創設した鉄道王スタンフォードが、ゴールドラッシュに際して、自ら金を掘るのではなく、金を掘るために必要となる人員や資材の輸送を独占的に担うことで巨万の富を得たこととに似ている。

その後ソフトバンクは、パソコンソフトを拡販するためのメディアとしてパソコン雑誌の出版に乗り出し、事業の範囲を広げる。さらに、電話線を使ったADSLインターネット接続事業にも参入する。この際には、電話回線につなぐことでインターネット接続を可能にするADSLモデムを繁華街などで無料配布するという異例の手法を取ることにより、顧客基盤を急速に広げた。

そのソフトバンクが、2006年、携帯電話事業を行っていたボーダフォンを約1兆7500億円という巨額で買収する。当時の携帯電話と言えば、通話機能の他には端末同士のショートメールと、CHTMLというHTMLのサブセットの規格を使った貧弱なインターネット接続が辛うじてできる程度のものだった。しかし、孫社長はこのよちよち歩きの携帯インターネットが、将来は大きく育ち、自社の既存の固定インターネット事業を破壊してしまう可能性を感じていたに違いない。

その後、ソフトバンクモバイルは、iPhoneのいち早い日本導入で、スマートフォンによる携帯インターネットの先駆者として名を馳せる。私も、iPhone使いたさに、キャリアをソフトバンクに乗り換えた一人だ。

この超大型買収に際し、ソフトバンクの社外取締役であったファーストリテイリングの柳井社長が、**携帯事業に参入しないことによるリスク**を考えるべきだと言って孫社長に決断を促したことが知られている。柳井もまた、携帯電話事業がソフトバンクにとって破壊的イノベーションになり得ることを理解していたのだろう。

最近、自宅に固定電話回線やインターネット回線を引かずに、携帯電話だけで通話やインターネット接続をすべて済ませる人も増えてきた。役所などでの各種届出においても携帯電話番号のみの記入が当たり前になっている。しかし、孫がボーダフォンを買収した当時は、インターネットと言えば有線接続が当たり前で、「将来はＡＤＳＬから光回線へと、固定インターネット回線の持続的イノベーションが起こっていく」というのが業界の常識だった。当時の携帯電話は、お粗末な通信速度と小さなディスプレイ、貧弱なユーザーインターフェースの「オモチャ」で、パソコンの敵ではなかったからだ。

それが今や、携帯電話の５Ｇ回線の最高速度は毎秒10ギガビットにも達し、従来の光回線をも凌ぐほどの性能だ。スマートフォンやタブレット端末の性能と使い勝手も劇的に向上し、よほどの処理でなければパソコンは要らなくなった。

つまり、スマートフォンやタブレットなどの携帯情報端末と５Ｇ回線は、パソコンと固定インターネット回線の組み合わせを確実に破壊しつつあるのだ。パソコン用ソフトも、流通を経ずにソフト会社から直接ダウンロードしてインストールするものが増え、さらに、ソフトをインストールせずともネットの向こう側で処理をしてウェブブラウザ経由でサービスを受けられる（ＳａａＳ）ことも増えてきた。

もしソフトバンクがモバイル通信事業を買収せず、パソコンソフトの流通や雑誌の出版、固定インターネット回線などの既存事業にとどまっていたら、今頃、倒産の危機に瀕していたかもしれない。

ソフトバンクによるモバイル通信事業は、パソコンの前以外では「無消費」だった顧客に対し、通信速度や端末性能でははるかに劣るものの、いつでもどこでも利用できるインターネット接続を提供した破壊的イノベーションである。このモバイル通信事業を「破壊的買収」したことで、ソフトバンクは大きな成長を遂げたのだ。*

ハードル③：妥当な条件で買収契約を結ぶ

せっかく破壊的ビジネスモデルを持った企業を見つけても、その企業が買収後にもたらす価値よりも高い値段で買収したのでは意味がない。企業の価値は、その会社が現在の経営方針をそのまま継続する前提で計算される「スタンドアローンの価値」、その企業を買収した会社がそれまでとは異なる経営方針で買収した企業を経営した場合に実現される製品・サービス価格の向上や売上の増大などから得られる「収益シナジー」、買収した企業との間で生産・物流・販売拠点やITシステムといった経営資源の共有・統廃合・ノウハウ共有がもたらす効率改善や調達コスト削減などの「コストシナジー」、破壊的ビジネスモデルの場合にはそのビジネ

* ボーダフォンの買収によってソフトバンクはボーダフォンの顧客、基地局、勤めていた従業員などの経営資源も同時に手に入れた。しかし、ソフトバンクにとっては破壊的ビジネスモデルであるモバイル通信事業そのものが、ボーダフォンの既存顧客などの経営資源よりも重要であったと考えられる。

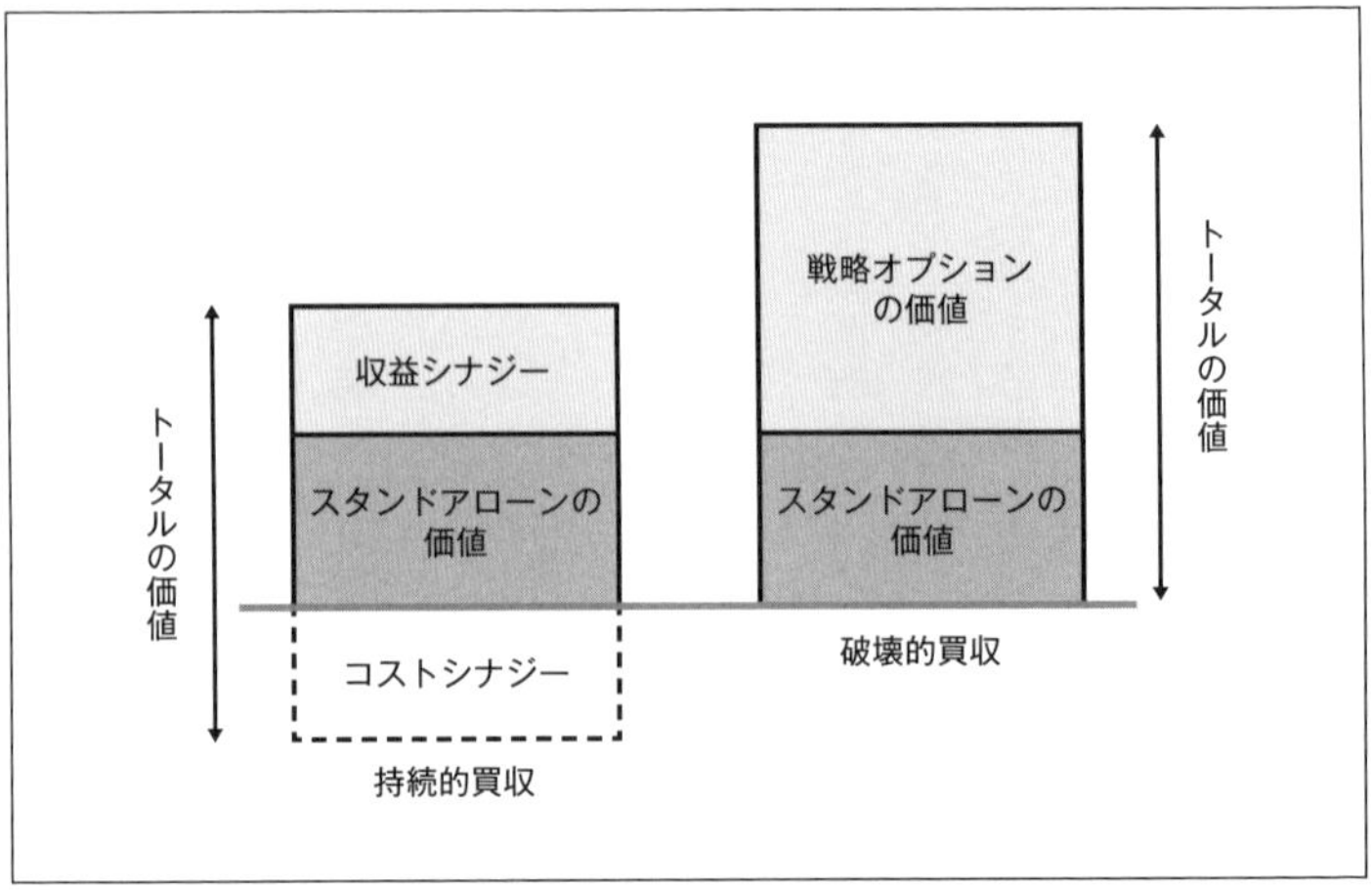

買収企業の価値（持続的買収の場合と破壊的買収の場合）

スを手に入れることによって自社が破壊されるリスクを避けられることになる「戦略オプションの価値」の4つの合計と考えられる。

まず前提となるのは、買収価格を決める際の土台となる「スタンドアローンの価値」が計算で求められる企業の理論的価値から見て妥当であることだ。その上で、持続的買収の場合にはスタンドアローンの価値に、収益シナジーとコストシナジーを加味して買収の是非を判断することになる。一方、破壊的買収の場合は、スタンドアローンの価値に戦略オプションの価値をプラスした上での判断となる。

いずれにせよ、すべての価値の合計が、買収価格を上回っていなければ、買収する意味はない。

A・T・カーニーの平尾彰章パートナーは、

「M&Aチームは、案件に取り掛かると知らず知らずの間に**買収すること自体が目的**になっていく。買収することが自己目的化していくと、交渉条件が次第に悪くなっても撤退しにくくなる」と述べている。そして、M&Aを成功に導くビジネス・デューデリジェンスの原則の一つとして、投資テーマに沿った「撤退基準」を規定することを推奨している（注43）。

また、買収先企業のビジネスを可能としているコア技術や人材などの「資源」をきちんとマネージしなければ、手に入れたときには企業価値の大半が失われているといった結果になりかねない。特に、コアとなる個人に競争力の鍵となる技術や問題解決能力が暗黙知として蓄積されている場合には、その人が退社してしまえば買収先企業の価値は大きく損なわれてしまうだろう。したがって、企業買収に当たっては、中核的価値に深く関連する知識や問題解決能力を持った人材の退職をいかに引き止めるかが、極めて重要なポイントになる。

ハードル④：買収した企業を適切にマネージする

ローランド・ベルガーが行った調査によると、M&Aが失敗する2大要因は「戦略整合性の欠如」と「統合マネジメント（買収先企業と自社をいかに統合するか）の失敗」であるそうだ（注44）。

「戦略整合性の欠如」が起こるのは、本来であればまず「大きな方向性として企業の戦略があり、それを達成する手段としてM&Aがある」はずなのに、「企業戦略との整合性のすり合わせをせずに、M&A自体が目的化してしまう」ためだ。買収の結果、「M&Aによる効果はどの程度見込まれるのか」「M&Aに伴いどのようなリスクが発生し得るのか」といった、最優先で検討すべき課題を経営陣と中核スタッフで検証することなく踏み切ったM&Aでは、しばしば蓋を開けてみると「期待どおりの効果が出ない」「まったく想定していなかった問題が次から次へと出てくる」といった不本意な結果に陥る。

日本CFO協会が行ったアンケートによれば、M&Aにおいて最も力を入れたプロセスとして「経営・事業戦略上の必要性・期待効果等検討」を58%の経営者が挙げている。「戦略整合性の欠如」が起きるということは、この検討さえできていなかったと評価されても仕方ないだろう。

同じ調査で「買収後の経営戦略・統合計画策定」、すなわち買収後のマネジメントに最も力を入れたと答えた経営者はわずか21%に過ぎなかった。これに対し「買収後の経営戦略・統合計画策定」にもっと力を入れておけば良かったと答えた経営者は55%にも上る。M&A失敗の2大要因のうち2つ目の「統合マネジメントの失敗」の原因は、経営者が企業買収後の経営に注力しなかったことにあると考えられる。

例えば、ある日本のエレクトロニクスメーカーでは、アメリカのプリンタメーカーを買収するまでは役員が熱心に取り組んだが、買った後は部下に丸投げで、「お前らこの会社を買ったから、後はなんとかしろ」と言ったきり放ったらかしにしているそうだ。持続的買収の場合、経営者の仕事は、買収が成立した段階で終わりはなく、買収した企業と自社との間で相乗効果が表れ、実際に収益アップに結び付くまでのはずである。

「統合しないマネジメント」が求められる破壊的買収

破壊的買収の場合には、持続的買収よりもさらにもう1段階、マネジメントの難易度が高まる。戦略オプションを増やすためには、「買収先企業と自社をいかに統合させるか（統合するマネジメント）」ではなく「買収元をいかにできるだけ独立させ、自律させるか（**統合しないマネジメント**）」が必要になるからだ。

破壊的企業を買収した後、安易な統合を進めてしまえば、IBMがPS／2で失敗したように、せっかく手に入れた金の卵を産むガチョウ（破壊的事業）を殺してしまう結果になる。

破壊的ビジネスモデルからの収益で事業リスクをヘッジできるようにするには、買収先企業の独立性・自律性を買収後も確保しなくてはならない。クリステンセン教授が『イノベーションのジレンマ』で述べているように、「**買収した企業のプロセスや価値基準が、本当に成功の源であるなら、買収する側の経営者は、その企業を親会社に統合しようとするべきではない。**買収された企業が、そのプロセスや価値基準によって過去の成功を築いてきたのなら、子会社の独立性を保ち、そのプロセスと価値基準を活かしつつ、資源を投入する戦略を採った方が良い。このような戦略こそ、本当の意味での新しい能力の獲得と言える」(注45)のだ。

ジョンソン&ジョンソンにおける使い捨てコンタクトレンズ、内視鏡、糖尿病患者用血糖値測定器の各事業は、すべて事業が小さいうちに買収し、独立性を維持したまま資源を投入した結果、いずれも年商10億ドル規模の事業に成長した。1992年から2001年までの10年間におけるジョンソン&ジョンソンの医療機器・診断部門の売上は、既存事業伸び率が年率3%にとどまったのに対し、買収した事業では年率41%の伸びを示したという(注45)。

同様に、買収元企業から買収先への安易な人材投入も控えるべきだ。既存優良企業の歯車の一員として持続的イノベーションをうまく実行する能力と、破壊的ビジネスモデルを見つけ出して新しい市場を切り開く能力は別物だからだ。

破壊的イノベーター企業の経営には、将来その組織が直面する可能性が高い課題と同じ種類の課題を体験したことがある「経験の学校」出身者をチームメンバーにする必要がある。具体的には次頁に示す経験を持ったメンバーだ(注46)。

逆に、「①曖昧さを徹底的に排除し、最小化しなければならない環境で働いてきた人物」「②数字や固定的なルールに従って機械的に意思決定をしてきたマネジャー」「③市場機会の識別のために入念な計画と調査をしてからでないと意思決定ができないマネジャー」「④重要な意思決定の際に注意深く分析し、実際に行動に移す前に完全に社内意見の統一を図る環境で働い

・曖昧さに対応してきた
・パターン認識と判断力に基づいて意思決定を行ってきた
・製品やサービスが当初予期していなかった顧客について実験を行い、市場機会を発見した
・障害の克服や問題解決のため広範なネットワークを利用してきた
・十分な資源がない環境で業務を運営してきた
・実行型であることを実証してきた

破壊的イノベーター企業の経営に求められる経験

てきたマネジャー」などは破壊的イノベーター企業には向いていない。まして、買収先企業を買収元企業の天下り先とみなし、余剰となった人材を送り込むなど言語道断だ。

大企業で長い間働いてきた①～④のような人材は、破壊的企業では必要とされないばかりか、かえって害になる可能性が高い。本社にいい顔をしたいために、まだ方向性を探索している段階の企業に無理な成長を求め、破壊的ビジネスモデル自体を破壊してしまう可能性すらある。

企業買収は難しいが、不可能ではない

ここまで、破壊的イノベーター企業を買収するという戦略においてクリアすべき、4つのハードルについて述べてきた。これらのハードルは非常に高いようにも思えるが、前述のソフトバンク以外にも、上手にハードルを越えて企業買収という選択肢をものにしている日本企業はある。

例えばトヨタ自動車は、1967年の業務提携以来、長い期間をかけてゆっくりとダイハツを子会社化してきた。両企業間では、技術交流や一部車種の共同開発などが行われているが、顧客接点である販売においては独立性が保たれているため、車を買おうとする消費者は、ダイハツがトヨタの子会社だとは気付かないだろう。*

これにより、ダイハツの販売店では軽自動車を売ることを最優先する価値基準が、トヨタの販売店では普通乗用車などを売ることに最適化された価値基準がそれぞれ保たれつつ、グループとしては軽自動車からレクサスまでフルラインナップの商品展開が可能となっている。

＊トヨタが販売している「パッソ」は企画およびマーケティングはトヨタ主導、設計および開発・生産はダイハツ主導である。

破壊的イノベーションを手にするための2つの手段

これまで述べてきたように、破壊的イノベーションに既存企業が対抗する手段は、「破壊的イノベーター企業を自ら外部に独立した組織として設立する」か、「破壊的イノベーター企業を買収する」の2つしかない。この2つ抜きに、破壊的イノベーションに対抗することは不可能だ。

企業買収は、統計的には失敗する確率の高い手段だが、破壊的ビジネスモデルから生み出される成長機会を獲得する上では有効である。この戦法をマスターするためには、破壊的買収を企業戦略の中に明確に位置付け、専門組織を設立して知識を蓄え、買収先企業の価値を正確に見極め、外部の専門家も活用しながら、小さいところから始め、経験値を積み重ねていくことが重要になる。

買収後は、適切な人材や資金を供給し、破壊的ビジネスモデルを支えている「プロセス」や「価値基準」を壊さない配慮が必要である。これは、我々の体組織を構成する細胞が、はるか昔に別の生物（破壊的企業）を取り込み、それを「ミトコンドリア」という膜で覆われた「別組織」で活かしつつ、体細胞の活動に必要なエネルギー（企業の成長）のほとんどをそこから得ているのに似ている。

成長に限界を感じている既存優良企業は、破壊的組織を創出する能力に加え、破壊的買収の知識と経験を獲得することによって初めて、市場が期待している以上の成長を実現でき、株価の向上をも実現できるだろう。

破壊的組織のスピンアウトと破壊的買収は、破壊的イノベーターを目指す21世紀の経営者が習得すべき必須スキルなのだ。

おわりに――「日本のイノベーションのジレンマ」を超えて

イノベーションとは「機会をアイディアに変え、それを広く行き渡るようにするプロセス」である。

では、日本をベースに事業活動を行う企業にとっての「機会」とは何だろうか。

ビジネススクールで学ぶテクニックの一つにSWOT分析がある。これは、自社の強みと弱み、自社を取り巻く機会と脅威を2軸マトリックスに書き出して、自社の採るべき戦略を分析するツールだ。

本書の最後に、この手法を日本という国に適用することで、日本企業によるイノベーション戦略を考えてみたい。

◉日本にあって世界にないもの――世界最大の都市圏にある機会とは？

世界最大の都市はどこかと聞かれたら、皆さんはどう答えるだろう。

中国の北京や上海、インドのムンバイやデリーと答える人も多いと思う。たしかに、「国」の人口が世界最大なのは中国であり、第2位はインドだ。

だが国ではなく「都市圏」で考えると、世界最大は東京だ。東京、神奈川、千葉、埼玉、茨城、栃木、群馬と関東平野一面に3800万人以上の人が暮らしており、都心から電車に乗って1時間以上経過しても、ひたすらに住宅街が続く巨大都市圏は世界広しといえども東京ぐらいだ。

住む立場からすると、東京は地価が高く、通勤時間が長く、公共交通機関や道路が混雑するなど、デメリットも大きい。しかし、商売する立場から見ると、多様な需要が集積しているため、ニッチなビジネスでも成立し得るチャンス（機会）が世界一多い都市圏と言えるかもしれない。

こうした世界最大の都市圏にあるからこそ、ゲーム、アニメ、マンガなどの様々なサブカルチャーの商品や、メイドカフェなどのユニークなサービスが林立する世界最大の「趣都」、秋葉原が栄えているのだろう。

◉電網国家、ニッポン

私は2014年8月から2015年の2月までの約半年間、アメリカシリコンバレーにあるサンマテオという街に、クレイトン・クリステンセン・インスティテュートの客員研究員として滞在した。

ところが、行ってみて驚いた。郊外といえどシリコンバレーなのだから超高速インターネットが隅々まで張り巡らされているかと思いきや、加入可能なインターネット接続サービスはケーブルテレビ経由のみで、その速度も最高数十メガビット／秒程度だったのだ。

1992年頃にアル・ゴア副大統領（当時）が打ち上げた「インターネットスーパーハイウェー

構想」で脚光を浴びたアメリカだが、それから20年以上が経過したにもかかわらず、日本のように国中どこでも100メガビット／秒以上の高速インターネットサービスの恩恵にあずかれるレベルには達していなかった。携帯電話の回線でも、アメリカは遅れていた。シリコンバレー内ですら4G接続できる場所は限られており、今となっては遅く感じる3G回線で接続せざるを得ない場所も多かった。

現在の日本では、東京なら地下鉄の中でも4G回線で接続でき、自宅で録画したテレビ番組も途切れることなく楽しめる。自宅に帰れば1ギガビット／秒で光インターネット接続することも可能だし、最高10ギガビット／秒に達する5G携帯インターネットサービスも始まった。

日本は、いったん目標を設定すれば、それに向けて真面目にコツコツ邁進する国だ。政権が代わるたびに前政権のプロジェクトがなかったことになるアメリカよりも、はるかに政策の一貫性があり、行政が継続的に機能する。全国津々浦々まで光ファイバーを張り巡らすという公共インフラの整備計画がきちんと実行されているのだ。

つまり日本は、世界最大の都市圏を持つだけでなく、そこに構築されている情報インフラも世界最高水準にあり、有線・無線を問わず、常時、高速インターネット接続できる、世界最先端の「電網国家」と言えるだろう。

◉「ない」ことすら強みになる——少子高齢化は脅威か?

では逆に、日本にとっての明らかな脅威は何だろう。

誰もが思い付くのは、生まれてくる子供の数が少なく、平均寿命が長いことによる少子高齢化だろう。

ちなみに世の中には様々な未来予測があるが、その中でも人口動態の予測はかなり正確な部類に属する。今年40歳の人は死なない限り来年41歳になり、かつ今年40歳の人が死亡する確率はかなり正確にわかるからだ。仮に政府の少子化対策が功を奏して、来年から突然、合計特殊出生率が2・0を超えても、来年以降、生まれる子供の数が増えるだけで、我が国の人口動態をすぐに左右するほどのインパクトは持ち得ない。

だから、子供を対象とした商品やサービスのマスとしての需要は減少が避けられない。取り得る策は、少なくなる子供一人ひとりにより高付加価値の商品やサービスを提供し、いかに多くの支出を引き出すかという「持続的イノベーション」に向けた努力の他ない。

生まれる子供が少なければ、成人する子供も少なくなる。成人する子供が少なければ、働く人も少なくなる。

これまで日本の企業は、終身雇用を餌に男性をできる限り長時間会社で働かせ、業務の都合に応じて問答無用で転勤させ、技能や知識を社員に蓄積させて、そのメリットを最大限享受してきた。それは同時に、従業員の妻となった女性を家庭に押し込めて家事と育児に専念させ、転勤の際には無理やり一緒に転居させることを暗黙の前提としていた。

だが、多くの企業がリストラを余儀なくされて終身雇用神話や年功序列賃金が崩壊し、女性の就労機会が増え、共働きがこれまで以上に当たり前になってくれば、これまでのように会社に滅私奉公してくれる男性労働者の確保は一層困難になるだろう。これは、既存の固定観念にとらわれている経営者からすれば、「脅威」以外の何物でもないように感じられる。

しかし、この労働人口の減少という「脅威」は、見方を変えれば「機会」と見ることもできる。気候が温暖で1年を通じて裸のような格好で過ごせ、どこにでも生っている木の実を採れば食べるに困らない環境と、裸で30分もいれば氷点下の寒さで凍死してしまい、食べ物もよほど工夫をしないと手に入らない環境とでは、どちらにイノベーションが生まれるだろう。例えば、石油資源が豊富なＵＡＥでは、観光やリゾート開発以外、目立った産業が見られない。実は、資源が豊富だという「機会」は、イノベーションの芽を摘んでしまうという「脅威」でもあるのだ。

逆に、労働人口の減少という「脅威」は、女性や高齢者を始めとする労働者がパートタイムやオンラインで働きやすい勤務形態をいち早く導入したり、新技術によって労働生産性を高めた企業にとっては「機会」となるだろう。例えば、ユニクロは、衣料品のタグをＩＣ化し、顧客が買い物の入った籠を載せるだけで瞬時に精算できるレジを導入して、大幅な効率アップを達成している。

◉少子高齢化を機会に

近年、ディープ・ラーニングと呼ばれる新たな機械学習アルゴリズムが人工知能の能力を飛躍的に増大させている。人間にはまだ勝てないと思われていた囲碁でプロ棋士に勝ったり、アメリカのクイズ番組に出て優勝したり、模試で偏差値60を叩き出して440の大学でA判定を得たり、スポーツの結果や企業の業績から自動的に記事を書いたりする人工知能が生まれている。

人工知能がさらに発達すれば、これまで当たり前のように人間が行っていた自動車の運転、テレビパネルの画素の欠陥や色ムラなどを発見する検査、クシャクシャになったワイシャツを認識してきちんとたたむ作業などが、順次、機械に置き換わっていくと言われている。こうしたテクノロジーをいち早く取り入れた企業が、プロセス・イノベーションによって、労働人口の減少という「脅威」を克服し、競争力を強化するという「機会」を捉えられる。

ソフトバンクが、人工知能を搭載したロボット「ペッパー」の販売を始めたとき、なぜ携帯電話の会社がロボットを売り出すのかと訝しく思った。しかし人工知能の爆発的な発展とその学習データを得ることの重要性を理解した後は、孫社長の先見の明に驚きを禁じ得なかった。

さらに2016年9月、ソフトバンクグループは、約3兆3000億円を投じてイギリスのARM（アーム）ホールディングスを買収した。ARMの技術は、今市販されているスマホのほとんどすべてや、スーパーコンピュータ「富岳」にも使われており、ＩｏＴ時代のインテルと言っても過言ではない企業だ。孫氏は、同社の超低消費電力型マイクロプロセッサ技術が、モノとモノとが人を介さずに直接つながり、ジョブをこなすようになるＩｏＴ時代のキー・テクノロジーだと見抜いたのだろう。その先見の明に驚きを禁じ得ない。

ユニクロやソフトバンクのような企業は、すでに未来を見据えて省力化や人工知能の活用に舵を切り始めている。今後、日本企業は少子高齢化を「機会」と捉え、人工知能の導入や女性や高齢者のフレキシブルな働き方、在宅勤務の導入などを真剣に考えるべきときが来ているのではないだろうか。

そして、そこで得られた経験は、日本の後を追って少子高齢化が進むと見込まれている中国などの外国においても役立つことだろう。

◉ライフロング・ラーニング・コミットメントのススメ

今ほど企業においてイノベーションが重要になっているときはない。でありながら、これまでは、顧客の状況を理解し、片付けたいジョブを見極め、それを破壊的なビジネスモデルへとまとめ上げるプロセスを体系的に学べる機会が少なかった。

しかし最近、こうした一連のイノベーション・プロセスを学ぶ機会は確実に増えている。手前味噌で恐縮だが、関西学院大学のビジネススクールでは、２０１５年４月からＭＢＡプログラムの一環として、システム思考、デザイン思考、システム・デザイン演習の計3科目を新たに開講した。私が担当するテクノロジー・マネジメントやイノベーション経営などの科目と併せて学ぶことにより、破壊的な製品やサービスの創出に役立つ教育が受けられる。講義は土日と平日の夜だし、1科目からでも受講できる科目等履修の制度もある。

教科書『イノベーションの経営学』によれば、マネジメントの知識の半減期は10年だという。すなわち、10年経つと学んだ知識の半分は陳腐化して使い物にならなくなってしまうのだ。これに対抗するには、陳腐化する以上の速度で新しい知識を学び続けること、すなわち「生涯学び続ける覚悟（ライフロング・ラーニング・コミットメント）」が必要だ。

約30年後には、知力においてコンピュータが人間の総体を超える「シンギュラリティ（技術的特異点）」が来るとも言われている。それは、もはや止められないだろう。であれば、コンピュータに「周辺機器」として使われるのではなく、コンピュータのパワーを自分の「知力増強のレバレッジ」として「使う側」になるしかない。そのためには、敵（人工知能）を知り、己（の活かし方）を知り、学び続け、変わり続ける必要がある。

生涯学び続ける覚悟を持つ者だけが、破壊的イノベーターになれるのだ。

謝辞

蟹は自分の甲羅に似せて穴を掘るという。本書も、私の現時点で持ち得る限りの知見を注ぎ込んで書いたつもりだ。だから、起こりうる誤りや記述が不十分な点については、すべて著者である私の責任である。

一方、私という小さな人間が今日に至るまでには、多くの方のおかげなしにはあり得なかった。

本書のタイトルから明らかなように、修士課程でお世話になったハーバード・ビジネススクールの故クレイトン・クリステンセン教授の理論が、本書の骨格を支えている。教授の控えめで温厚な態度から紡ぎ出される、森羅万象の無数の変数の中から重要な因果律を見抜く「木を見て森も見る」ような思考に直接触れることができたのは僥倖としか言いようがない。それだけに2020年に天に召されたのが残念でならない。

東大の博士課程でご指導いただいた児玉文雄・東京大学名誉教授には、研究に取り組む厳しい姿勢、原典に当たることの重要性、学会の流行を追わず飽くまでオリジナリティを追求する態度など、学者としての基本動作を徹底的に鍛えていただいた。また、児玉研究室の玄場公則助手（当時）には、博士論文執筆に際して迷いがちな私に研究の方向性を示していただいたし、柴田友厚、鈴木潤、安田聡子はじめ児玉研究室の先輩や同僚の皆さんには、大いに研究上の刺激やアドバイスをいただいた。

博士論文の副査をしていただいた後藤晃・東京大学名誉教授からは、経済学的思考の重要性、生涯学び続けることの大切さを学ぶとともに、温厚篤実なご性格に大きな影響を受けた。関西学院大学ビジネススクールが創設される際、募集があることを教えていただけたことは、私の学者としての後半生を決定づけた。

ハーバード大学修士課程で教えを受けたフレデリック・M・シェーラー教授には、イノベーション研究という学問の面白さと不思議さ、そしてそれをとても楽しそうに教えられると、授業を受けている側も楽しくなってくるという不思議な経験を与えていただいた。私がときどき教壇でオーバーアクション気味に跳んだりはねたりするとしたら、それは先生から学んだ多くのことの一つだ。また、先生の論文に、私が授業で提出したレポートが引用されたことは、私に、学問を志すものとしての最初の栄誉を与えてくれた。

ハーバード大学修士課程で教えを受けたグレゴリー・マンキュー教授には、その著によるとんでもなく面白いマクロ経済学の教科書も相まって、経済学という学問の豊かな広がりを教わった。また、ややもすると無味乾燥になりがちな経済学の授業を、学生を巻き込みながら楽しく進めていく教授法も、大いに学ばせていただいた。

東京大学理論科学グループ（ＴＳＧ）の仲間たちからは、マイクロプロセッサ黎明期に「技術で遊び、事業を興す疑似体験」をさせていただいた（実際、この倶楽部からはいくつかのベンチャー企業が羽ばたいている）。また、本書執筆に際しては、CPUやソフトウェアの最新技術動向についての詳しいアドバイスをいただいた。

筑波大学附属駒場中・高等学校でご指導いただいた諸先生にも、この場を借りて御礼申し上げたい。生意気盛りの我々を、まるで牧場で放牧するように自由に学び・遊ばせてせていただき、柵を越えそうになったときだけは厳しく叱っていただいた。中でも英語を教わった故中村豊先生と、辻弘先生には、私が海外で学び、英語の文献に取り組むのに必要な英語力を授けていただいた。

中島一浩 関西学院大学客員教授からは、本書執筆に際しインクジェット技術発展の歴史や、文章の技術的な正確性に関する示唆をいただいた。

最後に、身内ながら、妻の靖子に最大級の感謝を捧げて結びとしたい。付き合い始めてからだと30年近くになり、今年、銀婚式を迎えることができた。私はおよそできた人間とは言い難く、デートの約束に2~3時間遅れて来るのもしょっちゅうだった。米国留学が決まった際には、職を辞して私とともに渡米することを決心してくれ、その後、「玉田商店2人で一つ」を合い言葉に、仕事面でも生活面でもパートナーとしてずっと献身してくれた。私が経済産業省の激務により何ヵ月も寝たきり状態になった際には、離婚されても文句は言えないぐらいなのに、働きながら家計を支えつつ、私の世話も焼いてくれた。その後、関西学院大学に移ってからは、すべての家事に加え、数々の事務処理までこなしてもらっている。本書を君に捧げ、感謝の気持ちの一部としたい。金婚式を共に祝えることを願っている。

参考文献

1章

注0　浅野裕一『孫子』（講談社、1997）、53ページ。
注1　「Sony History　第4章〜第5章」ソニーホームページ。
注2　「Sony History　第5章　大丈夫……必ずできる」ソニーホームページ。
注3　"Empire of the Air ~ The Men Who Made Radio", Florentin Film/WETE, Washington(1991).
注4　「キヤノン イメージング開拓史　発想力と地道な努力でこれまでにないプリント技術を創造」キヤノンホームページ。

2章

注5　「我が国のイノベーション・システムの現状：全国イノベーション調査2018年度調査からの所見と政策への示唆」、『研究・イノベーション学会第34回年次学術大会予稿集』2A05(2019), pp.292-297。
注6　一橋大学イノベーション研究センター編『イノベーション・マネジメント入門』（日本経済新聞社、2001）。

3章

注7　「History電卓戦争」Webで学ぶ 情報処理概論（ホームページ）。

4章

注8　クレイトン・クリステンセン、マイケル・レイナー『イノベーションへの解』（翔泳社、2003）、37ページ。

5章

注9　「Ｓｏｎｙ　Ｈｉｓｔｏｒｙ　第13章　ＩＲＥショーで見つけたもの〈トランジスタテレビ〉」ソニーホームページ。

注10　鴻池賢三「脱・スペック比較 高画質テレビの選び方（1）［ホームシアター］」オールアバウト。

注11　中原美絵子、「地上波は対応予定なし、４Ｋ放送普及の難題　推進する総務省と放送局の間には温度差」週刊東洋経済オンライン（２０１４年6月21日）。

6章

注12　"Apple's US job footprint grows to 2.4 million" Apple Newsroom (August 15, 2019).

注13　スタンフォード・エグゼクティブ・ブリーフィングでの講演ＤＶＤ。

注14　"Steve Jobs:The Lost Interview", Magnolia Home Entertainment (DVD) (2012).

7章

注15　「ジョージ・イーストマン［コダック社創業者］ポータブルカメラで世界を変えた発明者」ダイヤモンドオンライン「世界のビジネスプロフェッショナル 経営者編【第48回】」（２００８年9月25日）。

注16　古森重隆「変化受け入れる勇気を」日本経済新聞電子版（２０１３年10月22日）。

注17　大川元一「デジタル・スチルカメラ技術発展の系統化調査」、『技術の系統化調査報告 第十集』（国立科学博物館、２００８）、87ページ。

注18　「平成17年度 第1回 ものづくりベンチャー支援セミナー 株式会社カシオ日立モバイルコミュニケーションズ 末高弘之氏 講演録」京都府中小企業技術センターホームページ。（現在は非掲載）

やっぱりニッポン製運営事務局「ニッポンはじめて物語 世界に挑戦した日本製品の誕生秘話 売れた！国産30選 デジタルカメラ カシオＱＶ-10カシオ計算機株式会社」。

注19　山﨑将方「その時代を生きた者にしか語れない、この10年のカメラ業界史」Amazing Graphホームページ（２０１９年12月8日）。

注20 「キヤノン逆風、37%減益 医療機器シフト道半ば」日本経済新聞（２０１９年7月25日）。

注21 「ニコン、カメラの「赤字転落」危機で迎える難路　新ジャンル「工作機械」進出に不安の声も」日本経済新聞（２０１９年11月8日）。

注22 「キヤノン逆風、37%減益　医療機器シフト道半ば」日本経済新聞（２０１９年7月25日）。

8章

注23 チャールズ・A・オライリー、マイケル・L・タッシュマン『両利きの経営―「二兎を追う」戦略が未来を切り拓く』（東洋経済新報社、２０１９）第6章。

注24 「カンブリア宮殿 世界で４００万本！驚異の大ヒット包丁 刃物の町から挑む１００年企業！独自戦略」テレビ東京（２０１４年12月4日）。（執筆時最新データは貝印株式会社から提供を受けた）

9章

注25 エリック・シュミット、ジョナサン・ローゼンバーグ、アラン・イーグル『How Google Works 私たちの働き方とマネジメント』（日本経済新聞出版社、２０１４）。

注26 George Anders, “Jeff Bexos’s Top 10 Leadership Lessons”, Forbes(April 23, 2012).

注27 ジェームス・W・ヤング『アイデアのつくり方』（CCCメディアハウス、１９８８）。

注28 Rothwell, R, “Successful industrial innovation: Critical success factors for the 1990s”, R&D Management 22(3)(1992), pp.221-239.

注29 R. M. Belbin, “Management Teams 3rd ed.”, Routledge, Oxon(2010).

注30 Cedric Herring, “Does Diversity Pay?: Race, Gender, and the Business Case for Diversity”, American Sociology Review 74(2)(April 2009), pp.208-224.

10章

注31　児玉文雄『ハイテク技術のパラダイム：マクロ技術学の体系』（中央公論社、1991）。
注32　スコット・アンソニー、マーク・ジョンソン、ジョセフ・シンフィールド、エリザベス・アルトマン『イノベーションへの解 実践編』（翔泳社、2008）。
注33　「外資系企業にみるエスノグラフィーマーケティング」日本マーケティング協会ホームページ。
注34　ルーク・ウィリアムス『デザインコンサルタントの仕事術』（英治出版、2014）。
注35　「米ウーバー5周年 CEOの反省と野心」日経産業新聞セレクション（2015年7月4日）。

11章

注36　トム・ケリー『発想する会社 世界最高のデザイン・ファームIDEOに学ぶイノベーションの技法』（早川書房、2002）。
注37　原隆「米グーグル創業者が語った17年前の言葉」、『日経ビジネスオンライン』（2020年4月1日）。

12章

注38　スコット・アンソニー、マーク・ジョンソン、ジョセフ・シンフィールド、エリザベス・アルトマン『イノベーションへの解 実践編』（翔泳社、2008）。
注39　「革命は辺境から（15）に・よん・なな・みゅーじっく社長 丸山茂雄氏（仕事人秘録）」日経産業新聞（2005年6月16日）。
注40　「革命は辺境から（17）に・よん・なな・みゅーじっく社長 丸山茂雄氏（仕事人秘録）」日経産業新聞（2005年6月22日）。

13章

注41　「IBM PC パーソナルコンピューティングの発展」日本IBMホームページ。

14章

注42 Christensen et al. "The Big Idea: The New M&A Playbook", Harvard Business Review(March 2011).

注43 平尾彰章「企業成長と戦略的M&A　M&A成功のためのポイント（まとめ）」BUSINESS RESEARCH（2011）。

注44 藤岡隆史、ローランド・ベルガー「M&Aを真の成功に導く企業統合マネジメント」、『視点』（59）（2009年8月）。

注45 クレイトン・クリステンセン『イノベーションのジレンマ』（翔泳社、2001）。

注46 スコット・アンソニー、マーク・ジョンソン、ジョセフ・シンフィールド、エリザベス・アルトマン『イノベーションへの解 実践編』（翔泳社、2008）。

著者紹介

玉田 俊平太（たまだ しゅんぺいた）

東京大学博士（学術）。1995年よりハーバード大学へ留学。ビジネススクールにてマイケル・ポーター教授のゼミに所属、競争力と戦略の関係について研究するとともに、クレイトン・クリステンセン教授からイノベーションのマネジメントについて指導を受ける。筑波大学専任講師、経済産業研究所フェローを経て、関西学院大学専門職大学院経営戦略研究科教授。専門はイノベーションのマネジメント、科学技術政策。

写真：著者とクリステンセン教授

企画・編集　イノウ（http://www.iknow.ne.jp/）
ブックデザイン　竹内 雄二
DTP　株式会社 シンクス

日本のイノベーションのジレンマ 第2版
破壊的イノベーターになるための7つのステップ

2020年　8月 25日　初版第1刷発行

著　者　玉田 俊平太

発行人　佐々木 幹夫
発行所　株式会社 翔泳社（https://www.shoeisha.co.jp）
印刷・製本　株式会社 廣済堂

本書へのお問い合わせについては、4ページに記載の内容をお読みください。
落丁・乱丁はお取り替えいたします。03-5362-3705 までご連絡ください。

ISBN978-4-7981-6638-4　Printed in Japan

索引

【あ行】

【か行】

【さ行】

【た行】

【な行】

【は行】

【ま行】

【や行】

【ら行】

【わ行】